Chuck Spezzano
Willst du Recht haben oder glücklich sein

Verlag Via Nova

CHUCK SPEZZANO

WILLST DU RECHT HABEN ODER

GLÜCKLICH SEIN

So gelingt eine harmonische Partnerschaft

vianova
Verlag Via Nova

Übersetzung aus dem Englischen:
Ulrike Kraemer

Originaltitel:
**How To Change Yourself
So Your Partner Changes**
Copyright © 2017 Chuck Spezzano

---

1. Auflage 2018
Verlag Via Nova, Alte Landstr. 12, 36100 Petersberg
Telefon: (06 61) 6 29 73
Fax: (06 61) 96 79 560
E-Mail: info@verlag-vianova.de
Internet: www.verlag-vianova.de
Umschlaggestaltung: Guter Punkt, München
Satz: Sebastian Carl, Amerang
Druck und Verarbeitung: Appel und Klinger, 96277 Schneckenlohe

ISBN 978-3-86616-449-9

Meiner Tochter J'aime.
Ihr Name sagt alles.

Vorbemerkung der Übersetzerin

Die englische Sprache unterscheidet in sehr vielen Fällen nicht zwischen männlichen und weiblichen Substantivformen. So ist mit „partner" beispielsweise immer sowohl der Partner als auch die Partnerin gemeint und mit „friend" sowohl der Freund als auch die Freundin. Um die Lesbarkeit des deutschen Textes zu bewahren und unnötig komplizierte Satzkonstruktionen zu vermeiden, wurde in der deutschen Übersetzung bewusst darauf verzichtet, immer beide Substantivformen zu erwähnen, und in den meisten Fällen nur die männliche Form benutzt. Trotzdem schließt der „Partner" natürlich auch immer die „Partnerin" und der „Freund" immer die „Freundin" ein.

„Es liegt nicht bei dir, deinen Bruder zu verändern,
sondern lediglich, ihn so anzunehmen, wie er ist."
Ein Kurs in Wundern, T-9.III.6:4

Inhalt

Einführung

Der Versuch, unseren Partner zu ändern, ist naturgemäß eine Lebensaufgabe, und zwar deshalb, weil er die eigentliche Lebensaufgabe verbirgt, die darin besteht, unsere Angst vor Nähe und Erfolg zu überwinden, die Kontrolle aufzugeben und die Bereitschaft zu erlangen, die Unterschiede zwischen uns und unserem Partner zu überbrücken. Wir gleichen zwei Eisbergen, die auf dem OZEAN DER LIEBE treiben. Wir sind zu getrennten Identitäten erstarrt und geben nur sehr ungern das auf, was wir mit Blut, Schweiß und Tränen erschaffen haben.

Unsere Eisberge sind Illusionen. Sie sind Kontraktionen auf dem OZEAN DER LIEBE. Wir können zulassen, dass unsere Eisberge zusammenstoßen, wenn wir uns in einem Konflikt befinden, oder passiv und stumpfsinnig nebeneinander dahintreiben, oder wir können lernen, gemeinsam in Liebe und Heilung zu schmelzen, während wir uns für die GÖTTLICHE LIEBE öffnen. Je offener wir für unseren Partner werden, umso offener werden wir für die Gnade, die unser Leben glücklicher und leichter macht. Beziehungen können der schnellste Weg zu persönlichem Wachstum sein, aber wenn wir nicht wachsen, kann sich auch unsere Beziehung nicht entwickeln. Wenn wir unsere Beziehung richtig nutzen, stellt sie unsere größte Chance dar, Erfüllung im Leben zu finden. Die Heilung und die Transformation, die sich daraus ergeben, sind Teil unserer Lebensaufgabe. Die Liebe zu unserem Partner spornt uns dazu an, unsere Selbstgerechtigkeit und andere Abwehrstrategien aufzugeben und unser Ego aufzulösen, damit wir in höherem Maße präsent und verfügbar sind.

Während meines Grundstudiums habe ich einmal einen Forschungsbericht über ein Rattenpaar gelesen, das in einem Käfig lebte, dessen Boden unter Strom gesetzt werden konnte. Die Ratten bewegten sich solange ausgesprochen kameradschaftlich in ihrem Käfig, bis Strom in den Boden geleitet wurde. Wenn das geschah, griffen sie sich sofort gegenseitig an, als wäre der jeweils andere die Ursache für den eigenen Schmerz. Immer wenn ich mich in späteren Jahren an diesen Versuch erinnerte, dachte ich, dass wir es in unserer Entwicklung nicht viel weiter gebracht haben als diese Tiere, denn bei meiner Arbeit als weltweit tätiger Eheberater, Coach und Seminarleiter habe ich dieses Verhalten zwischen Partnern unzählige Male miterlebt.

Wenn uns etwas schmerzt, neigen wir dazu, den Menschen anzugreifen, der uns am nächsten steht, so als ob er die Schuld daran trüge. Die Versuchung wird dadurch noch größer, dass der Schmerz, der in uns hochkommt, fast immer ein Problem oder ein Thema offenbart, das in unserem Leben bereits existiert hat. Das lässt uns glauben, dass die Ursache in dem zu suchen ist, was gerade geschieht. Dabei ist es in Wahrheit nur die aktuelle Wiedergabe eines alten, klassischen Problems. Aller Schmerz und alle Probleme kommen aus der Vergangenheit. Wir haben die unverarbeiteten Themen aus unserer Vergangenheit lediglich in die Gegenwart übertragen, damit sie in ihrer jetzigen Erscheinungsform geheilt werden können.

Dieser Vorgang ist mit der Schwerkraft vergleichbar, die nicht nur Gegenstände zur Erdoberfläche herabzieht, sondern auch Felsen nach oben zur Erdoberfläche drückt. Dieses Prinzip ist verantwortlich dafür, dass ein Landwirt seine Felder alle Jahre wieder von Steinen befreien kann.

Unser Schmerz und unsere Probleme rühren ausnahmslos von Trennung her. Jede Situation, in der wir verletzt wurden, ist in Wirklichkeit ein Ort, an dem wir uns getrennt und einem anderen Menschen die Schuld an unserer Verletzung gegeben haben. Wir erzählen eine Geschichte, die davon handelt, dass wir das Opfer sind und jemand anderer der Täter ist. Wenn du wüsstest, was sich in deinem Unterbewusstsein abspielt, würde dir jedoch klar, dass du selbst dich den Wölfen zum Fraß vorgeworfen hast. Du hast es getan, um:

- die Identität deines Egos zu stärken,
- getrennt und unabhängig zu sein,
- deine Bedürfnisse erfüllt zu bekommen,
- besonders zu sein und Aufmerksamkeit zu erlangen,
- Kontrolle über andere Menschen und dich selbst zu gewinnen,
- deinen Willen durchzusetzen,
- eine Ausrede zu haben,
- eine Rechtfertigung dafür zu haben, wie du bist,
- etwas zu beweisen,
- dich vor einer noch größeren Angst zu verstecken,
- festzuhalten,
- eine Schuld zu tilgen.

Die Liste dieser falschen Entscheidungen ließe sich beliebig fortsetzen.

Die tieferen Ebenen unseres Bewusstseins offenbaren, dass wir unsere Welt selbst erschaffen, diesen Akt der Schöpfung dann jedoch vor uns verbergen und stattdessen anderen Menschen und dem HIMMEL die Schuld daran zuweisen. Der Schmerz und die Probleme aus unserer Vergangenheit rühren von einem Ort her, an dem wir es versäumt haben, eine bestimmte Lektion zu lernen. Sie treten so lange immer wieder auf, bis wir diese Lektion gelernt haben.

Der HIMMEL ist auf unserer Seite, sodass wir diese Lektion der Liebe jetzt lernen können. Wir können lernen, anderen Menschen zu vergeben, was uns wiederum von unserer verborgenen Schuld befreit. Bis wir zum EINSSEIN gelangen, gibt es immer noch mehr Dinge, die der Heilung bedürfen. Die Menschen in Hawaii sagen: „Wir können die Wellen nicht aufhalten, aber wir können lernen, mit ihnen zu surfen." Die Wellen rollen immer weiter auf uns zu, bis wir den HIMMEL erreicht haben. Unabhängig davon, ob du gerade erst anfängst, an deiner Heilung zu arbeiten, oder ob du bereits Erfahrung darin hast, ist es wichtig, die Lektionen zu lernen, die jeder Schritt dir anbietet. Heilung bringt dir Ganzheit, damit du eine mühelosere und von einem höheren Maß an Gnade erfüllte Beziehung führen kannst. Es ist wichtig, deine Beziehung der GANZHEIT zu widmen und sie in die Hände des HIMMELS oder der GOTTHEIT zu legen, der du dich auf dieser Ebene besonders verbunden fühlst. Wenn dein Partner diese Odyssee der Heilung gemeinsam mit dir unternehmen kann, ist es umso besser.

Sei nicht bestürzt, wenn immer wieder neue Dinge zur Oberfläche emporsteigen. Das trifft besonders dann zu, wenn du dich auf einem Weg der Heilung befindest. Wenn du dich sagen hörst, dass du nun doch schon seit Jahren an deiner Heilung arbeitest und doch schon an so vielen Workshops teilgenommen hast, dann ist das ein sicheres Zeichen dafür, dass du ein bestimmtes Thema verleugnest und ihm aus dem Weg gehst. Zahllose Menschen haben in den fünfundvierzig Jahren, die ich nun in einem Heilberuf arbeite, diese oder ähnliche Sätze geäußert. Bei allen stellte sich später heraus, dass sie mit einer falschen Geisteshaltung oder Verzagtheit verbunden waren. Die verborgenen Schichten unserer falschen Geisteshaltung sind nur ein Aspekt des Unbewussten, dem wir uns in diesem Leben stellen – und den wir transformieren – wollen. Verpflichte dich also deiner eigenen Heilung, der Heilung deines Partners und jedem neuen Schritt in deiner Beziehung. Selbst als ein Meister der Heilung bleiben wir stets ein Schüler der Heilung. Verpflichte dich, ein glücklicher und reifer Schüler zu sein, denn es macht dich zu einem besseren Partner.

Manchmal sind wir mit unserem Partner in einer zutiefst chronischen, negativen Situation gefangen. Das fordert uns auf, nicht nur etwas über unser Unterbewusstsein mit all seinem Schmerz, seiner Schuld und seinen falschen Entscheidungen zu lernen, sondern auch etwas über die Gaben, die darin verborgen liegen und die das Problem rasch und mühelos transformieren würden. Heilung, Gaben und die Gnade des HIMMELS versetzen uns in die Lage, selbst extrem negative, chronische Situationen in eine positive Richtung zu verändern.

Meine Arbeit mit dem Unterbewusstsein hat mich gelehrt, dass es Wege gibt, die negativen Problemmuster zu überwinden, die wir vor uns selbst verborgen haben. Dazu gehören auch unsere dunklen Seelenmuster, die sich negativ auf unsere Beziehungen auswirken. Ich möchte diese heilenden Lösungswege im vorliegenden Buch weitergeben, weil die mit unseren Beziehungen verbundenen Lektionen ein Teil des Lehrplans sind, den unsere Seele für uns aufgestellt hat, damit wir den HIMMEL auf Erden erreichen können. Wenn wir das erste Stadium unserer Beziehung absolviert haben, steigen wir zu größeren Herausforderungen auf. Gleichzeitig errichten wir ein stärkeres Fundament des Selbstvertrauens und der Freude, damit wir ein höheres Maß an Liebe und Erfolg erfahren können. Schließlich steigen wir ins EINSSEIN mit seiner Leuchtkraft und seinem Glück auf.

Alle diese Schritte hängen jedoch davon ab, wie gut wir uns jetzt in unserer Beziehung bewähren. Am Ende werden wir entdecken, dass alle Beziehungen nur Teil einer einzigen Beziehung sind. Auf dem Weg werden wir uns den tiefsten, dunkelsten Aspekten unseres Egos stellen und sie als die Illusionen erkennen, die sie sind. Wenn wir in unserer persönlichen Entwicklung voranschreiten, werden wir ganz natürlich von einem höheren Maß an Liebe und Freude erfüllt. Wir erlangen größere Macht und ein höheres Maß an Ganzheit. Wir legen unseren Geiz ab und erlangen die Fähigkeit, mehr zu geben und zu empfangen. Wir erlangen einen natürlicheren Zugang zur Spiritualität und zur Freude und sind weniger mit unserem Körper befasst. Unser Verlangen danach, Dinge zu konsumieren, zu gewinnen, uns selbst zu verherrlichen, zu nehmen und uns selbst oder andere Menschen anzugreifen, nimmt ab. Wir sehen die dunklen Illusionen der Schuld nur noch als das, was unser Ego benutzt, um sich am Leben zu erhalten. Wir erkennen, dass wir von einer höheren Macht abhängig sind, die einen immer größeren und persönlicheren Einfluss auf unser Leben gewinnt. Die Gnade und die Wunder der GÖTTLICHEN LIEBE können selbst die größten Probleme auf eine neue Ebene der Heilung und Ganzheit führen und sie zum Fundament für das nächste Stadium unserer Beziehung machen. Je weiter du in deiner persönlichen Entwicklung voranschreitest, umso mehr lernst du, nicht nur deinen Partner und deine Familie, sondern alle Menschen in einer immer größer werdenden Glückserfahrung zu lieben und wertzuschätzen.

1

Die Bereitschaft zur Veränderung

Die Bereitschaft zur Veränderung ist der Schlüssel zum Erfolg. Wie sehr muss dein Partner sich ändern, damit deine Beziehung erfolgreich sein kann? Dieser Prozentsatz entspricht genau dem Maß, in dem du dich ändern musst, damit dein Partner sich im gleichen Maße ändert.

Viel Glück bei dem Versuch, deinen Partner zu ändern! Das ist vergebliche Mühe. Paradoxerweise gibt es jedoch einen Weg, deinen Partner zu ändern, und er besteht darin, dich selbst zu ändern. Die Art und Weise, in der du deinen Partner wahrnimmst, verändert sich, wenn du dich änderst. Wenn du dich änderst, weißt du außerdem, wie du auf deinen Partner eingehen und ihn motivieren kannst. Der Versuch, nur deinen Partner zu ändern, demotiviert ihn, erstickt jeden Wunsch nach Veränderung, den er vielleicht hatte, und stachelt seinen Starrsinn an. Deine Bereitschaft zur Veränderung ist dagegen alles, was du brauchst, um erfolgreich zu sein, weil sie unwiderstehlich ist und deinen Partner anspornt, an seiner eigenen persönlichen Entwicklung zu arbeiten. Solange du nicht mit deinem Partner konkurrierst, statt dich zu verbinden, ist deine Veränderung genau das, was deine Beziehung braucht. Dein Ego will nicht, dass du dich änderst. Dein höheres Bewusstsein möchte dagegen, dass du dich änderst, damit du erfolgreich sein kannst. Dieser Erfolg kann sich insbesondere dann einstellen, wenn du deine Investitionen in den Schmerz, die Angst, die Schuld und die Trennung des Egos aufgibst. Das bringt dich zur Liebe zurück, die du deiner Wesensnatur nach bist, damit du die Liebe willkommen heißen kannst, die du verdienst.

Angst ist eine der Hauptursachen jedes Problems. Es gibt keine Ausnahmen. Wenn du die Angst beseitigst, beseitigst du das Problem, weil das Problem selbst aus deiner Angst heraus entstanden ist, mit dem nächsten Schritt nicht umgehen zu können. Wenn du es mit einem großen Problem zu tun hast, glaubst du, mit dem nächsten Stadium in deinem Leben nicht umgehen zu können.

Bereitschaft durchschneidet die Angst. Jeder Herzensbruch, jedes Trauma und jedes Problem wird durch Angst genährt. Sobald du dich mit deiner Angst befasst hast, löst sich alles andere auf. Bereitschaft heilt Angst, und wenn deine Angst zu groß ist, reicht schon die Bereitschaft aus, bereit zu sein. Jedes Problem ist, ganz gleich, worin es besteht oder wie dein Partner es ausagiert, immer nur ein Spiegelbild deiner eigenen Angst. Auf der tiefsten Ebene benutzt du das Problem, um nicht weitergehen und dich deiner Angst nicht stellen zu müssen. Deine Bereitschaft appelliert an dein höheres Bewusstsein, dir den Mut zu geben, den du brauchst, damit die Dinge sich entwickeln und du den nächsten Schritt gehen kannst. Das Ego will dagegen, dass du stärker in die Trennung investierst, die deine Angst nährt und dein Ego stärkt. Bitte um Bereitschaft. Bitte um die Hilfe des HIMMELS. Lasse zu, dass der Fluss in dein Leben und an den Ort zurückkehrt, an dem du vor Angst erstarrt warst, wie deine Probleme dir ganz deutlich zeigen.

2

Durch die Augen von …

Wenn eine Beziehung durch Urteile verdüstert wird, kann dies zu einem großen Problem werden. Urteile rühren von Schuld und von negativen Selbstkonzepten oder sogar Schattenfiguren her. Wir schauen durch die Augen unserer Glaubenssätze, und unsere Glaubenssätze sind stets Glaubenssätze über *uns selbst*. Sie bestimmen unsere Wahrnehmung, sodass wir die Welt, andere Menschen, uns selbst und das Leben durch das Prisma dieser Glaubenssätze sehen. Unsere äußere Wirklichkeit spiegelt nur unsere innere Wirklichkeit wider. Es gibt jedoch eine andere Art, die Welt zu betrachten, die über die Erscheinungen hinaus auf die Wahrheit blickt.

> „Wenn ich begreife, dass das, was ich sehe, das widerspiegelt, was ich zu sein vermeine, dann wird mir klar, dass die Schau mein größtes Bedürfnis ist. Die Welt, die ich sehe, bezeugt die furchterregende Natur des Selbstbildes, das ich mir gemacht habe. Wenn ich mich daran erinnern möchte, wer ich bin, so ist es unerlässlich, dass ich dieses Selbstbild loslasse. Wird es durch die Wahrheit ersetzt, so wird mir die Schau mit Sicherheit gegeben. Dank dieser Schau werde ich die Welt und mich selbst mit Barmherzigkeit und Liebe betrachten."
> *Ein Kurs in Wundern*, Ü-I.56.2:2-6

Um die geistige Schau zu erlangen, die über diese Welt hinausblickt, müssen wir immer wieder vergeben, um uns von Illusionen zu befreien. Eine andere Möglichkeit sind Worte der Kraft aus *Ein Kurs in Wundern*. Wir können beispielsweise sagen: „Vor allem will ich sehen." (Ü-I.56.2:1)

Wenn wir diese Worte mit großer Entschlossenheit aussprechen und den HIMMEL darum bitten, ihnen Macht zu verleihen, werden Schicht um Schicht unsere

Illusionen, tief eingepressten Emotionen und unbewussten Wurzeln aufgelöst. Außerdem befreit es uns von Rollen, Dissoziation und Kompensationen, die negative Selbstkonzepte und die damit verbundenen Emotionen in uns verborgen haben. Das macht den Weg frei und gibt uns die Möglichkeit, unseren Partner in einem ganz neuen Licht zu betrachten. Betrachte deinen Partner nun durch die Augen der Liebe. Betrachte ihn durch die Augen, mit denen du dich damals in ihn verliebt hast. Wie fühlst du dich, wenn du ihn jetzt durch die ursprünglichen Augen deiner Verliebtheit betrachtest? Wie nimmst du ihn wahr? Was sagst du dir selbst, während du ihn anschaust? Du hast an diesem Punkt ihn und die Bedeutung gesehen, die er für dich hat. Du hast gesehen, welche Möglichkeiten euer gemeinsames Leben bietet, und du hast geschaut, wer dein Partner in all seiner Größe ist. Wenn du deinen Partner in einem neuen Licht siehst, verändert sich deine ganze Beziehung.

Die folgende Übung hat ebenfalls eine heilsame Wirkung. Verbinde zuerst deinen Geist mit dem Geist Christi (oder Buddha, Kuan Yin oder Krishna), dann dein Herz mit dem Herzen Christi und schließlich dein Licht mit seinem Licht. Fühle es. Nimm es wahr. Verbinde dann deinen mit dem Geist Christi verbundenen Geist mit dem Geist deines Partners. Verbinde dein mit dem Herz Christi verbundenes Herz mit dem Herz deines Partners. Verbinde zum Schluss dein mit dem Licht Christi verbundenes Licht mit dem Licht deines Partners. Wie nimmst du deinen Partner nun wahr?

Diese Übung beinhaltet noch einen weiteren Schritt. Bitte Christus, durch deine Augen zu schauen und deinen Partner in seinem wahren Licht zu sehen. Wie nimmst du deinen Partner wahr, wenn du es tust? Bis zu dem Augenblick, in dem du ihn mit Liebe und Freude betrachten kannst, siehst du eine Illusion. Du kannst dich an deinem Partner und deinem Leben freuen, oder du kannst Recht haben in Bezug darauf, wie die Dinge sind, was stets beweist, dass du besser als dein Partner bist. Du kannst als Sieger aus dem Konkurrenzkampf, aber als Verlierer aus deiner Beziehung hervorgehen. Du kannst versuchen, dafür zu sorgen, dass deine Beziehung sich einzig um dich dreht. Du kannst versuchen, deinen Partner zu beherrschen und zu kontrollieren, oder zum Verlierer und Märtyrer werden. Deinem Ego ist das alles gleich.

> „Für mich dient alles dem einen Zweck, zu beweisen, dass meine Illusionen von mir wirklich sind. Zu diesem Zweck versuche ich, alles und jeden zu benutzen."
> *Ein Kurs in Wundern*, Ü-I.55.5:2-3

Du kannst versuchen, besonders zu sein, wobei es keine Rolle spielt, ob du dich dafür entscheidest, der Sieger oder der Verlierer zu sein. Du kannst versuchen, durch Probleme und Negativität die Aufmerksamkeit anderer Menschen auf dich zu ziehen. Alle diese Fallen zeigen, dass du Angst davor hast, auf die nächste Ebene der Nähe zu gelangen. Du kannst aber auch eine neue Entscheidung treffen. Was willst du wirklich? Deine verborgenen Entscheidungen sorgen dafür, dass die Dinge so sind, wie sie sind. Triff bewusst eine neue Entscheidung. Was willst du wirklich?

Der Zustand deiner Beziehung und die Verfassung deines Partners sind Teil deiner Geschichte. Sie sind Teil des unbewussten Drehbuchs, das du schreibst. Wie viele dieser negativen Geschichten hast du geschrieben – Erfolge für das Ego, aber Niederlagen für deine Beziehung? Wie haben sie sich auf dein Leben und deine Beziehung ausgewirkt? Wofür hast du diese Geschichten benutzt? Was wolltest du dadurch gewinnen? Hat es dich glücklich gemacht? Ist es das, was du willst? Du kannst diese Drehbücher loslassen. Frage dich, wie alt das Selbst ist, das diese Drehbücher schreibt. Übergib dieses Selbst oder diese Selbste einer Heerschar von Engeln, um sie zu lieben. Lasse dann zu, dass sie heranwachsen, bis sie dein jetziges Alter erreicht haben, wieder mit dir verschmelzen und dir ein neues Maß an Ganzheit und Frieden zurückbringen.

3

Alles dreht sich um mich

Wenn wir andere Menschen beherrschen, wenn wir zum Opfer gemacht werden, wenn wir leiden oder krank sind, wenn wir selbstsüchtig sind oder uns aufopfern, wenn wir unabhängig sind, dann sorgen wir dafür, dass sich das Leben nur um uns dreht. Das ist Besonderheit, und sie ist der Fluch aller Beziehungen. Das Ego ersetzt Liebe durch Besonderheit. Das Ego will den Scheinwerfer der Aufmerksamkeit auf uns richten. Es will entweder den Löwenanteil für sich beanspruchen oder aber den kleinstmöglichen Anteil, indem es sich aufopfert. Es will entweder der König des Berges oder ein Häuflein Elend an seinem Fuße sein, nur damit die Aufmerksamkeit auf uns gerichtet ist. Diese grundlegende Falle kann sogar dazu führen, dass wir viele Schlachten der Heilung und der Transformation gewinnen, den Krieg jedoch verlieren, weil wir in Wirklichkeit dafür sorgen wollen, dass sich alles um uns dreht. Du hast in der Tat ein hohes Maß an Liebe und Aufmerksamkeit verdient. Obwohl wir alle Liebe und Aufmerksamkeit wollen, gibt es viele Menschen, die sie durch andere Dinge kompensieren, weil sie ein hohes Maß an Aufmerksamkeit als falsch oder besonders verurteilt haben. Bei diesem Urteil taucht das Bedürfnis nach Aufmerksamkeit ab, sodass es den Anschein hat, als wärest du der „Heilige", der keine Aufmerksamkeit braucht, und dein Partner der „Sünder", der alle Aufmerksamkeit auf sich zieht, um besonders zu sein.

Eine Möglichkeit, der Falle des Verlangens nach Aufmerksamkeit zu entkommen, besteht darin, sie bewusst zu geben. Dadurch, dass du sie anderen Menschen gibst, wird dein Bedürfnis erfüllt. Freundschaft und Führungsstärke, die anderen Menschen hilft, können das Verlangen nach Aufmerksamkeit ebenfalls erfüllen, ohne deine emotionale Integrität zu verletzen. Unsere Egoidentität dreht sich ausschließlich um Konkurrenz und Besonderheit, und diese Fallen heilen wir Schicht um Schicht. Wenn unser Partner uns enttäuscht, gewinnen wir den heimlichen Konkurrenzkampf und zeigen, dass wir besser sind als er. Wenn wir unseren Partner enttäuschen, sind Konkurrenz und Rache gegen ihn und vermutlich auch gegen unsere Eltern gerichtet.

Bewusstheit ist der beste Weg, diese Dinge zu heilen oder wenigstens im Zaum zu halten. Du kannst dich beobachten und mit deinem Partner sprechen, wenn du merkst, dass du wieder einmal in die Falle des Verlangens nach Aufmerksamkeit getappt bist. Das gibt dir die Möglichkeit, dich ganz einfach für einen besseren, wahrhaftigeren Weg zu entscheiden, auf dem du deinen Partner und deine Beziehung stärker wertschätzen kannst. Wenn du es nicht tust, ist immer Besonderheit im Spiel. Dann findet der ewige Konkurrenzkampf statt, der dich so sehr ablenkt, dass du nicht auf die höheren Ebenen des Glücks und des Erfolges hinaufgelangen kannst.

Du kannst auch Worte der Kraft nutzen, um Schichten deines Egos abzuschälen. Die folgenden Worte der Kraft aus *Ein Kurs in Wundern* sind ganz besonders hilfreich: „GOTT ist die LIEBE, in der ich vergebe." (Ü-I.46) Wenn du sie mit großer Entschlossenheit wiederholst und um die Hilfe des HIMMELS bittest, können sie die Besonderheit heilen, die dafür sorgt, dass die Trennung bestehen bleibt. Deine Vergebung heilt dich, indem sie dich von der Schuld und der Selbstfolter befreit, die sich unter deinen Projektionen auf deinen Partner und auf die Welt verbergen. Alle Wahrnehmung ist Projektion. Was du in deinem Partner siehst und verurteilst, ist das, was du in dir selbst kompensierst. GOTT ist die LIEBE, in der ich mir selbst vergebe. GOTT ist die LIEBE, in der ich mir selbst für diese dunkle Geschichte vergebe. GOTT ist die LIEBE, in der ich mir selbst dafür vergebe, dass ich meine verborgenen Selbstkonzepte auf dich projiziert habe. GOTT ist die LIEBE, in der ich dir vergebe. GOTT ist die LIEBE, in der ich unserer Situation vergebe.

GOTT ist die LIEBE, in der ich dir vergebe. Wenn du diese Worte in heilender Absicht wiederholst, gelangst du rasch zu einem Gefühl tiefen Friedens voran. Weitere Worte der Kraft aus *Ein Kurs in Wundern* sind: „Liebe ist der Weg, den ich in Dankbarkeit beschreite." (Ü-I.195) Wenn du diese Worte der Kraft aufrichtig immer wieder sprichst, bringen sie dir Heilung, Befreiung, Frieden – und schon sehr bald auch eine veränderte Wahrnehmung. Es ist wichtig, dass du anfängst, dich und deinen Partner als ein Team zu sehen, ja, sogar als eine Person in zwei Körpern. Endlose Auseinandersetzungen mit deinem Partner und dissoziierte Leblosigkeit sind die Folge, wenn du es nicht tust. Wenn es dir an diesen grundlegenden Einstellungen fehlt, liegt ein langer, schwerer Weg vor dir.

Wem bringst du größere Loyalität entgegen als deinem Partner? Die Antwort auf diese Frage zeigt, wo du mit einem anderen Menschen verschmolzen bist, der zwischen dir und deinem Partner eingezwängt ist. Wenn du deine Kinder genannt hast, bist du vermutlich auch mit ihnen verschmolzen. Dasselbe gilt für deine Eltern, auch wenn du die Verschmelzung mit einem Elternteil möglicherweise unter Groll und der ödipalen Verschwörung verborgen hast. Verschmolzene Beziehungen sind besondere Beziehungen und führen zu Entmächtigung, Co-Abhängigkeit, Aufopferung, fehlendem Fortschritt und Verbitterung. Wenn du eine erfolgreiche Beziehung führen willst, musst du über diese verschmolzenen Beziehungen hinauswachsen wollen. Möglicherweise stellst du fest, dass du auch mit deinem Partner verschmolzen bist. Wenn du dich stattdessen immer wieder für Verpflichtung und Verbindung entscheidest, sind Mühelosigkeit, Authentizität und Freiheit die Folge. Sie verleihen dir sowohl Wurzeln als auch Flügel.

Frage dich, wie viele Geschichten, Verschwörungen und Götzen der Besonderheit du in dir trägst. Wie haben sie sich auf dein Leben und deine Beziehungen ausgewirkt? Wofür hast du sie benutzt? Hat es dich glücklich gemacht? Ist es das, was du willst? Du kannst dich jetzt dafür entscheiden, sie loszulassen. Wie alt ist das Selbst, das diese Geschichten und Verschwörungen schreibt? Rufe eine Heerschar von Engeln herbei, um dieses Selbst oder diese Selbstanteile zu lieben, bis sie dein jetziges Alter erreicht haben und wieder mit dir verschmelzen können, um dir ein höheres Maß an Ganzheit zu bringen.

Wie viele Geschichten, Verschwörungen und Götzen der Trennung trägst du in dir? Wie haben sie sich auf dein Leben und deine Beziehungen ausgewirkt? Wofür hast du sie benutzt? Hat es dich glücklich gemacht? Ist es das, was du willst? Du kannst dich jetzt dafür entscheiden, diese Geschichten, Verschwörungen und Götzen der Trennung loszulassen. Frage dich, wie alt die Selbste oder Selbstanteile sind, die diese Geschichten und Verschwörungen geschrieben haben. Übergib sie deinen Engeln, um sie zu lieben, damit sie heranwachsen, bis sie dein jetziges Alter erreicht haben. Dann verschmelzen sie ganz von selbst wieder mit dir, um dir Erneuerung und deinem Herzen, deinem Geist und deinem Körper neue Ganzheit zu bringen.

4

Du lässt dich niemals von einem ebenbürtigen Partner scheiden

Ebenbürtigkeit ist ein unerlässliches Prinzip für eine erfolgreiche Beziehung. Ein Mangel an Ebenbürtigkeit hat Auseinandersetzungen und Leblosigkeit zur Folge. Er hat Konkurrenz und Rangeleien um unabhängige Positionen zur Folge – darum, nicht der abhängige Partner zu sein, darum, überlegen und nicht unterlegen zu sein, darum, dich zu überhöhen, statt dich zu entwerten, darum, dich hämisch freuen zu können, statt zu schmollen, darum, der Sieger und nicht der Verlierer zu sein, darum, zu beherrschen, statt dich zu unterwerfen. Solange es deiner Beziehung an Ebenbürtigkeit fehlt, wirst du immer Recht haben wollen und immer der Überzeugung sein, dass dein Ego besser ist als das deines Partners.

Das kannst du nur in einer Beziehung überwinden, in der es Ebenbürtigkeit und damit Partnerschaft, Mühelosigkeit und Fluss gibt. Du erlebst Nähe und hast Erfolg. Du kannst dich gemeinsam mit deinem Partner entspannen. Wenn es Probleme, Schmerz oder Dissoziation gibt, kann deine Verpflichtung zur Ebenbürtigkeit sie lösen. Ich habe erst kürzlich mit einer engagierten Klientin gearbeitet, die sich in einer sehr schwierigen Beziehung in der abhängigen Position befand. Sie hatte sich zwar einer ebenbürtigen Beziehung verpflichtet, aber alle Anzeichen deuteten darauf hin, wie sehr sie abhängig war: ihre Verletztheit, die Dinge, die sie nicht akzeptieren konnte, die Kränkung ihres Egos, die fehlende Anerkennung durch ihren Partner, die Tatsache, wie sehr ihr eigenes Befinden vom Verhalten ihres Partners abhängig war. Sie wollte Ebenbürtigkeit, aber alte Bedürfnisse und tief unterbewusste Themen bewirkten, dass die Anziehungskraft der abhängigen Seite einfach zu groß war. Wir heilten Fallen, die mit ihrer Kindheit und ihrer Zeit im Mutterleib zu tun hatten.

Nachdem wir diese unterbewussten Aspekte geheilt hatten, konnten wir auch ihre Verträge mit dem Ego und ihre Geschäfte mit dem Teufel heilen, die sie auf den tiefsten unbewussten Ebenen eingegangen war. Diese Klärung war entscheidend wichtig, damit sie über ihre Abhängigkeit hinausgelangen konnte. Außerdem wurde sie durch eine große unbewusste Ahnenfalle beeinflusst, die in der Familie ihrer Mutter von Generation zu Generation weitergegeben worden war. Ihr Ego plante unterbewusst das Ende der Beziehung. Das Ereignis braute sich zusammen und hätte mit einem heftigen Gewitter begonnen. Es kam jedoch nie zu diesem stürmischen Ende. Stattdessen war sie in Frieden, von Selbstvertrauen erfüllt und erneut entschlossen, an ihrer Heilung zu arbeiten, um ihre Beziehung zu transformieren.

Immer wenn wir eine solche Lektion lernen – wenn wir die Vergangenheit heilen, die als Problem in der Gegenwart in Erscheinung getreten ist –, bleibt uns ein äußerst schmerzhafter Kampf erspart. Selbst wenn meine Klientin ihre Beziehung beendet hätte, hätte sie den alten Konflikt zwischen Unabhängigkeit und Abhängigkeit weiter in sich getragen. Sie hätte sich diesem Konflikt früher oder später in einer anderen Beziehung stellen müssen. Es ist immer gut, sich von einer Belastung zu befreien, die sich sonst irgendwann als Schmerz gezeigt hätte. Es ist gut, frei zu sein, um Erfolg und Nähe jetzt genießen zu können, statt darauf warten zu müssen.

Verpflichte dich Tag für Tag der Ebenbürtigkeit zwischen dir und deinem Partner und nimm wahr, wenn ihr in eurer Beziehung von diesem Weg abkommt. Das Ego will, dass du über oder unter deinem Partner stehst. Es will nicht, dass ihr ebenbürtig und einander nahe seid, weil dies der Ort ist, an dem die Freude herrscht und die Trennung des Egos zu schmelzen beginnt.

Wenn du glaubst, dass ihr ebenbürtig seid, es in eurer Beziehung aber trotzdem Probleme gibt, sind Verleugnung und Dissoziation bei dir am Werk. Wenn du in deiner Beziehung der Partner bist, der sich selbst überhöht oder selbst entwertet, kannst du dich fragen, wozu du deinen Mangel an Ebenbürtigkeit benutzt. Du kannst dein höheres Bewusstsein bitten, deine Verleugnung und Dissoziation aufzulösen und sie mit deinem höheren Bewusstsein zu integrieren. So trägt das, was eine Abwehrstrategie und eine Illusion war, nun zu deiner Ganzheit bei. Verpflichte dich zur Bewusstheit, wann immer du vom Kurs abkommst, und bitte darum, genau zu wissen, was du tun musst, um dich zu ändern. Fürchte dich nicht davor, zu sehen, was du tust. Es ist viel schmerzhafter, wenn dich etwas unvorbereitet trifft, weil du verleugnest, was vor sich geht. Fürchte dich nicht vor der Antwort, denn der HIMMEL gibt dir stets die Antwort, die dich befreit. Ebenbürtigkeit und die Führung des HIMMELS erlösen euch beide.

5

Wie hoch ist das Maß deiner sexuellen Befriedigung?

Das Maß der sexuellen Befriedigung innerhalb einer Beziehung ist ein wichtiger Gradmesser dafür, wie gesund die Beziehung ist. Abgesehen von den Ausnahmefällen, in denen Sex alles ist, was eine Beziehung zusammenhält, spiegelt er normalerweise den Zustand der Beziehung wider. Er gleicht dem Kanarienvogel in der Mine. Wenn die Luft in der Mine giftige Substanzen enthält, stirbt der Kanarienvogel stets zuerst. Dann wissen die Minenarbeiter, dass es Zeit ist, die Mine zu verlassen – und zwar schnell! Wenn der Sex in einer Beziehung schlecht ist oder gar nicht existiert, ist das ein sicheres Zeichen dafür, dass das Beziehungsschiff schneller mit Wasser vollläuft, als die Pumpen es wieder hinausbefördern können. Natürlich gilt jedoch auch hier der Satz von Mark Twain: „Alle Verallgemeinerungen sind falsch, diese eingeschlossen." Wenn es sexuelle Probleme in unserer Beziehung gibt, sind wir aufgefordert, sowohl unserem Partner als auch uns selbst Hilfe und Heilung zu bringen. Das gilt auch dann, wenn allem Anschein nach unser Partner das Problem hat.

Wenn die Partner sich voneinander entfernen, wird der Sex in der Beziehung der Liebe und Nähe beraubt, die ihm seinen Reiz verleihen. Sex ist von seinem Wesenskern her Kommunikation. Alles andere ist nur der rein körperliche Akt. Sex kann eine Brücke bauen und Liebe, Nahrung, Trost, Spaß, Süße, Vergnügen, Zärtlichkeit, Selbstvertrauen, Nähe, Heilung und ein Gefühl allgemeinen Wohlbefindens bringen. Wenn wir ihn aber zu einem falschen Gott erheben, hat er Herzensbruch, Enttäuschung und Ernüchterung zur Folge. Sex ist ein Bereich, der sehr leicht zum Schauplatz von Kämpfen oder zum Werkzeug der Kontrolle in einer Beziehung werden kann. Wenn das geschieht, hat eine Frau die beste Möglichkeit verloren, die es gibt, einen Mann zu motivieren. Ein Mann gibt sogar seine Lieblingsbeschäftigung auf, um nicht kontrolliert zu werden, und ein Mangel an Sex macht Männer zynisch und bitter. Männer sind offen für Führung und lassen sich sogar erziehen, vor allem dann, wenn es mit Humor geschieht. Gleichzeitig glauben sie aber bezeichnenderweise, das Geschenk GOTTES an die Frauen in Form von Sex zu sein. Dennoch wollen die meisten Männer ihre Partnerin glücklich machen und sind deshalb durchaus lernwillig. Wenn der Sex in deiner Beziehung nicht funktioniert, ist es wichtig, dich nicht nur deiner sexuellen Beziehung zu verpflichten, sondern auch deiner sexuellen Befriedigung und der sexuellen Befriedigung deines Partners. Das baut eine Brücke zwischen euch und nährt euch beide.

Frage dich, wie geizig und hartherzig du gegenüber deinem Partner sowohl in der Beziehung als auch in Bezug auf Sex bist, denn wenn du nicht großzügig bist, verletzt du dich nur selbst. Finde zudem heraus, ob alte Herzensbrüche und sexueller Missbrauch dich hindern, eine freie und glückliche sexuelle Beziehung zu führen. Bei einer sexuellen Blockade ist es wichtig, dich in Bezug auf Sex und in der Beziehung zu deinem Partner der Heilung und der Ganzheit zu verpflichten. Hast du Sex zu einem Politikum gemacht? In welchem Maße setzt du ihn ein, um zu kontrollieren, deinen Willen durchzusetzen oder unabhängig zu sein? In welchem Maße versuchst du, deine Bedürfnisse durch Sex erfüllt zu bekommen? Hast du umgekehrt das Gefühl, die Abhängigkeit, Bedürftigkeit, besitzergreifende Art und Eifersucht deines Partners nicht ertragen zu können? Das rührt daher, dass du diese Anteile in dir selbst zurückgewiesen hast, als du bedürftig, besitzergreifend und eifersüchtig warst. Wenn du dir selbst vergeben und diese Anteile zu neuer Ganzheit in dich hinein integrieren kannst, erkennst du, dass es keine große Sache ist, wenn dein Partner ein Bedürfnis hat und du dich dafür entscheidest, dieses Bedürfnis zu erfüllen.

Strenge dich an, damit der Sex in deiner Beziehung unbeschwert und lebensfähig bleibt. Sex kann ein Freudenfest der Liebe oder ein Anzeichen für eine angeschlagene Beziehung sein. Wenn du zu anderen Menschen hinausreichst, um ihre Bedürfnisse zu erfüllen, werden sie zu dir hinausreichen, wenn du Bedürfnisse hast. Nach der Liebe ist Sex vermutlich der zweitgrößte Gradmesser dafür, wie erfolgreich eine Beziehung ist.

Sexuelle Energie entsteht hauptsächlich in den ersten beiden Chakras, bei denen es sich um Energiezentren am Ansatz des Steißbeins und in der Wirbelsäule auf Höhe des Genitalbereichs handelt. Das erste Chakra steht für Lebensfreude und Lebenskraft. Das zweite Chakra steht für Selbstliebe, Selbstwert und Unschuld und ist das von allen am stärksten beschädigte Chakra weltweit. Es kann deinen Selbstwert stärken, wenn du dich deinem Partner sexuell hingibst. Das dritte Chakra steht für Erfolg. Die Frauen, die Sex zu einem Werkzeug der Kontrolle gemacht haben, werden in ihrem Bedürfnis nach Liebe und Selbstachtung oftmals nicht unterstützt, wenn sie älter werden, weil sie die sexuelle Beziehung zu ihrem Partner missbraucht haben. Wenn du jetzt unabhängig und hartherzig bist, setzt du ein chronisches Muster in Gang, das bewirkt, dass dir später im Leben keine Liebe geschenkt wird, wenn du sie willst oder brauchst. Wenn du dagegen jetzt großzügig bist, kannst du später den Lohn dafür ernten. Unabhängig davon, wo du in deiner sexuellen Beziehung stehst, kannst du sie jetzt heilen und dich auf den Weg machen, die Wahrheit und das Glück zu finden.

Wenn dein Partner sexuell missbraucht wurde, hast du auf einer Seelenebene versprochen, ihn davon zu erlösen. Höre also auf, dich über deinen Partner und darüber zu beklagen, was du von ihm nicht bekommst. Wenn dein Partner sexuell verletzt wurde, trägst du in der Regel eine sexuelle Gabe in dir und kannst ihm helfen, seine eigenen sexuellen Gaben zurückzuerlangen. In allen Fällen von sexuellem Missbrauch, mit denen ich es bislang zu tun hatte, hat sich herausgestellt, dass die Missbrauchsopfer sexuell frühreif waren und im Rahmen ihrer Lebensaufgabe versprochen hatten, dem Sex seine Unschuld und Natürlichkeit zurückzugeben. Als ihnen bewusst wurde, wie schlecht es im Hinblick auf Sex um die Welt bestellt ist, benutzten sie ihren Missbrauch jedoch als Vorwand, um sich nicht zu zeigen und sich vor diesem Aspekt ihrer Lebensaufgabe zu verstecken. Du kannst deinem Partner helfen, seine sexuellen Gaben zurückzuerlangen, weil du die Gabe lebendig erhalten hast. Wenn du geduldig und liebevoll bist, wirst du in den Jahren, die vor dir liegen, reichen Lohn empfangen.

Jede Beziehung hat ein grundlegendes chronisches Problem, und Sex gehört zu den häufigsten chronischen Problemen und Bereichen, in denen Trennung herrscht. Das Ziel besteht darin, die Verbundenheit in der Beziehung so weit wiederherzustellen, dass Heilung stattfinden und der Sex seinen angestammten Platz in der Beziehung wieder einnehmen kann. Für ein Paar, das eine erfolgreiche sexuelle Beziehung führt, ist Sex keine große Sache. Für ein Paar ohne erfolgreiches Sexualleben ist Sex ungeachtet aller gegenteiligen Beteuerungen ein großes Problem. Wenn du die sexuelle Begegnung mit deinem Partner zu der süßen Befreiung und Freudenfeier machst, die Sex sein kann, ist sie eine ständige Quelle der Bereicherung und des Humors, während ihr gemeinsam älter werdet.

Ein ganz wesentlicher Aspekt jeder sexuellen Beziehung besteht darin, über das Stadium der Abhängigkeit und Unabhängigkeit hinauszugelangen. Die Lektion, die du lernen musst, besteht gewöhnlich darin, dass du genau dann keinen

Sex haben kannst, wenn du ihn wirklich brauchst. Dein drängendes Bedürfnis und deine ausgesprochene oder unausgesprochene Forderung scheuchen deinen Partner fort. Wenn du keinen Sex brauchst, kannst du dagegen so viel Sex haben, wie du willst. Lasse dein Bedürfnis und deine Anhaftung an Sex deshalb los. Sobald du keinen Sex mehr brauchst, kannst du deine sexuelle Energie mit deinem Partner teilen, ohne anzuhaften, und das kann eine große Anziehungskraft auf deinen Partner ausüben.

Ein Bedürfnis zeigt, dass dein Bewusstsein gespalten ist. Du hast das Gefühl, dass du unbedingt Sex brauchst, aber der verborgene Anteil deines Bewusstseins stößt ihn insgeheim fort, um deine Unabhängigkeit zu bewahren. Dein Bedürfnis nach Sex ist eine Form des Nehmens, die äußerst unattraktiv ist. Wenn dein Partner unabhängig ist und dir Sex vorenthält, ist damit eine wichtige Lektion verbunden, die du als der abhängige Partner zu lernen hast. Wenn du dein Bedürfnis und deine Anhaftung an Sex loslässt, gewinnst du deine Attraktivität in vollem Umfang zurück und kannst infolgedessen alles haben, was du dir wünschst.

Wenn dein Partner nicht in Stimmung ist, kannst du deine sexuelle Energie ohne Erwartung mit ihm teilen und dadurch möglicherweise seine sexuelle Energie wecken. Wenn ihr beide erschöpft seid, könnt ihr einander einfach nur in den Armen halten und liebkosen. Auch das kann eure sexuelle Energie wecken. Meist ist nach zehn Minuten dann keine Rede mehr davon, dass ihr zu erschöpft seid, um in Stimmung zu kommen. Vielleicht schlaft ihr nach zehn Minuten auch einfach gemeinsam ein, aber das ist eher die Ausnahme, wenn die sexuelle Energie einmal entfacht ist. Wenn du Sex als langweilig empfindest, bitte um die Hilfe des HIMMELS und empfange die Gnade der Gabe, die dein Partner braucht. Lasse sie während der sexuellen Begegnung mit deinem Partner dann energetisch in ihn einströmen. Denke auch daran, ihm das zu geben, worüber du dich beklagst, dass du es von ihm nicht bekommst. Wenn ihr nicht gerade in einen Kampf verwickelt seid, ist es für gewöhnlich so, dass er das, was er dir nicht gibt, einfach nicht hat, um es geben zu können. Du bist in Wirklichkeit derjenige, der diese Gabe – unter deinem Bedürfnis verborgen – in sich trägt, und kannst sie mit ihm teilen. Damit hilfst du äußerst erfolgreich ihm und dir selbst. Wenn du dazu neigst, dich im Liebesspiel zu verlieren, richte deinen Geist vorher auf die Absicht aus, die Gabe, die du in dir trägst und die dein Partner braucht, mit ihm zu teilen und auch die Gabe des HIMMELS für ihn zu empfangen. Das erhält die sexuelle Begegnung interessant, macht sie hilfreich und bringt euch beide voran. Zeige deine Dankbarkeit durch Sex. Segne deinen Partner und sei ein Kanal für die LIEBE und die Gnade des HIMMELS.

Nimm mit allen Sinnen wahr, wie dein Partner dich beglückwünscht, während du erfolgreiche Stelldicheins und Liebesspiele manifestierst. Sex ist ein Gewürz, das deine Beziehung und die Liebe zu deinem Partner bereichern kann. Wenn er nicht auf die rein körperliche Ebene verbannt wird, kann Sex zu einem spirituellen Weg der Verbindung heranwachsen, der weit über die körperliche Ebene hinaus in tiefes und vollkommenes Glück hineinführt.

6

Kommunikation

Kommunikation ist in einer Beziehung von wesentlicher Bedeutung, wenn du über die alltägliche Kommunikationsebene hinausgelangen willst, auf der du deinen Partner aufforderst, dir das Salz zu reichen. Kommunikation macht die Welt interessant. Wenn wir sie richtig einsetzen, kann sie Brücken der Verbindung schaffen. Wenn wir sie falsch einsetzen, wird sie zu einer Waffe, die wir benutzen, um anzugreifen, uns zu verstecken und uns zurückzuziehen. Wenn du nicht achtsam bist, setzt du Kommunikation auf eine unwahre Weise ein und bedienst dich ihrer, um Recht zu haben, deine Glaubenssätze zu verstärken, deine Emotionen zu verdrängen, aufgrund deiner Empfindsamkeit gekränkt zu sein, dich um deiner eigenen Besonderheit willen selbst zu verletzen und um deinen Partner anzugreifen, emotional zu erpressen und mit deinen Emotionen – oder deinem Rückzug – zu bestrafen. Du kannst Kommunikation auch benutzen, um deine Wut an deinem Partner auszulassen, selbst wenn du diese Wut höchstwahrscheinlich schon viel länger in dir trägst, als du deinen Partner kennst, und ihn nur als Sandsack benutzt, um dir Luft zu machen. Du kannst deine Beziehung benutzen, um deine Bedürfnisse erfüllt zu bekommen, was allerdings bedeutet, dass du den Zweck nicht verstanden hast, dem Kommunikation dient, sodass sie leicht zu einem Kampf ausarten kann. Du kannst sie benutzen, um zu bedrängen, zu nörgeln oder zu kontrollieren. Auf diese Weise gewinnst du vielleicht eine Schlacht, verlierst aber den Krieg, denn dein Partner wird allmählich aus deinem Leben verschwinden, und dann wirst du die Liebe verloren haben, nach der es dich so sehr verlangt.

Hier geht es darum, Verantwortung für deine Emotionen, deine Erfahrung, deine Beziehung und deinen Partner zu übernehmen. Wenn du es einmal lernst, reicht das jedoch nur, um dich über den ersten Berg zu bringen. Im Laufe der Zeit kommen immer mehr Emotionen hoch, die sich in Schichten in dir abgelagert haben, und du musst dir die Prinzipien emotionaler Reife jedes Mal wieder ins Gedächtnis zurückrufen oder sie neu lernen. Wir brauchen jemanden, der alte Verletzungen aktiviert, damit sie geheilt werden können. Aus diesem Grund stellt jede Beziehung uns vor zahllose Hindernisse, und Kommunikation ist eines der besten Werkzeuge, die es gibt, um sie zu überwinden. Kommunikation ist dazu bestimmt, eine Brücke über die Kluft der Trennung zu bauen. Wenn sie gelingt, kann sie auf eine neue Ebene des Erfolges und der Nähe führen. Die meisten Probleme lösen sich als reine Missverständnisse auf, wenn du sie durch richtige Kommunikation klärst.

Mache dir bewusst, welchen Kommunikationsstil du selbst einsetzt und welchen Kommunikationsstil dein Partner benutzt. Selbst das, was Nichtkommunikation zu sein scheint, ist eine Form von Kommunikation.

Welchen Kommunikationsstil setzt du ein?

Ist er erfolgreich?

Welchen Kommunikationsstil setzt dein Partner ein?

Stelle dir nun folgende Fragen und bewerte deine Antworten, soweit zutreffend, auf einer Skala von 100%.

Wie erfolgreich bist du in deiner Kommunikation?

Worin besteht das Ziel deiner Kommunikation?

Zu wie viel Prozent drangsalierst du deinen Partner oder setzt ihn unter Druck?

Bedienst du dich deiner Emotionen, um zu drangsalieren, anzugreifen oder das zu bekommen, was du willst?

Zu wie viel Prozent versuchst du zu gewinnen?

Zu wie viel Prozent versuchst du, deine Überlegenheit zu beweisen?

Zu wie viel Prozent versuchst du, deinen Partner zu ändern?

Zu wie viel Prozent fällst du stillschweigende Urteile?

Zu wie viel Prozent bist du authentisch?

Zu wie viel Prozent versuchst du, in deiner Kommunikation nicht deinen Partner, sondern dich selbst zu ändern?

Ist deine Kommunikation aufdringlich, herabwürdigend, streitlustig, provozierend, abwesend, abwehrend, überempfindlich? Mangelt es ihr an Verantwortung, wie deine Urteile und dein Groll beweisen?

Was willst du mit deiner Kommunikation erreichen?

Was passiert in deiner Kommunikation?

Wenn das, was tatsächlich passiert, nicht das ist, was deinem bewussten Willen nach passieren sollte, dann ist das ein Beweis dafür, dass dein Bewusstsein gespalten ist.

Wenn das, was tatsächlich passiert ist, nicht das ist, was deinem bewussten Willen nach passieren sollte, dann ist das ein Hinweis darauf, welche unterbewusste Absicht du verfolgst. Das ist deine wahre Absicht – die Absicht, die du vor dir selbst verborgen hast. Worin besteht diese Absicht? Sie kann deutlich mächtiger sein als das, was du auf einer bewussten Ebene beabsichtigt hattest.

Welche Auswirkung hat diese Absicht auf deine Beziehung?

Ist es das, was du wirklich willst?

Du kannst dich immer wieder fragen: „Was will ich?" Wenn du diese Entscheidung immer wieder neu triffst, wird der Unterschied zwischen deinen verborgenen Absichten und dem, was du bewusst willst, allmählich immer kleiner. Wenn das, was du bewusst willst, bei hundert Prozent dessen angekommen ist, was tatsächlich geschieht, spiegelt sich dies in deiner Beziehung wider. Da ganz zweifellos weitere Schichten zutage treten werden, achte auch weiterhin darauf, wo die Absicht, die du mit deiner Kommunikation verfolgst, sich von dem unterscheidet, was du tatsächlich kommunizierst. Du kannst deine Kommunikation verbessern, indem du das, was du willst, mit dem integrierst, was tatsächlich passiert. *Bevor du mit deinem Partner kommunizierst, richte deine feste Absicht auf das aus, was deinem bewussten Willen nach passieren soll.* Du kannst das, was du wirklich willst, auch manifestieren und Anspruch darauf erheben, um sowohl in der Kommunikation mit deinem Partner als auch in deiner Beziehung positive Ergebnisse zu erzielen.

Denke daran, dass es keine bösen Buben gibt. Wenn du dieses Prinzip vergisst, wird Kommunikation rasch zu einem Kampf, bei dem es darum geht, Bedürfnisse erfüllt zu bekommen, Recht zu haben und zu beweisen, dass niemand besser ist als du selbst! Du gewinnst – aber gegen deinen Partner. Das vergrößert die Angst, die dich hindert, eine Brücke zu deinem Partner zu bauen und gemeinsam mit ihm den nächsten Schritt zu gehen. Wenn du eine Brücke zu deinem Partner baust, hat das automatisch zur Folge, dass ihr in eurer Beziehung den nächsten Schritt geht. Außerdem bringt es euch beiden ein höheres Maß an äußerem Erfolg.

Überprüfe, wie groß dein emotionaler Mut ist, bevor du mit deinem Partner kommunizierst. Wenn du angstvoll bist, verlässt du dich nur auf dich selbst. Bitte also um die Hilfe des Himmels. Bitte den Engel der Kommunikation, dir zur Seite zu stehen. Wenn du auch nur das geringste Maß an Angst spürst, erkenne, dass du versuchst, es selbst zu tun. Bitte um die Hilfe des Himmels. Lasse zu, dass es voller Gnade durch dich geschieht.

Überprüfe, in welchem Maße du dafür sorgst, dass alles in deiner Beziehung sich nur um dich dreht. Dies ist deine Besonderheit. Es ist das Gegenteil von Liebe und einer erfolgreichen Beziehung. Besonderheit sorgt dafür, dass sich alles nur darum dreht, wie du dich fühlst und wie es dir geht. Das funktioniert jedoch nicht, wenn ihr gemeinsam erfolgreich sein wollt. Es sabotiert deine Beziehung.

Übernimm die Verantwortung für deine Emotionen und deine Erfahrung. Wenn du es nicht tust, willst du deinen Partner dazu bringen, dass er sich ändert, um dich glücklich zu machen. Das ist einer der größten Fehler, die du in einer Beziehung machen kannst. Selbst wenn dein Partner sich tatsächlich ändern sollte, trägst du nach wie vor den Mechanismus in dir, der dich unglücklich sein lässt und dann einfach ein anderes Symptom findet, um deiner Unzufriedenheit mit deinem Partner, der Situation und dir selbst Ausdruck zu verleihen.

Um erfolgreich zu kommunizieren, musst du *über deine Gefühle sprechen*, aber auch deutlich machen, dass es *deine* Gefühle sind. Fasse den festen Entschluss, sie zu verändern, und *bitte deinen Partner, dir zu helfen*. Wenn du ihn in der Vergangenheit häufig beschuldigt und für deine Emotionen verantwortlich gemacht hast, kann es eine Weile dauern, bis er dir wirklich vertraut, immer vorausgesetzt, dass es tatsächlich eine aufrichtige Bitte ist und keine Falle, die du ihm zu stellen versuchst. Im Interesse echter Kommunikation kannst du allerdings sicher sein, dass seine Zurückhaltung nur so lange anhalten wird, wie du brauchst, dein Vertrauen in ihn zurückzugewinnen. Dann kannst du noch einmal mit ihm über deine Gefühle sprechen und ihn um seine Hilfe bitten. Versichere ihm, dass es um deine Selbstheilung und nicht darum geht, ihn zu ändern. Wenn er noch immer aufgebracht ist, erkenne, dass derjenige von euch Unterstützung braucht, dessen Aufregung am größten ist. Wenn du Liebe in deinen Partner einströmen lassen kannst, während er aufgebracht ist, hilfst du ihm, dir selbst und der Beziehung. Ungeachtet der genauen Konstellation zur fraglichen Zeit erzeugt Unterstützung in Form von Liebe also immer eine Situation, in der ihr beide gewinnt.

Du kannst ihm einfach deine Liebe und deine Unterstützung zuteilwerden lassen, ohne zu urteilen. Selbst wenn seine Aufgebrachtheit noch eine Weile anhält, kann sich deine Beziehung an einem vollkommen neuen Ort wiederfinden, nachdem sein Prozess abgeschlossen ist. Wenn du eine Möglichkeit findest, mit ihm zu sprechen, halte dich an das *Gefühl*, das deine Erfahrung in dir auslöst, und beschreibe, wie du dich fühlst und was für dich nicht in Ordnung ist. Während du mit ihm sprichst, frage dich, an welchem Punkt in deiner Vergangenheit diese Emotion entstanden ist. Wenn dir eine Situation in den Sinn kommt, kehre zu ihr zurück und berichte deinem Partner so anschaulich wie möglich von deinen Gefühlen und deiner Erfahrung in Zusammenhang mit dem, was damals geschehen ist. Wenn dieser Prozess abgeschlossen ist, nimm wahr, ob dir eine weitere Situation in den Sinn kommt, die zeitlich noch vor der Situation liegt, die du gerade beschrieben hast. Wenn es so ist, beschreibe auch die Gefühle, die du in dieser vorherigen Situation empfunden hast.

Aller Schmerz rührt aus der Vergangenheit her, und mit deinen „gegenwärtigen" negativen Gefühlen erhältst du die Vergangenheit am Leben. Wenn du dich auf dieser Ebene mit deinem Partner austauschst, machst du klar, dass du über die Vergangenheit, ihren Schmerz und die Situation hinausgelangen willst, die sie jetzt in deiner Beziehung erschafft. Wenn du dich deinem Partner mitgeteilt hast, wirst du feststellen, dass das Problem entweder gelöst *oder* zumindest eine Schicht der Situation geheilt ist, wenn es sich um ein chronisches Problem handelt. Wenn dir kein früheres Ereignis in den Sinn kommt, beschreibe ganz einfach so anschaulich wie möglich (aber ohne Übertreibung), was du in Zusammenhang mit der Erfahrung empfindest, die du in der Beziehung gerade machst.

Wenn dein Partner dir während eines Gesprächs eine Rückmeldung gibt, bleibe so zentriert, wie du kannst, und nimm das, was er sagt, einfach in dich auf, um es mit deinem höheren Bewusstsein zu verschmelzen. Jede Rückmeldung, so falsch oder weit von der Wahrheit entfernt dein Partner damit auch liegen mag, kann sowohl für dich selbst als auch für deine Beziehung sehr hilfreich sein. Integriere seine Rückmeldung zu neuer Ganzheit, indem du sie mit deinem höheren Bewusstsein verschmilzt. Wenn sie in einem Angriff besteht, stelle dir vor, dass du dein Herz mit dem mitfühlenden Herzen Buddhas verbindest, damit es den Angriff in Segnungen verwandeln kann – für deinen Partner und für die Welt. Stelle dir vor, dass dein Herz ein Schmelzofen des Mitgefühls ist.

Entschuldige dich aufrichtig, wo du einen Fehler gemacht hast, und bitte um die Hilfe deines höheren Bewusstseins, denn es ist seine Aufgabe, den Fehler zu berichtigen. Versuche, auf deinen Partner einzugehen, soweit es dir möglich ist. Befasse dich dann mit allen Emotionen, die seine Rückmeldung in dir hervorgerufen hat, denn sie zeigen dir Muster mit einer schmerzhaften Wurzel, die du nach wie vor in dir trägst. So sind die schmerzhaften Gefühle, die er in dir ausgelöst hat, sehr hilfreich, weil sie dir zeigen, was in dir der Heilung bedarf. Die Tatsache, dass du auf deinen Partner eingehst, erzeugt Fluss und lässt Partnerschaft entstehen. Wenn du merkst, dass du deinem Partner gute Ratschläge erteilst oder ihn aufforderst, etwas zu berichtigen, dann höre auf das, was du sagst, so als würdest du mit dir selbst sprechen. Die Berichtigung, zu der du deinen Partner aufforderst, hat fast immer weit mehr mit dir selbst zu tun als mit ihm. Wenn du sie für dich selbst akzeptierst und sie deinem höheren Bewusstsein zur Berichtigung übergibst, dann besteht eine gute Chance, dass du das Problem mühelos überwinden kannst.

Während du mit deinem Partner sprichst, stelle dir vor, dass er du ist. Bei allem, was er dir sagt, kommuniziert ein Teil von dir mit dir selbst. Ziele bei allem, was du ihm sagst, darauf ab, das Problem zu lösen. Erkenne, dass er auf einer Seelenebene nur das ausagiert, was du verurteilt und abgespalten hast. Du hast diese Glaubenssätze über dich selbst viele Male kompensiert. Das hat zur Folge, dass du von einem Anteil deiner selbst gesteuert wirst, dessen du dir nicht einmal bewusst bist. Jetzt kannst du ihn durch Vergebung, Integration oder Kommunikation heilen. Verpflichte dich deinem Partner als deinem *Partner der Heilung* und sei dankbar, dass er ein Spiegel der tieferen Ebenen deines Bewusstseins ist. In *Ein Kurs in Wundern* heißt es dazu: „Die Liebe hegt keinen Groll." (Ü-I.68) Wo du Groll in dir trägst, dort gibt es Urteil, Trennung und Selbstangriff. Groll erzeugt noch größere Schuld und ruft weitere Probleme hervor. Wer nicht vergibt, hat das Gefühl, dass ihm nicht vergeben wird. Entscheide dich stattdessen für die Liebe, und überprüfe dich jeden Tag auf unkontrollierte Urteile und Projektionen, die in dir hochkommen, wenn du dich in irgendeiner Weise schlecht fühlst. Denke daran, dass du immer nur dich selbst siehst, wenn du in den Spiegel schaust, der dein Partner für dich ist.

Zeige Wertschätzung und Dankbarkeit im Gespräch mit deinem Partner. Das lässt eure Liebe wachsen und gibt ihm die Unterstützung, die er dringend braucht. Es erhält den Reiz eurer Beziehung und die Zärtlichkeit zwischen euch aufrecht. Dein Partner hat Wertschätzung und Dankbarkeit verdient. Wenn du ihn als selbstverständlich ansiehst, zeigt das nur, dass du auch dich selbst als selbstverständlich betrachtest. Du hältst dich selbst in der Aufopferung fest und erwartest von ihm, dass er sich dir darin anschließt. Sein negatives Verhalten kann dir zeigen, welche Selbstkonzepte und Programme du in dir verborgen trägst, und dafür solltest du ihm dankbar sein.

Verantwortungsvolle Kommunikation fördert wahre Kommunikation, und wahre Kommunikation ist ein Instrument der Heilung, das dir hilft, deine Beziehung zu stärken und euer gemeinsames Leben in immer größeren Schritten voranzubringen.

7

Inkompatibilität

Inkompatibilität bedeutet, dass die Kluft zwischen einem Paar so groß geworden ist, dass eine Erneuerung der Beziehung unmöglich erscheint. Sie bedeutet, dass eine besondere Liebe sich in besonderen Hass verwandelt hat. Besondere Liebe heißt, dass unser Partner uns zu vervollständigen und alle unsere Bedürfnisse zu erfüllen scheint – bis er es nicht mehr tut. Besonderer Hass ist der Zorn, der in uns auflodert, weil er unsere Regeln gebrochen und unsere Bedürfnisse nicht erfüllt hat.

Inkompatibilität ergibt sich mitunter allein aus der Tatsache, dass eine Beziehung vom Stadium der Verliebtheit zum Stadium des Machtkampfs gelangt. Wenn ein Partner noch dazu eine Tigerpersönlichkeit hat, kann dies äußerst dramatisch vonstattengehen und ein großer Schock sein. Inkompatibilität kann daher rühren, dass die Partner ganz unterschiedliche Einstellungen und Ziele haben. Religiöse Unterschiede, abweichende Überzeugungen und Verhaltensweisen oder große Unterschiede in der gesellschaftlichen Stellung können ebenso Gründe für eine Inkompatibilität sein. Untersuchungen zufolge nimmt die gesellschaftliche Stellung den ersten Platz bei den Unterschieden ein, die zur Inkompatibilität führen. Auch in kompatiblen Beziehungen, deren Partner zueinander passen, gibt es jedoch Unterschiede, die zu einem Bruch zwischen den Partnern führen können. Es sind die Auseinandersetzungen, die von Unzufriedenheit herrühren. Wenn du eine Beziehung der Gegensätze führst, verlängert und vertieft sich das Stadium des Machtkampfs. Wenn du eine kompatible Beziehung führst, verstärkt sich das Stadium der Leblosigkeit. Wenn einer der Partner eine Tigerpersönlichkeit hat, kann sich Hass in der Beziehung aufbauen, und wenn das geschieht, bauen sich in gleichem Maße auch Selbsthass und Selbstangriff auf. Das ist schon in einer glücklichen Beziehung ein sehr großes Thema, mit dem wir uns befassen müssen, aber wenn du mit deinem Partner in Zwietracht lebst, kann das Maß an Selbsthass so groß sein, dass du in seiner Gegenwart das Gefühl hast, dass er nicht deine besten Seiten, sondern deine schlimmsten Seiten zum Vorschein bringt.

Inkompatibilität ist keine Ausrede, sondern eine Aussage über die Situation, in der du dich mit deinem Partner befindest. Die entscheidende Frage lautet, ob du willst, dass deine Beziehung erfolgreich ist. Wenn du willst, dass deine Beziehung erfolgreich ist, solltest du begreifen, dass *dein Glück von dir herkommt*. Alle Versuchungen und alle Kämpfe rühren von dem Gedanken her, dass etwas außerhalb von dir dich retten oder glücklich machen kann. Auch wenn der HIMMEL dir hilft, muss alles wahre Glück, das du entdeckst, von dir selbst herkommen.

Die logische Folge ist, dass *nichts außerhalb von dir dich verletzt oder dafür sorgt, dass du dich schuldig fühlst*. Alle positiven Dinge und alle Negativität rühren von dir her – und genau das gibt dir die Möglichkeit, dein Leben zu ändern. Das Unterbewusstsein und das Unbewusste liefern dir den Beweis dafür. *Du bist derjenige, der verantwortlich ist*. Dein Ego hat sich Schwäche, Ungerechtigkeit, Mangel und einem Dasein als Opfer verschrieben. Es hat sich Angst, Schuld und Groll verschrieben. Es will, dass du Opfer bist und anderen Menschen die Schuld daran gibst, damit es stark bleiben kann. Das Ego ist die Trennung zwischen dir und anderen Menschen, dir und dir selbst, dir und dem HIMMEL. Ist es das, was du willst? Willst du etwas über deine eigene Macht und über die Hilfe erfahren, die der HIMMEL dir gewährt, oder willst du einfach aufgeben? Dies ist die Entscheidung, vor der du stehst. Was willst du? Willst du etwas über deine Macht und darüber lernen, wie deine Entscheidungen deine Situation bestimmen, oder willst du aufgeben und mit jemand anderem wieder ganz von vorne beginnen? Mit einem neuen Partner findest du dich in einem neuen Stadium der Verliebtheit wieder. Die Lektionen, die du mit einem neuen Partner zu lernen hast, können das Gegenteil der Lektionen sein, die du mit deinem vorherigen Partner lernen solltest. Bist du bereit, alles, was du gemeinsam mit deinem jetzigen Partner investiert hast, loszulassen und einen besseren Weg mit ihm zu finden, oder willst mit einem neuen Partner ganz von vorne beginnen? Was willst du? Wo ein Wille ist, dort ist bekanntlich auch ein Weg.

Dieses Buch stellt nur einen Weg dar, deine Beziehung erfolgreich zu gestalten. Es gibt noch viele andere Bücher, Wege und Methoden. Die Frage lautet jedoch: Was willst du? Du hast die Wahl. Der HIMMEL hält sich an deine Entscheidung. Er wird dir helfen, ganz gleich, welchen Weg du einschlägst. Eine inkompatible Beziehung ist naturgemäß eine besondere Beziehung, aber du musst dich sowohl der besonderen Liebe als auch des besonderen Hasses entledigen, um eine Beziehung führen zu können, die glücklich, erfolgreich und der Ganzheit verpflichtet ist. Wenn du dich für einen anderen Partner entscheidest, werden sich die Fehler, die du deinem jetzigen Partner zur Last legst, und die Urteile, die du über ihn gefällt hast, früher oder später auf deinen neuen Partner auswirken. Deshalb solltest du ungeachtet der Umstände auch weiterhin an der Heilung dieser Beziehung arbeiten. Eine inkompatible Beziehung ist eine große Herausforderung. Weil sie für dein Ego extrem schwierig und nervenaufreibend ist, brauchst du vielleicht einen guten Berater oder Therapeuten, der dir hilft, diese Prüfung zu bewältigen und eine vermeintlich inkompatible Beziehung in eine glückliche und gesunde Beziehung zu verwandeln. Gehe für eine Weile in die Stille und frage dich, wie du deine Beziehung transformieren kannst. Bitte darum, dass der HIMMEL dir auf jedem Schritt mit seiner Führung und seiner Gnade zur Seite stehen möge.

8

Ausreden

Wir alle bringen Ausreden vor und bereiten uns sogar selbst Probleme, um eine Ausrede zu haben. Die meisten traumatischen Ereignisse in unserem Leben haben wir selbst herbeigeführt, um unsere Gaben zu verbergen. Wir haben sie herbeigeführt, um Ausreden zu haben – Ausreden, um unsere Lebensaufgabe nicht erfüllen oder unsere Bestimmung nicht annehmen zu müssen. Ausreden sind eine ausgesprochen schlechte Angewohnheit, denn wenn wir keine Verantwortung übernehmen, liefern wir uns dem Ego und der Welt aus, und unser Ego hat ganz gewiss nicht unser Wohl im Sinn. Unsere Herzensbrüche und Traumen waren allesamt Ausreden, die wir vorgebracht haben, um uns zu trennen und unabhängig zu werden. Das hat unser Ego auf Kosten unseres Glücks gestärkt. Wenn wir unsere Herzensbrüche nicht heilen, werden sie zu einer Ausrede, die wir benutzen, um Rache zu üben, die Kontrolle zu behalten und den nächsten Schritt in Nähe und Erfolg nicht zu gehen. Statt uns rückhaltlos einzubringen und alles zu geben, was wir haben, halten wir uns zurück und bringen Ausreden vor, weil wir Angst davor haben, uns selbst, anderen Menschen und dem HIMMEL zu vertrauen. Verpflichtung, die zu den großen Prinzipien der Heilung zählt, ist die Entscheidung, uns einem Menschen oder einer Sache uneingeschränkt hinzugeben und damit uns selbst, andere Menschen und die Situation voranzubringen. Ausreden rühren von Angst her, und Ausreden und Angst sind Teil aller Probleme ebenso wie aller traumatischen Ereignisse, die uns jemals widerfahren sind.

Inwiefern ist das, was jetzt in deinem Leben und in deiner Beziehung geschieht, eine Ausrede? Das jetzige Verhalten deines Partners kann leicht eine Ausrede für das sein, was du tust, indem du beispielsweise urteilst, deinen eigenen Weg gehst, aufgibst, dich zurückziehst, angreifst, phantasierst, in Pornographie schwelgst, Affären hast, unreif handelst, dich beklagst, in Süchten gefangen bist, schmollst oder Trübsal bläst, um nur einige Möglichkeiten zu nennen.

Alle unsere Probleme sollen uns Ausreden liefern. Alle Probleme unseres Partners sollen uns Ausreden liefern. Wenn wir in Ausreden gefangen sind, lassen wir zu, dass das Ego ohne Rücksicht auf die Wahrheit oder den bestmöglichen Weg uns selbst und unser Leben steuert. Wenn wir uns von unseren Ausreden befreien wollen, besteht der erste Schritt darin, sie uns bewusst zu machen und zu erkennen, wozu wir sie benutzen. Anschließend müssen wir erkennen, dass unsere Ausreden uns daran hindern, wichtige Lektionen zu lernen, die wir brauchen, um in Beziehungen und im Leben erfolgreich zu sein.

Gib deine Ausreden auf. Das Leben ist, was du daraus machst. *Deine Beziehung ist, was du daraus machst.* Unabhängig davon, wo du in deiner Beziehung stehst, kannst du dich entscheiden: Wo willst du sein? Willst du dein Ziel erreichen? Der HIMMEL steht hinter dir und deinem Glück. Bitte um die Hilfe, die du brauchst. Deine Probleme sind entweder wichtige Lektionen oder nur Steine, die du dir selbst in den Weg gelegt hast, um dich zurückzuhalten.

Denke darüber nach, was die Ausreden und Ängste, die unter deinen Problemen verborgen liegen, in deinem Leben hervorgebracht haben. Ist es das, was du wirklich willst? Macht es dich glücklich? Was willst du? Stelle dir vor, wie dein Leben verlaufen wäre und wie es jetzt aussehen würde, wenn du deine Ausreden und die unter ihnen verborgene Angst aufgeben würdest. Lasse deine Zweifel los. Gib deine Bedenken auf und wirf deine Vorbehalte über Bord. Lege sowohl deine Ausreden als auch die Angst, die sie antreibt, in GOTTES HÄNDE.

Nutze dieses äußerst effektive Werkzeug, um deine Beziehung und dein Leben voranzubringen. Stelle dir vor, wie dein Leben ohne die zahllosen Ausreden verlaufen wäre, die du benutzt, und ohne die vielen Probleme, die du selbst herbeigeführt hast. Stelle dir dann vor, wie dein Leben jetzt aussehen würde, wenn du alle Ausreden ebenso aufgeben würdest wie die Angst, die mit ihnen einhergeht. Wenn dein Leben dann so aussieht, wie du es dir insgeheim wünschst, triff eine andere Entscheidung. Entscheide dich für das, was du jetzt bewusst willst, statt dich unterbewusst von Problemen und Angst steuern zu lassen. Immer wieder zu fragen, was du willst, ist eine Methode der Heilung, die dich von verborgenen Fallen befreit.

Was willst du? Willst du dich von deinem Ego drangsalieren lassen und dich vor deinem Schatten fürchten, oder willst du in Liebe und in Selbstvertrauen den nächsten Schritt gehen und dich daran erinnern, WER mit dir geht?

9

Nörgeln

Wenn ein Partner in einer Beziehung nörgelt, lamentiert oder schimpft, fühlt er sich nicht ebenbürtig. Er hat das Gefühl, über oder unter seinem Partner zu stehen. Er fühlt sich möglicherweise von seinem Partner in die Enge getrieben, und das macht ihn grausam. Vielleicht fühlt er sich seinem Partner auch unterlegen, und sein Angriff ist der Versuch, ein Gleichgewicht in der Situation herzustellen. Er hat nicht das Gefühl, gehört zu werden. Er hat eine so schlechte Meinung von sich, dass er insgeheim glaubt, er habe es nicht verdient, gehört zu werden. Sein Selbstangriff verwandelt sich in Angriff. Es findet keine Kommunikation mehr statt. Nörgeln ist eine Form ständiger Wiederholung, ohne wirklich zu glauben, dass man gehört wird oder eine Antwort bekommt. Weil der nörgelnde Partner mit der Situation unglücklich ist, glaubt er, er habe das Recht, sich emotional unreif zu verhalten und seinen Partner zu beschimpfen. Der nächste Schritt kann die Situation weiter verschlimmern, sodass Nörgeln, Lamentieren und Schimpfen zu einer „Masche" werden, die er wie eine Waffe gegen seinen Partner und gegen sich selbst einsetzt. Sein Schmerz ist so groß, dass er blind ist für das, was er seinem Partner, seiner Beziehung und anderen Menschen antut. Dieses Verhalten macht seinen Partner entweder mürbe oder verstärkt dessen Starrsinn. Je länger die Situation andauert, umso verstockter wird sein Partner, und sei es nur deshalb, weil er seine Eigenständigkeit nicht an einen Tyrannen verlieren will. Wenn die Situation nicht bereinigt wird, entwickelt sie sich rasch von einem Machtkampf zu einem Krieg.

Wenn jemand nörgelt, ist er nicht nur mit der Situation und mit seinem Partner, sondern auch mit sich unzufrieden. Er hat das Gefühl, dass es ihm an Macht mangelt, und es mangelt ihm ganz sicher an Selbstvertrauen. Er hat das Gefühl, dass sein Partner ihm gegenüber nicht offen ist und nicht auf den Gemütszustand eingeht, in dem er sich befindet. Dieser Mangel an Einfühlsamkeit seitens seines

Partners kann eine Reihe von Gründen haben, die der Nörgler vielleicht gar nicht vermutet. So kann es beispielsweise daran liegen, dass sein Partner sich hilflos fühlt oder nicht weiß, wie er auf die Situation eingehen soll. Vielleicht ist er auch verärgert, weil er unter Druck gesetzt wird oder weil Forderungen an ihn gestellt werden. Vielleicht fühlt er sich auch angegriffen und nicht respektiert, oder er hat das Gefühl, dass sein nörgelnder Partner, der in Aufopferung gefangen ist, von ihm verlangt, sich ebenfalls aufzuopfern. Vielleicht hat er das Gefühl, dass der Nörgler zum Tyrannen geworden ist und Angriff als Mittel benutzt, um ihn zu kontrollieren.

Kaum jemand will kontrolliert werden, und die wenigen Menschen, die sich gerne kontrollieren lassen, tragen Gefühle der Unzulänglichkeit in sich, die sie dazu bringen, ihrem Partner die Kontrolle zu überlassen. *Männer hassen es besonders, kontrolliert zu werden, sind aber offen für Führung* – vor allem dann, wenn sie durch die Nähe in ihrer Beziehung motiviert werden. In solchen Situationen sind wir aufgerufen, die Lektion der Einfühlsamkeit zu lernen. Ein Mann sollte wissen, dass eine Frau, die ein Problem hat, nicht will, dass er es in Ordnung bringt oder sie rettet. Sie will geliebt werden, und das ist der Grund für ihr Problem. Wenn du sie immer umfassender und immer tiefer liebst, wird sie nicht nur sich selbst, sondern auch dich und die Situation in Ordnung bringen. Wenn dein Partner zum Sumpf geworden ist, liegt der Schlüssel zum Erfolg darin, dass du ihn liebst und die GÖTTLICHE LIEBE durch dich hindurchströmen lässt, damit sie deinen Partner erfüllen kann. Wenn du den Prozess morgens und abends wiederholst, kannst du deinen Partner rasch befreien.

Männer, wenn eure Partnerin vom Geist der dunklen Göttin durchströmt wird, die ein männermordendes Weib ist, dann ergreift die Hand eines eurer FREUNDE AN HÖHERER STELLE, legt eure Rüstung, euren Schild, eure Waffe und sogar eure Kleider ab und wagt euch gleichsam nackt in die Höhle der dunklen Göttin hinein. Haltet die Hand eures FREUNDES, um eure Partnerin mit Hilfe der GÖTTLICHEN LIEBE und der GÖTTLICHEN PRÄSENZ aus den Klauen der dunklen Göttin zu befreien. Die meisten Männer sind aufgerufen, sich diesem Thema in ihrer Beziehung mindestens einmal, häufig aber auch wiederholt zu stellen. Wenn die Männer diese Lektion nicht lernen, haben die Frauen das Gefühl, sowohl persönlich als auch kollektiv ausgeplündert, benutzt und missbraucht worden zu sein. Als ihr Partner bist du hier, um sie von diesem uralten Schmerz zu erlösen, und das geschieht durch deine Liebe. Deine Liebe und die LIEBE des HIMMELS sind stärker als ihr Schmerz.

Fast immer haben beide Partner eine Vorgeschichte, die mit ihren Eltern und mit früheren Partnern zu tun hat. Du kannst mit deinen Eltern beginnen und dich fragen, zu wie viel Prozent du deinen Eltern, deinen Geschwistern und früheren Partnern nicht vergeben hast. Das Maß, in dem du ihnen nicht vergeben hast, entspricht dem Maß, in dem du deinem Partner jetzt Vorwürfe machst. Du kannst gar nicht anders, auch wenn du es nicht willst. Vergebung befreit euch alle.

Wenn du mit deinen früheren Beziehungen nicht im Frieden bist, tritt die Distanz, die der alte Groll erzeugt, früher oder später zwischen dir und deinem Partner zutage. Wenn es nicht das ist, was du willst, solltest du deinen früheren Partnern vergeben und sie befreien, weil es dich von deiner Vergangenheit befreit. Alle deine gegenwärtigen Probleme sind in Wirklichkeit alte Probleme, die sich als neue Probleme getarnt haben. Wenn du deinem Partner für deine Vergangenheit vergibst, wird er dir im gleichen Maße für seine Vergangenheit vergeben.

Denke daran, dass dein Partner und der Zustand deiner Beziehung einen Zweck für dich erfüllen. Wenn du nicht glücklich bist, verfolgst du einen heimlichen Zweck, von dem du glaubst, dass er dich glücklich machen wird, und aus irgendeinem Grund ist er dir wichtiger als das Glück mit deinem Partner. Finde heraus, wofür du die Situation, in der du dich mit deinem Partner befindest, benutzt. Mache dir bewusst, dass es dir kein Glück bringen kann, und erkläre stattdessen die Liebe zu deinem Ziel. Einzig und allein die Verbindung mit deinem Partner kann dir das geben, was du willst. Sie erfüllt deine Bedürfnisse und sorgt dafür, dass die äußere Wirklichkeit sich auf die Nähe ausrichtet, die du gemeinsam mit deinem Partner erreicht hast. Wenn du in einem Machtkampf oder in Konkurrenz gefangen bist, kämpfst du lediglich um deine Überlegenheit, deinen Aufstieg und darum, Recht zu haben. Dein Ego ist dir wichtiger als dein Glück oder dein Partner.

Du hast dein Ego durch Schmerz und Ungerechtigkeit aufgebaut und hast Angst, den Schmerz und die Ungerechtigkeit noch einmal durchleben zu müssen, wenn du dich nicht schützt. Wenn du einmal kurz über deine Situation nachdenkst, stellst du jedoch fest, dass du dich entweder wie deine früheren Unterdrücker benimmst oder dass dein Verhalten dich in die alten Emotionen der Unterdrückung zurückwirft. Wenn du dich in einem Kampf befindest, kannst du nicht vorankommen, und ebenso wenig kommen dein Partner und deine Beziehung voran. Selbst wenn du gewinnst, gehst du nur seitwärts, und irgendwann schwingt das Pendel in die andere Richtung zurück. Du erzeugst Karma. Selbst wenn du gegen deinen Partner gewinnst, ist es nur eine Frage der Zeit, bis dein Partner dich seinerseits aus dem Hinterhalt überfällt.

Sex ist in einer Beziehung meist der erste Bereich, der einen Treffer einstecken muss. Damit wird eine äußerst hilfreiche Brücke zwischen dir und deinem Partner zum Einsturz gebracht. Nähe und Verbindung müssen wiederhergestellt werden, um den Sex in eurer Beziehung mit neuem Leben zu erfüllen. Gib alle Vorstellungen davon auf, dich hinter deinem Partner verstecken zu können oder besser als er zu sein. Es wird dir nur dann gelingen, deine Beziehung auf die Ebene von Gegenseitigkeit und Ebenbürtigkeit emporzuheben, wenn du sowohl dich selbst als auch deinen Partner wertschätzt. Ohne diese Dinge kann es weder Mühelosigkeit noch Fluss geben, sondern nur Leblosigkeit und Kampf.

Wenn dein Partner nörgelt, lamentiert oder schimpft, braucht er Liebe. Lasse also deine Liebe in ihn einströmen, während er nörgelt, lamentiert oder schimpft. Wenn es dir gelingt, zentriert zu bleiben und ihn zu lieben, während du ihm zuhörst, kann dies sowohl bei ihm als auch in eurer Beziehung eine tiefgreifende Veränderung bewirken. Du kannst dich auch fragen, wie alt das verwundete innere Selbst ist, das die Ursache seiner Schimpftirade ist. Bitte eine Heerschar von Engeln, dieses Selbst gemeinsam mit dir zu lieben, bis du erkennst, dass es heranwächst und schließlich wieder mit deinem Partner verschmilzt.

Fürchte dich nicht. Du besitzt eine Gabe, die die Antwort auf die Schimpftirade deines Partners ist. Fürchte dich nicht, sie mit Hilfe deiner Engel zu entdecken und mit deinem Partner zu teilen. Nörgelei und Verärgerung rühren meist von der Überzeugung her, dass unser Partner hat, was wir brauchen, und es uns mutwillig vorenthält. Bringe deine innere Gabe hervor, die du für genau diese Situation in deinen Rucksack gepackt hattest. Der Zweck dieser Seelengabe besteht darin, die Liebe deines Partners zu dir und zu sich selbst zurückzugewinnen. Sie erlaubt es dir, dein Licht leuchten zu lassen, und das hat zur Folge, dass dein Leben und deine Beziehung wesentlich mehr im Fluss sind. Wenn du deinem Partner hilfst, seine Unzufriedenheit mit sich selbst und dem Leben zu überwinden, lösen sein Nörgeln und seine Unzufriedenheit sich auf und kehren als Nähe und Dankbarkeit zu dir zurück.

10

Die Wahrnehmung der Situation

„Jede deiner Wahrnehmungen der »äußeren Wirklichkeit« ist eine bildhafte Darstellung deiner eigenen Angriffsgedanken."
Ein Kurs in Wundern, Ü-I.23.3:2

Jeder Ort, an dem du urteilst, ist ein Ort, an dem du Illusionen hast. Deine Urteile rühren von deinen Angriffsgedanken her. Wenn du erkennst, dass Projektion das Wesen der Wahrnehmung ist, dann erkennst du auch, dass deine Projektionen von einem Ort der Schuld herrühren, an dem du versuchst, dich von etwas zu befreien, das du in dir trägst. Dies ist eine der großen Fallen, die das Ego uns stellt, weil wir die Dinge, die wir abspalten, vergraben und auf einen anderen Menschen projizieren, trotzdem weiterhin in uns tragen, wo sie uns Schwierigkeiten bereiten und dafür sorgen, dass wir uns selbst angreifen.

Menschen sind fähig, wie Christus oder Buddha diese Welt zu überschreiten, weil sie erkennen, dass es eine Welt der Träume und der Illusionen ist und dass sie wie alle Träume eine Phantasievorstellung und eine Form von Wunscherfüllung ist. Die Aussage der Quantenphysiker im Film *What the Bleep Do We Know!?* stimmt mit dem überein, was auch *Ein Kurs in Wundern* sagt: „Die Wahrnehmung ist eine Wahl, keine Tatsache." (T-21.V.1:7) Das heißt, dass wir nicht nur für unser Leben und für alles, was geschehen ist, sondern auch für unsere Wahrnehmung verantwortlich sind, weil sie uns unsere Erfahrung vermittelt. Wenn du dieses äußerst wichtige Prinzip lernst, eröffnest du dir selbst einen Ausweg aus deiner gegenwärtigen Situation, ohne zwangsläufig dein ganzes Leben auseinandernehmen und noch einmal ganz von vorne beginnen zu müssen. Das kann dir enorm viel Zeit und viele Schwierigkeiten ersparen. Es gibt dir nicht nur deine Verantwortung, sondern auch deine Macht zurück. Deine Macht ist mit der Wahrheit vereint. Sie birgt nicht nur die ungeheuer große Macht deines Geistes in sich, sondern ist an die Macht GOTTES geknüpft, die unendlich ist.

Ich habe in den siebziger Jahren einmal mit einer Frau gearbeitet, die sehr stark zugenommen hatte und als Sozialarbeiterin den ganzen Tag mit missbrauchten Kindern arbeitete. Als ich sie nach ihrem Problem fragte, sagte sie, ihr Mann sei in der Marine und befinde sich auf einer sechsmonatigen Einsatzfahrt. Dieser Einsatz war wegen der Iran-Krise gerade um drei Jahre verlängert worden. Sie sagte, dass sie, wenn sie von der Arbeit nach Hause kam, außer ihrer sechsjährigen Tochter niemanden hatte, mit dem sie reden konnte, und sich deshalb mit dem Inhalt des Kühlschranks tröstete. Ich fragte sie, ob sie bereit sei, sich aus dieser Falle zu befreien, indem sie die Verantwortung für die gesamte Situation übernahm. Sie antwortete: „Ja! Ich kann so nicht weitermachen." Daraufhin bat ich sie, einmal in sich zu gehen, um herauszufinden, warum sie wollte, dass ihr Mann so lange fort war. Sie erwiderte: „Weil er sich wie ein Feldherr benimmt, wenn er zu Hause ist. Er kommandiert mich herum, statt mich wie einen ebenbürtigen Partner zu behandeln. Er ist nur Matrose und ich bin eine ausgebildete Fachfrau, aber er behandelt mich wie eine Dienstbotin."

Ich sagte ihr, dass sie mit ihrem Mann natürlich über dieses Ungleichgewicht und über die Probleme sprechen müsse, vor die es sie beide stellte. Sie stimmte zu, dass das wirklich notwendig war. Ich sagte ihr, dass sie, wenn sie die Verantwortung übernahm, sich auch dafür entscheiden könne, dass sich die Situation änderte, in der sie und ihr Mann sich befanden. Sie tat es. Das war an einem Samstag. Als wir am darauffolgenden Dienstagabend wieder alle zusammensaßen, überbrachte sie die gute Nachricht, dass ihr Mann zu einer Gruppe von sechs ausgewählten Matrosen gehörte, die von der Flotte vor der iranischen Küste nach Hause geschickt wurden. Sie war überglücklich. Dies war keine Zauberei. Es war die Macht, die daraus erwächst, wenn wir die Verantwortung für unsere Situation übernehmen.

Anfang der achtziger Jahre habe ich in einer ähnlichen Situation mit einer Frau gearbeitet, die von ihrem Mann körperlich missbraucht wurde. Ich erklärte ihr, dass es einen raschen Weg gab, das Problem anzugehen, wenn sie dazu bereit war. Sie bejahte. Ich führte sie in ihre Kindheit und zu einer Situation zurück, in der sie Streit mit ihrem Vater gehabt und eine Tracht Prügel von ihm bezogen hatte. Sie fühlte sich schuldig und gelangte zu der Überzeugung, dass sie es verdient hatte, bestraft zu werden. Als wir die Wurzel des Missbrauchsmusters sahen und sie durch Verständnis und Mitgefühl für die Situation ihres Vaters auflösten, konnte sie sich wieder neu für das entscheiden, was sie verdiente. Das stellte die

Verbundenheit zwischen ihr und ihrem Mann wieder her, was zur Folge hatte, dass er sie nie wieder missbrauchte.

Nachdem ich diese Geschichte einige Jahre später im Rahmen eines Vortrags auf Hawaii erzählt hatte, kam eine Frau zu mir und bat um eine Einzelsitzung, weil auch sie von ihrem Mann missbraucht wurde. Am Anfang der Sitzung bekannte sie jedoch, dass sie nicht glaubte, dass es funktionieren würde. Sie glaubte nicht daran, dass es möglich war, die Situation in einer einzigen Sitzung zu verändern. Ich erklärte ihr, dass das keine Rolle spielte, denn ich hätte genug Glauben für uns beide und sei bereit, auch für ihre Erfahrung die Verantwortung zu übernehmen. Innerhalb von nur einer Stunde fanden wir die Wurzel ihrer Schuld und ihrer falschen Selbstkonzepte und setzten ein neues und erfolgreiches Muster in Kraft, um zu verhindern, dass sie jemals wieder missbraucht wurde. Es gelang ihr und ihrem Mann, das Problem zu überwinden und den nächsten Schritt zu gehen, sodass die Ehe nicht durch die Trennung auseinandergerissen wurde, die sie ursprünglich geplant hatte.

Unabhängig davon, welche Methode der Heilung du einsetzt, ist es notwendig, dass du zuerst die Verantwortung übernimmst, die weder Schuld noch Schuldzuweisung beinhaltet. Das gibt dir die Möglichkeit, den Weg hindurch zu finden, der dir am besten dient. Wenn du Verantwortung übernimmst, kannst du um Hilfe bitten und die Situation in die Hände des HIMMELS legen.

11

Geiz und Hartherzigkeit

Es gibt Aspekte in Beziehungen, die wir vor uns selbst verbergen, die aber unsere Beziehungen dennoch antreiben. Frage dich auf einer Skala von 1 bis 100, wie geizig du deinem Partner gegenüber bist. Wie viel gibst du ihm? Wie sehr nährst du ihn? Betrachte alle Lebensbereiche: intellektuell, emotional, körperlich, sexuell und geistig. Bist du an seinem Wachstum und an seiner Entwicklung interessiert? Möchtest du ihm helfen, in seiner persönlichen Entwicklung voranzukommen, oder arbeitest du heimlich daran, vor ihm und ihm überlegen zu bleiben? Wertschätzt du die Bereiche, in denen er derjenige ist, der den Weg weist, und teilst du deine Freigiebigkeit mit ihm, wenn du derjenige bist, der vorangeht? In welcher Form hat dein Geiz sich auf deine Beziehung ausgewirkt? Wann hat dein Geiz begonnen? Bei wem hat dein Geiz begonnen? Was ist geschehen?

Willst du in deiner Entwicklung von einer Vergangenheit aufgehalten werden, die nicht mehr existiert? Im Geben liegt deine Freude. Es ist das, was dir eine Bedeutung gibt und dir Erfüllung schenkt. Es ist das, was deine Fähigkeit zu empfangen mehrt. Es ist das, was deinen Partner aufblühen und gedeihen lässt. Denke daran, dass du alles, was du deinem Partner gibst, auch deinen Kindern und dir selbst gibst. Es ist die Chance, deine Beziehung mit Fülle und Zärtlichkeit auszukleiden. Deine Großzügigkeit führt zu Weite und dazu, dass du das Gefühl hast, dich von deiner besten Seite zu zeigen. Das ist nicht nur die größte Freude, sondern lädt dich auch dazu ein, dich an allen Dingen zu erfreuen.

Der nächste Bereich, den es zu untersuchen gilt, ist die Frage, wie hartherzig du bist. Dazu ist es zunächst wichtig zu erkennen, wie sich deine Hartherzigkeit auf dich ausgewirkt hat. Hartherzigkeit setzt Muster in Gang, die bewirken, dass dir nicht die Liebe geschenkt wird, die du verdienst, weil du dich schuldig dafür fühlst, dass du in der Vergangenheit hartherzig warst. Genau genommen verbirgt jeder Ort, an dem du verletzt und zum Opfer gemacht wurdest, einen Ort, an dem du hartherzig gewesen bist und das Ereignis oder das Problem eines anderen Menschen als Ausrede benutzt hast, um fortzulaufen und dich zu verstecken, statt die Seelengabe zu öffnen, die du in dir trägst und die alle an der Situation beteiligten Menschen und auch die Situation selbst erlöst hätte.

Das ist es, was das Unterbewusstsein über unsere Entscheidungen zugunsten von Schmerz und Opferrollen offenbart. Das Maß unserer Verleugnung ist so groß, dass wir im wahrsten Sinne des Wortes ein Unterbewusstsein geschaffen haben, das unserem bewussten Denken verborgen ist. Das macht es schwierig, das eigentliche Problem zu erkennen, damit es geheilt werden kann. Frage dich auf einer Skala von 1 bis 100, wie hartherzig du warst. Wann hat sie angefangen? Hartherzigkeit beginnt meist, wenn du von einem anderen Menschen etwas bekommen wolltest, dein Plan durchkreuzt wurde und du dich als Folge davon zurückgezogen hast. Was sollte sie dir einbringen, und welche Ausrede hat sie dir geliefert? Was hat sie dir zu tun erlaubt, und im Hinblick worauf hast du Recht bekommen? Deine Hartherzigkeit verhindert, dass du empfangen und genießen kannst. Sie verhindert, dass du geliebt wirst. Sie sorgt dafür, dass du dich klein, käuflich und kleinlich fühlst. Ist es das, was du wirklich willst? Statt dir den Schutz zu bringen, den du durch deine Hartherzigkeit erlangen wolltest, hat sie dir genau das Gegenteil eingebracht.

Deine Abwehr zieht Angriff an. Du kannst alle diese Dinge jetzt ändern, indem du die Verantwortung für deine Hartherzigkeit und deinen Geiz übernimmst. Dann kannst du sie sofort dem HIMMEL übergeben, damit er sie für dich aufhebt. Gewinne dein Herz zurück! Wenn du großzügig bist, ist auch die Liebe großzügig. Wenn du großzügig bist, bist du offen für die Hilfe und die Großzügigkeit des HIMMELS.

12

Groll und Urteile

Urteile und Groll bilden nicht nur den Kern deiner Beziehungsprobleme, sondern den Kern aller Probleme, vor denen du stehst. Wenn du eine erfolgreiche, von Glück, Nähe und Freude erfüllte Beziehung führen willst, besteht eine Grundvoraussetzung darin, dass du sie von Groll und Urteilen freihältst.

Ein Kurs in Wundern drückt es so aus:

> „Die Welt, die du siehst, ist eine rachsüchtige Welt, und alles in ihr ist ein Symbol der Rache. Jede deiner Wahrnehmungen der »äußeren Wirklichkeit« ist eine bildhafte Darstellung deiner eigenen Angriffsgedanken. Da kann man durchaus fragen, ob man das »sehen« nennen kann. Ist »phantasieren« nicht ein besseres Wort für einen solchen Vorgang, und ist nicht Halluzination ein angemessenerer Begriff für das Ergebnis?"
> *Ein Kurs in Wundern*, Ü-I.23.3:1-4

Der *Kurs* schlägt folgende Übung vor, um unsere innere Wirklichkeit zu befreien, die unsere äußere Wirklichkeit entstehen lässt.

> „[Dies ist] der einzige Ausweg aus der Angst, der jemals zum Ziel führen wird. Nichts anderes wird gelingen; alles andere ist bedeutungslos. Aber auf diesem Weg kannst du nicht scheitern. Jeder Gedanke, den du hast, bildet ein Segment der Welt, die du siehst. Es sind demnach deine Gedanken, mit denen wir arbeiten müssen, wenn deine Wahrnehmung der Welt verändert werden soll."
> *Ein Kurs in Wundern*, Ü-I.23.1:1-5

Der *Kurs* schlägt weiter eine Übung vor, die ich als äußerst hilfreich empfunden habe. Denke an deinen Partner und an die vielen wenig liebenswürdigen und negativen Angriffsgedanken, die du gegen ihn hegst. Wiederhole bei jedem Gedanken, der dir in den Sinn kommt, folgende Worte: „Ich kann der Welt, die ich sehe, entrinnen, indem ich Angriffsgedanken über [meinen Partner] aufgebe." (Ü-I.23.6:4) Halte jeden Gedanken im Gedächtnis, während du die Worte sprichst, lasse ihn dann los und gehe zum nächsten Gedanken weiter.

Wenn du feststellst, dass dein Geist an einem bestimmten Urteil oder an einem bestimmten Groll festhält, kannst du deine Angriffsgedanken leichter loslassen, indem du dich fragst, welche Auswirkung dieser Gedanke auf dein Leben und deine Beziehung hat. Frage dich dann, wofür du diesen Groll benutzt. Zu welchem Zweck dient dir diese Wahrnehmung? Während du diesen Gedanken im Gedächtnis behältst, wiederhole mit großer Entschlossenheit die folgenden Worte und bitte dabei um die Hilfe des HIMMELS: „Dieser Gedanke ist Ausdruck eines Zieles, das mich davon abhält, eine erfolgreiche Beziehung zu führen." Alles, was du siehst, ist Ausdruck eines Gedankens. Wenn du die obigen Worte im Angesicht eines Gedankens oder einer Emotion sprichst, verbindet sich der Gedanke oder die Emotion mit dem Groll und beide fallen fort. Wiederhole den Satz anschließend mit dem nächsten Gedanken, der dir in den Sinn kommt, bis die Emotionen allmählich schwächer werden und sich auflösen.

Wende dich nun deinen Eltern, deinen Geschwistern und früheren Partnern zu. Stelle dir folgende Frage: „Zu wie viel Prozent hat das, was ich meiner Mutter zur Last lege, eine Auswirkung darauf, wie ich meinen Partner jetzt sehe?" Wiederhole dann die obige Übung und lasse alle Angriffsgedanken los, um deine Mutter und deinen Partner zu befreien.

Frage dich anschließend, zu wie viel Prozent das, was du deinem Vater zur Last legst, eine Auswirkung darauf hat, wie du deinen Partner jetzt wahrnimmst. Führe die obige Übung noch einmal durch und lasse alle Angriffsgedanken gegen deinen Vater los, um sowohl deine Beziehung zu ihm als auch deine Beziehung zu deinem Partner zu transformieren. Setze die Übung mit deinen Geschwistern und früheren Partnern fort, bis du deinen Partner in einem ganz neuen Licht wahrnehmen kannst.

13

Selbstauslöschung

Selbstauslöschung ist ein Prinzip der Heilung, dem sehr große Macht innewohnt. Wenn der Zweck des Lebens darin besteht, den gigantischen Eisberg des Egos im OZEAN DER LIEBE aufzulösen, dann hilft die Selbstauslöschung des Eisbergs uns, große Stücke des Egos abzuschmelzen, sodass wir zurücktreten und der HIMMEL in stärkerem Maße in uns präsent ist. Das Ego richtet sein gesamtes Augenmerk darauf aus, seine eigene Macht auszubauen und Besonderheit zu fordern. Deshalb erwartet es, dass alle anderen sich ändern, um ihm dienlich zu sein. Jeder Groll, den wir hegen, ist eine Klage über das, was jemand gesagt oder getan hat, weil wir glauben, dass sich nur die äußeren Umstände ändern müssen, damit wir glücklich sind. Das macht uns von den äußeren Umständen abhängig und sorgt dafür, dass wir Forderungen stellen und frustriert sind. Es ist eine Haltung emotionaler Unreife und eine Erwartung, mit der wir in jede neue Beziehung hineingehen – ein Treueeid auf den Plan, den das Ego für unser Glück hat, der aber nie funktionieren kann.

Eine Lektion in *Ein Kurs in Wundern* trägt die Überschrift: „Ich könnte stattdessen Frieden sehen." (Ü-I.34) Dieser Satz erinnert uns daran, dass unsere Wahrnehmung eine Wahl ist und dass wir uns für den Frieden anstelle von Aufregung und Groll entscheiden können. Eine andere Lektion trägt die Überschrift: „Die Liebe hegt keinen Groll." (Ü-I.68) Dies sind Worte der Kraft. Wenn du sie mit großer Entschlossenheit wiederholst und den HIMMEL um Hilfe bittest, können sie die Schichten eines Problems allmählich wie die Häute einer Zwiebel ablösen. So kannst du deine Erfahrung schrittweise verändern und dich dem Licht zuwenden.

Selbstauslöschung ist die Auslöschung des Egos. Sie ist gleichbedeutend damit, dass wir Abwehrmechanismen, Schmerz, Ungerechtigkeit, Groll, Schuld, Angst, Angriff, Selbstangriff, Todesversuchung, Glaubenssysteme und die falschen Entscheidungen, die wir getroffen haben, auflösen und durch Frieden und Liebe ersetzen. Selbstauslöschung ist äußerst machtvoll und nichts für zart besaitete Gemüter. Wenn du über längere Zeit feststeckst und nicht weiterkommst, kann diese Methode äußerst hilfreich sein, denn das, was außerhalb von dir feststeckt, steckt auch in dir fest. Schmerz und Groll stecken in dir fest, die der Heilung bedürfen. Du magst ein bestimmtes Ereignis geheilt haben, aber was nicht geheilt wurde, wartet hinter Verleugnung und Dissoziation. Es ist das, was dich, deinen Partner und deine Beziehung feststecken und nicht weiterkommen lässt.

Der Plan des Egos sieht vor, dass dein Partner und deine Beziehung sich ändern. Der Plan des HIMMELS sieht dagegen vor, dass du dich sowohl zu deinem eigenen Wohl als auch zum Wohl der Menschen änderst, die du liebst. Anderenfalls wird die dunkle Lektion zu einem Glaubenssystem, das nicht nur dein Leben mit seinen Mustern prägt, sondern auch Dunkelheit im Leben anderer Menschen verbreitet. Es ist äußerst wichtig, dass du diese Ebene heilst. Das ist nicht immer leicht, aber es ist immer hilfreich. Es wird dir große Erleichterung bringen. Ein hohes Maß an Stress wird von dir abfallen, sodass du in höherem Maße empfangen und auf andere Menschen eingehen kannst. Es kann sogar bewirken, dass dein Partner und die Welt sich tiefgreifend zum Besseren wenden.

Der erste Schritt besteht darin, eine Heerschar von Engeln und deine FREUNDE AN HÖHERER STELLE herbeizurufen, um dich zu unterstützen und dir Beistand zu leisten. Der zweite Schritt besteht darin, dir die Zeit in deinem Leben ins Gedächtnis zu rufen, in der es dir besonders schlecht ergangen ist, in der deine Träume zerschlagen wurden und du am Boden zerstört warst. Du hast aus dieser Erfahrung eine dunkle Lektion gelernt, aus der deine Selbstkonzepte und Glaubenssysteme hervorgegangen sind. Du bist durch eine Prüfung gefallen, die der HIMMEL und deine eigene Seele für dich vorgesehen hatten. Du kannst diese Prüfung jetzt bestehen. Du kannst die Lektion des Lichts jetzt lernen und an die Stelle der dunklen Lektion setzen. Frage dich im dritten Schritt, was du aus der traumatischen Situation gelernt hast und was du über dich selbst, Beziehungen und das Leben zu glauben begonnen hast. Frage dich, wie dieser Vorfall sich auf dich und dein Leben ausgewirkt hat. Ist es das, was du willst? Frage dich, wofür du dieses Ereignis benutzt hast. Welchen Zweck hat es für dich erfüllt, diese dunkle Lektion zu lernen? Du hast in etwas investiert, das dein Ego gestärkt, dich aber niemals glücklich gemacht hat – und dich auch niemals glücklich zu machen vermag. Bitte im vierten Schritt die Liebe, die GÖTTLICHE LIEBE und die GÖTTLICHE PRÄSENZ darum, sich in der Situation einzufinden. Befreie dich von der dunklen Lektion und von dem Groll, der zu diesem Zeitpunkt in dir entstanden ist. Wenn der Prozess abgeschlossen ist, besteht der nächste Schritt darin, mit einem offenen Geist in der Stille zu sitzen und den HIMMEL zu fragen, welche Lektion er dich mit diesem Ereignis lehren wollte.

Nachdem du auch diesen Prozess abgeschlossen hast, ist es an der Zeit, durch den Schmerz und die Dissoziation hindurchzugehen, die durch das Ereignis entstanden sind. Lasse zu, dass die Engel dich halten, während du durch diese Emotionen hindurchgehst, die zusammen mit Groll, Schuld und Selbstkonzepten einen Teufelskreis in Gang gesetzt haben. Du hast die Lektion des HIMMELS empfangen. Gehe also durch diese Emotionen hindurch, bis du den Frieden und die Freude erfährst, die daher kommen, dass du die Lektion, die der HIMMEL für dich vorgesehen hatte, vollständig verkörpern kannst. Lasse los, indem du die Emotionen fühlst, und gebäre dich auf diese Weise neu. Der Prophet Mohammed hat gesagt: „Stirb, bevor du stirbst." Jesus hat ebenfalls davon gesprochen, dass wir uns selbst sterben und wiedergeboren werden müssen. Darum geht es bei der Selbstauslöschung. Fühle die Emotionen, die in dir eingeschlossen waren und gegen die du dich gewehrt hast. Fliege durch sie hindurch. Gebäre dich selbst. Bringe den Eisberg zum Schmelzen, damit er sich in den OZEAN DER LIEBE hinein auflöst. Du willst nicht als Eisberg dahintreiben, denn es ist nicht die Wahrheit. Wünsche dir aus tiefstem Herzen, die Lektion des HIMMELS zu lernen.

Manchmal serviert das Leben uns ein niederschmetterndes Ereignis, weil jemand etwas gesagt oder getan hat oder weil eine bestimmte Sache passiert ist. Der Schmerz zeigt, wie groß das Missverständnis ist. Es ist wichtig, dass du durch den Schmerz und die Illusionen hindurchgelangst, in die du investiert hast. Wünsche dir die Wahrheit, die Freiheit und das Selbstvertrauen, das daher kommt, dass du eine Lektion gelernt hast. Selbstauslöschung kann auch durch den Verlust des Arbeitsplatzes oder durch den Tod eines dir nahestehenden Menschen geschehen. Wehre dich nicht dagegen. Gehe durch die Emotionen hindurch. Es bringt dir eine Neugeburt und neue Ganzheit. Es macht dich nicht zu einem Schatten deines früheren Selbst. Es lässt dich nicht schrumpfen. Das tut allein das Ego mit seinem Plan, sich selbst zu retten. Leider glaubt das Ego nicht, dass genug Platz für euch beide im Rettungsboot ist.

Du kannst zu den Ereignissen zurückkehren, die niederschmetternd waren oder bei denen du das Gefühl hattest, das Herz würde dir aus der Brust gerissen. Du kannst diese Verluste in eine Wiedergeburt verwandeln – wenn du dich nicht davor fürchtest, dein Ego auszulöschen, um diesen Neubeginn zu erfahren. Jedes dunkle Ereignis hat Schmerz und dunkle Muster hervorgebracht. Es ist an der Zeit, sie aufzugeben, denn sie führen zu schmerzvollen Erfahrungen, die nur weitere vom ursprünglichen Ereignis herrührende Missverständnisse sind. Nutze die Gelegenheit, die deine Verletztheit dir bietet, um deinen Schmerz, deine Schuld und deine Trennung aufzulösen, damit du an ihrer Stelle die Liebe empfangen kannst. Du brauchst, keinen Schmerz, keinen Groll und keine Abwehrmechanismen. Gehe durch sie hindurch und lasse sie für alle Zeiten los. Sie sind nicht die Wahrheit, sondern eine Illusion. Du kannst frei sein. Du kannst deine Welt, deinen Partner, deine Kinder und dich selbst verändern. Gehe es an!

14

Was tust du für deinen Partner, das die größte Anstrengung erfordert?

Alles, was du für deinen Partner tust, das große Anstrengung erfordert, ist eine Form von Aufopferung. Wenn du es stattdessen mit Liebe tätest, würdest du dich nicht auf die Anstrengung konzentrieren, sondern auf die Liebe – ungeachtet dessen, was du tun müsstest, um es zu erreichen. Auch die Zeit, die es in Anspruch nähme, würde keine große Rolle spielen. Es wäre ein Akt der Liebe und des Gebens anstelle bloßen Tuns. Jeder Akt, in dem du nicht auch dich selbst gibst, wird zu einem Akt des Tuns, zu einer Rolle. Jede Handlung, in der du gibst, wird zu einem Akt der Liebe, vor allem dann, wenn du im Geben auch dich selbst gibst. Selbsthingabe ist die größte Gabe. Immer wenn etwas, das du tust, mit großer Mühe verbunden ist, kann es eine Reihe von Gründen dafür geben. Vielleicht tust du es, um etwas zu beweisen oder um Aufmerksamkeit und Anerkennung zu erlangen. Vielleicht willst du, dass dein Partner deine Besonderheit erkennt und dich entsprechend behandelt. Vielleicht willst du auch beweisen, dass du mit einer bestimmten Sache im Recht bist. Auch wenn du Recht hast, steht das, worin du Recht haben willst, deinem Glück jedoch im Weg. Aufopferung erzeugt Verbitterung, und früher oder später suchst du nach einem Weg, dich der Aufopferung zu entledigen. Das gilt sogar dann, wenn das, was du tust, um dich nicht länger aufopfern zu müssen, zum Burnout führt oder eine Strategie ist, die dich auf äußerst schmerzhafte Weise aus deiner Aufopferung befreit. Vielleicht versuchst du sogar, dein Leben, deine Arbeit oder deine Beziehung zu sabotieren, um dich nicht länger aufopfern zu müssen. Wenn du dich aufopferst, versuchst du für gewöhnlich, die Bürde zu verteilen. Du willst alle dazu bringen, sich ebenso sehr aufzuopfern wie du selbst, um dich dann lautstark darüber zu beschweren, dass sie es nicht tun.

Mühelosigkeit zeigt, dass du in einer richtigen Beziehung zu dir selbst, zu deinem Partner und zum HIMMEL stehst. Schwierigkeiten sind stets ein Weg, die Aufmerksamkeit auf dich selbst zu lenken. Wenn dein Handeln nicht wahrhaftig und von authentischem Geben geprägt ist, ist Aufopferung im Spiel. Wenn du nicht empfängst, sind heimliche Unabhängigkeit und Aufopferung im Spiel, und früher oder später reckt die Opferrolle, die du in dir trägst, ihr hässliches Haupt empor und fordert, was ihr zusteht. Du wirfst deinem Partner vor, dass er dich dazu bringt, dich aufzuopfern, obwohl niemand außer dir selbst dich zur Aufopferung zwingen kann. Du wirfst ihm mangelnde Wertschätzung und Dankbarkeit vor. Mache dir bewusst, dass deine Aufopferung und die Situation, in der du dich mit deinem Partner befindest, eine Form von Kollusion sind. Beide Partner sind miteinander verschmolzen, tun angesichts der Fallen, mit denen sie konfrontiert werden, für gewöhnlich jedoch das Beste, dessen sie fähig sind.

Jeder Partner trägt die Elemente des jeweils anderen in sich. Dein Partner ist ein Spiegelbild deiner selbst. Während ein Partner das Bild des „guten" oder des „netten" Partners aufrechterhält, ist der andere Partner in der Regel dissoziiert unabhängig oder ein Opfer. Das bedeutet, dass er nicht genießt oder wertschätzt, was für ihn getan wird, weil er in seinen eigenen Rollen und Themen gefangen ist. Der „gute" Partner ist eine Rolle, die nicht empfängt und deshalb eine Form von Aufopferung ist. Damit bleibt für den anderen nur die Rolle des „bösen" Partners, sodass du verlierst, auch wenn du den Konkurrenzkampf gewinnst.

Deshalb bist du aufgerufen, deinen Kreislauf der Aufopferung loszulassen, indem du dich der Ebenbürtigkeit, Gegenseitigkeit und Partnerschaft in deiner Beziehung neu verpflichtest. Wenn du erkennst, dass du eine geheime Absprache mit deinem Partner getroffen hast, widerstehe der Versuchung, ihn zu beschuldigen, denn das ist lediglich ein Weg, an deinem Problem festzuhalten, unabhängig zu bleiben und deine Schuld zu verbergen. Lasse das Problem, das du hast, einfach los. Es ist eine Form von Aufopferung oder harter Arbeit und soll beweisen, dass du der bessere Mensch bist, damit du dich überlegen fühlen kannst. Aufopferung ist Konkurrenz und ein Angriff auf deinen Partner in Form von Rückzug. Wenn du deine Aufopferung uneingeschränkt loslässt, gelangst du über deine Abwehrmechanismen hinaus ins Geben hinein, das von seinem Wesen her Empfangen ist, während du gleichzeitig zulässt, dass der HIMMEL mit Gnade durch dich wirkt.

15

Selbstangriff und Enttäuschung

Selbstangriff ist das größte Problem, das es auf der Welt gibt, denn er hält uns im Teufelskreis aus Angriff und Selbstangriff gefangen. Angriff und Selbstangriff bilden das Fundament des Egos. Sie sind stets auf eine Weise miteinander verknüpft, die Trennung nicht nur aufrechterhält, sondern vergrößert. Die Funktion unserer Beziehung besteht darin, diese Mauer der Trennung zu durchbrechen und über sie hinaus zur Freude zu gelangen.

Jede Beziehung, die wir eingehen, beginnt als eine besondere Beziehung. Wir sehen unseren Partner als das, was uns vervollständigt, und wir sind aufgebracht, wenn er von dem Drehbuch abweicht, das wir ihm zugewiesen haben. Wann dies geschieht, erkennen wir daran, dass eine Emotion in uns hochkommt: Verletztheit, Verärgerung, Angst, Frust oder Ungeduld, um einige Beispiele zu nennen. Der erste Schritt zur Heilung besteht darin, uns selbst zu beobachten und jedes Gefühl, das nicht Glück ist, als Hinweis darauf zu nutzen, dass wir vom Kurs abgekommen sind. Wenn du zur Partnerschaft und zu der Freude gelangen möchtest, die sie mit sich bringt, und wenn du deine Beziehung als Himmelsleiter und als Werkzeug nutzen möchtest, um alles wiederzufinden, was du verloren hast, als du tiefer und tiefer aus dem Zustand des EINSSEINS herausgefallen bist, solltest du deine Emotionen als Hinweis darauf nutzen, ob und wann du in reaktivem Verhalten gefangen bist.

Die meisten Menschen nutzen ihre Emotionen als Hinweis darauf, dass ihr Partner vom Kurs abgekommen ist. Das mag durchaus stimmen. Wenn du an deiner eigenen Heilung arbeiten und eine bessere Beziehung führen willst, solltest du deine Emotionen jedoch als Hinweis darauf nutzen, wo du dich ändern musst. Eine Emotion zeigt, wo du einen Fehler machst, denn selbst wenn du deinen Partner durch Manipulation, Zwang oder Kontrolle dazu bringst, sich zu ändern, weil du ihn mit deinen Emotionen traktierst, tickt die Zeitbombe in dir weiter und wartet darauf, dass jemand anderer sie auslöst. Wenn du deine Emotionen als Hinweis darauf nutzt, dass du vom Kurs abgekommen bist, gehst du einen großen Schritt hin zu mehr emotionaler Reife, die das ist, was dich zu einem guten und attraktiven Partner macht.

Dissoziation – die Unfähigkeit, deine Emotionen zu fühlen – ist ein ebenso großes Problem. Das gilt vor allem dann, wenn du deinem Partner nicht hilfst und ihm keinen Trost spendest, wenn er in seinen Emotionen gefangen ist. Eine gute Faustregel für die Heilung und die Transformation deiner Beziehung lautet, dass du nicht auf das achten solltest, was dein Partner falsch macht. Es führt nur dazu, dass du urteilst, dich ärgerst, verletzt bist, reaktiv handelst oder wenig einfühlsam bist. Einfühlsamkeit ist aber das, was du brauchst, um deinem Partner und dir selbst zu helfen. Dein Ego will dich dazu überreden, emotional zu schwelgen, und dann deinen Fehler ausnutzen, um dafür zu sorgen, dass du dich schuldig fühlst und dich selbst angreifst. Das hat zur Folge, dass du dich entweder zurückziehst oder eine Abwehrhaltung einnimmst und aggressiv wirst, aber in einer Beziehung kann weder das eine noch das andere funktionieren. Je größer dein Selbstangriff ist, umso schuldiger fühlst du dich und umso mehr glaubst du, ein Versager zu sein. Wenn du dich dabei ertappst, dass du in Angst, Schuld oder Konflikt gefangen bist, können dir beispielsweise die folgenden Worte der Kraft helfen. „Ich will mich nicht in dieser Weise angreifen." Dies ist eine klare Anerkenntnis der Tatsache, dass deine Emotionen und alle deine schlechten Gefühle und Erfahrungen eine Form von Selbstangriff sind, die du nicht hinnehmen musst. Du kannst eine neue Entscheidung treffen. Du kannst Frieden anstelle von Selbstangriff haben.

Wenn wir von unserem Partner oder von unserer Beziehung enttäuscht sind, ist es wichtig zu erkennen, dass dies in Beziehungen eine häufige Erfahrung ist und dass es uns eine weitere Chance bietet, Heilung zu erlangen. Enttäuschung ist gleichbedeutend mit einer Klage, dass unser Partner unsere Erwartungen nicht erfüllt hat. Erwartungen sind Forderungen, die von unseren Bedürfnissen herrühren. Unsere Bedürfnisse sind die Dinge, nach denen wir hungern, bei denen unser Bewusstsein aber gespalten ist, wenn es darum geht, sie zu empfangen. Wir haben Angst, dass wir dann einen Teil unserer Unabhängigkeit verlieren könnten und dass ein Teil unseres Egos, das wir unter großen Mühen aufgebaut haben, sich in der Verbundenheit auflösen könnte, die entsteht, wenn unser Bedürfnis erfüllt wird. Alle diese Dinge sind Teil eines Musters aus Groll, den wir in uns tragen, seit das Bedürfnis entstanden ist.

Die Enttäuschung, die wir über unseren Partner oder unsere Beziehung empfinden, ist ein Angriff auf unseren Partner. Unsere Emotionen zeigen unseren

Groll, und wenn wir wollen, dass unsere Beziehung alles ist, was sie sein kann, sollten wir uns von allem Groll befreien. Das schließt nicht nur den Groll gegen andere Menschen ein, sondern auch den Groll gegen uns selbst. Der Kern unserer Enttäuschung über unseren Partner ist unsere Enttäuschung über uns selbst. Sie ist eine Form von Selbstangriff. Sie kann zwar unter Abwehrmechanismen und Dissoziation vergraben sein, aber dort liegt sie und wartet auf uns. Wenn wir unsere Erwartungen an uns selbst und unseren Partner loslassen, stellen wir fest, dass wir in einen neuen Fluss gelangen, nicht länger in der Vergangenheit verharren und nicht länger versuchen, ein Bedürfnis in der Gegenwart erfüllt zu bekommen. Alle Bedürfnisse rühren aus der Vergangenheit her und wollen in der Gegenwart erfüllt werden. Wir machen nicht nur die Gegenwart zur Geisel unserer Vergangenheit, sondern auch unseren Partner, weil wir von ihm erwarten, Bedürfnisse zu erfüllen, die unsere Eltern und früheren Partner nicht erfüllt haben. Unsere Klagen – und jede Emotion ist eine Klage – zeigen einen Ort, an dem wir aufgerufen waren und aufgerufen sind, zu geben und dadurch die Erfüllung zu finden, die von Verbundenheit herrührt und daher, dass wir unsere inneren Gaben teilen, die nicht nur unsere eigenen Bedürfnisse, sondern auch die Bedürfnisse der Menschen in unserer Umgebung erfüllen würden.

Wir halten fest in dem Versuch, unsere Bedürfnisse aus der Vergangenheit erfüllt zu bekommen. Schuld und Traurigkeit gehören zu den Werkzeugen, derer wir uns dazu bedienen. Paradoxerweise können unsere Bedürfnisse aber nur erfüllt werden, indem wir vergeben, loslassen und unsere Gaben teilen. „Die Liebe hegt keinen Groll." Diese Lektion aus *Ein Kurs in Wundern* (Ü-I.68) gibt uns Worte der Kraft an die Hand, die wir nutzen können, um Enttäuschung und die Illusion aufzulösen, die alle Emotionen sind. Wir können sie nutzen, um Selbstangriff und das trügerische Versprechen unseres Egos aufzulösen, dass wir, wenn wir uns selbst angreifen, von niemand anderem angegriffen werden können und dass unser Angriff auf andere Menschen uns ein höheres Maß an Sicherheit bringt. Wenn wir diesen Aussagen bewusst auf den Grund gehen, erkennen wir, wie falsch sie sind.

Wiederhole mit großer Entschlossenheit die Worte: „Die Liebe hegt keinen Groll." Bitte darum, dass dir die Liebe Gottes geschenkt werden möge. Dies löst die Schichten der Illusion und der Trennung zwischen dir und deinem Partner, dir und der Situation oder dir und dir selbst auf. Heilung geschieht, und sie beginnt mit deiner Entscheidung. Du wirst daran erinnert, was wahr ist und wie du wirklich sein möchtest. Wahr ist, dass du dich und andere Menschen nicht angreifen, dass du nicht getrennt sein, sondern ein Leben der Liebe leben willst, das willkommen heißt und teilt, durch Schönheit genährt und von GOTT, DER die LIEBE SELBST ist, erhalten und getragen wird.

Nutze diese Worte der Kraft, um Groll, Klagen und Enttäuschung aufzulösen: „Die Liebe hegt keinen Groll." Entscheide dich dafür, dich nicht als Versager und Enttäuschung zu sehen, denn es bedeutet, dass du dich selbst angreifst. Entscheide dich stattdessen für das Geben. Entscheide dich für die Heilung. Entscheide dich dafür, mithilfe deiner jetzigen Emotionen ein ganzes Muster alter Emotionen zu befreien, das vermutlich bis in die Kindheit oder sogar in den Mutterleib zurückreicht. Erliege nicht den Emotionen des Opfers, der Schwere der Aufopferung oder der Dissoziation der Unabhängigkeit. Alle diese Dinge sind Fallen, die es loszulassen gilt. Es sind Formen von Selbstangriff, die nicht sein müssen.

16

Der Spiegel deiner Seele

Alles, was wir sehen, ist auf einer Seelenebene nur ein Spiegel dessen, was wir von uns selbst glauben. Wir haben diese Selbstanteile entweder als negativ verurteilt oder uns vor dem Erfolg, der Schönheit und der Begabtheit gefürchtet, was in beiden Fällen dazu geführt hat, dass wir sie abgespalten und nach außen projiziert haben. Nun wollen wir vor diesem Hintergrund unseren Partner in zwei Bereichen einmal ein wenig genauer betrachten. Zunächst wollen wir den Bereich anschauen, der besonders große Probleme aufwirft.

Welche negativen Eigenschaften trägt dein Partner in sich, die du allem Anschein nach nicht besitzt, die du aber aus irgendeinem Grund verurteilt hast und vor denen du dich fürchtest?

Welchen Groll hegst du gegen deinen Partner?

Was hat er getan oder nicht getan?

Die Situation, in der du mit deinem Partner feststeckst, ist Teil eines Wachtraums. Wie bei allen Träumen steht auch hier jeder Teil des Traums für ein Selbstkonzept. Jeder Teil des Traums ist zudem eine Form von Wunscherfüllung. Jeder Teil des Traums rührt von einem einschränkenden Glaubenssystem her, das du schon viel länger in dir trägst, als du deinen Partner kennst. Wir wollen mit dem beginnen, was dich in der Situation mit deinem Partner einschränkt.

Woher rührt die Wurzel dieser Situation?

Ist sie vor, während oder nach deiner Geburt entstanden? Wenn es nach deiner Geburt war, wie alt warst du dann, wenn du es wüsstest?

Wenn du es wüsstest, wer war dann bei dir?

Was ist geschehen?

Ungeachtet dessen, worin die Wurzel deiner gegenwärtigen Situation besteht, bedeutet sie, dass du eine Lektion nicht gelernt hast, die du deinem eigenen Willen und dem Willen des HIMMELS nach lernen solltest. Stattdessen wurde eine dunkle Lektion des Egos daraus, mit der es einen heimlichen Plan verfolgt hat. Dies fügt sich zusammen mit unserem Hang, uns zu trennen und eine eigene Identität für uns zu erschaffen, GOTT zu besiegen und unserem Ego die Herrschaft zu überlassen. Frage dich: „Was hat diese Situation in meinem Leben bewirkt?"

Wie gefällt es dir? Ist es das, was du willst?

Wenn du glücklich sein willst, tätest du besser daran, dich nicht für die Lektion deines Egos, sondern für die Lektion des HIMMELS zu entscheiden.

Wofür hast du diese dunkle Lektion des Egos benutzt?

Was wolltest du bekommen?

Wem wolltest du eine Niederlage zufügen?

Ist es das, was du willst?

Was willst du?

Wenn es dich nicht glücklich macht, kannst du dich *jetzt* für das entscheiden, was du wirklich willst.

Du kannst dich so lange fragen, was du willst, bis das Glaubenssystem des Egos und sein einengendes Muster fortgefallen sind, Freiheit und Mühelosigkeit ihren Platz eingenommen haben und deine Verbundenheit wiederhergestellt wurde, ohne andere Menschen ins Unrecht zu setzen. Das Ereignis, das dieses selbstsabotierende Muster und die nicht bestandene Lektion in Gang gesetzt hat, basiert auf zwei unterschiedlichen Drehbüchern. Das erste Drehbuch hast du auf der bewussten Ebene geschrieben, auf der jemand deine Regeln gebrochen und sich nicht an dein Drehbuch gehalten hat. Das zweite Drehbuch hast du auf einer verborgenen Ebene geschrieben, und hier hat der betreffende Mensch sich genau an den Plan deines Egos gehalten, um dir eine Ausrede zu liefern, um dir Recht zu geben oder um dich von deiner Lebensaufgabe und deiner Bestimmung fernzuhalten. Diese Spaltung zeugt vom Wesen unseres Bewusstseins und Unterbewusstseins.

Du kannst Worte der Kraft sprechen, um sowohl die Wurzel deiner gegenwärtigen Situation als auch die Situation selbst aufzulösen. Stelle dir die gegenwärtige Situation vor und dahinter das ursprüngliche Ereignis, das sie aufrechterhält. Wenn du nun die folgenden Worte der Kraft sprichst, beobachte sehr genau die Auswirkungen, die dies auf beide Situationen hat. Wenn sich nach sieben Wiederholungen immer noch nichts verändert hat, ist nach wie vor ein heimlicher Plan des Egos am Werk, weil du glaubst, dass du die Falle aus einem bestimmten Grund brauchst. Wenn du feststeckst, stelle dir die folgenden Fragen:

Welchem Zweck dient es?

Welche Belohnung bringt es mir ein?

Wofür benutze ich es?

Macht es mich glücklich?

Wiederhole ansonsten die Worte der Kraft mit großer Entschlossenheit und bitte um die heilende Hilfe des HIMMELS, bis beide Situationen vollkommen von Licht erfüllt sind. Nimm wahr, wie sich das Licht in der Beziehung zu deinem Partner auswirkt. Die Worte der Kraft stammen aus *Ein Kurs in Wundern*: „Dies ist die Welt, die zu erlösen meine Funktion ist." (Ü-I.64.8:4) Überprüfe nach jeder Wiederholung beide Situationen, um herauszufinden, ob in deiner Wahrnehmung eine Veränderung eingetreten ist. Setze die Übung fort, bis sie sich vollkommen in Licht aufgelöst haben. Wenn die Wurzel der Situation aus deiner Zeit im Mutterleib herrührt, kannst du sie ebenfalls mithilfe der obigen Fragen in Verbindung mit den Worten der Kraft auflösen und in eine Lektion der Liebe und des Lichts verwandeln.

Wenn du feststellst, dass ein bestimmter Anteil deiner gegenwärtigen Situation auf einer Ahnenebene von der Familie deiner Mutter oder deines Vaters oder sogar von der Familie deines Partners weitergegeben wurde, frage dich, welcher Prozentsatz von der Familie deiner Mutter herrührt. Welcher Prozentsatz rührt von der Familie deines Vaters her? Welcher Prozentsatz rührt von der Familie deines Partners her? Wenn ein bestimmter Prozentsatz von der Familie deines Partners herrührt, frage dich, wie viel Prozent von der Familie der Mutter deines Partners und wie viel Prozent von der Familie des Vaters deines Partners weitergegeben wurden. Stelle dir anschließend vor, dass die Person, von deren Familie das Problem weitergegeben wurde, vor dir steht. Nehmen wir beispielsweise an, dass es von der Familie deiner Mutter und von der Familie des Vaters deines Partners weitergegeben wurde. Stelle dir vor, dass deine Mutter vor dir und der Vater deines Partners unmittelbar hinter ihr steht. Sprich die folgenden Worte der Kraft aus *Ein Kurs in Wundern* in der festen Absicht, Heilung zu erlangen: „Ich bin das Mittel, das GOTT für die Erlösung der Welt bestimmt hat." (Ü-I.63.3:5) Wiederhole sie, während du um die Hilfe des HIMMELS bittest. Wiederhole sie, bis deine Familie und die Familie deines Partners von reiner Liebe und reinem Licht durchströmt werden. Auf diese Weise kannst du sowohl diese Ahnenmuster als auch den ihnen innewohnenden Schmerz klären.

Frage dich zum Schluss, zu wie viel Prozent dieses Problem aus anderen Leben herrührt, bei denen es sich um andere Lernsituationen für deine Seele handelt. Was du in einem Leben nicht lernst, das musst du irgendwann in einem anderen Leben lernen. Frage dich dann, zu wie viel Prozent das Problem aus anderen Leben deines Partners herrührt. Stelle dir vor, dass ihr beide, du und dein Partner, vor dir steht, und nimm die dunklen Fäden der anderen Leben wahr, die eure Körper durchdringen und in geheimer Absprache diese begrenzende Situation erzeugen. Sprich die folgenden Worte der Kraft aus *Ein Kurs in Wundern*: „Das Licht der Welt bringt jedem Geist Frieden durch meine Vergebung." (Ü-I.63.3:4) Wiederhole die Worte, bis nur noch Liebe und Licht aus euch herausleuchten. Nimm nach jeder Wiederholung wahr, wie eure früheren Leben sich nun anfühlen und wie sie sich für dich darstellen. Setze die Übung fort, bis nur noch das Licht der Freude übrig bleibt.

Stelle dir zu guter Letzt vor, dass du alle Eigenschaften deines Partners, die du verurteilt hast, ebenso vor dir siehst wie alle Gaben, die er besitzt, du allem Anschein nach dagegen nicht, und die dir fehlen, weil du dich davor fürchtest, dein Licht leuchten zu lassen. Nehmen wir an, dass es siebzehn Urteile und zwölf Gaben sind. Stelle dir vor, dass dein Partner jede dieser negativen Eigenschaften und Gaben verkörpert, während er vor dir steht. Rufe die Gnade des HIMMELS an und sprich mit großer Entschlossenheit die folgenden Worte der Kraft aus *Ein Kurs in Wundern*: „Die Liebe hegt keinen Groll." (Ü-I.68) Wiederhole sie, bis alle negativen Eigenschaften sich aufgelöst haben und alle Gaben geteilt wurden. Überprüfe außerdem nach jeder Wiederholung den optischen Eindruck, den dein Partner auf dich macht, und die Gefühle, die du gegenüber deinem Partner hegst.

17

Der Teufelskreis aus Tyrann und Sklave

Wir tragen ein Muster in uns, das selbst die stärkste Beziehung in Gefahr bringen kann. Es kann Vorgeschichten haben, die von einer Ahnen- oder von einer Seelenebene herrühren. Bei diesem Muster handelt es sich um die Beziehung von Tyrann und Sklave, und es tritt nicht nur zwischen Partnern auf. Es kann ebenso gut sein, dass Ereignisse, Gedanken oder Emotionen der Tyrann und wir ihr Sklave sind. Es kann sein, dass wir Sklave unserer Eltern oder zumindest eines Elternteils waren. Es kann sein, dass wir Sklave ihrer Auseinandersetzungen oder ihrer schlechten Beziehung waren. Es kann sein, dass wir Sklave eines tragischen Ereignisses in unserem Leben waren, über das wir nicht hinweggekommen sind. Alle diese Dinge können das Muster aus Tyrann und Sklave in Gang setzen, das eine ausgesprochen negative Wirkung auf unsere jetzige Beziehung hat. Du kannst in jeder Beziehung die Rolle des Tyrannen oder des Sklaven oder sogar beide Rollen gleichzeitig einnehmen. Das Ego liebt diesen Mangel an Ebenbürtigkeit und Harmonie. Wenn wir ebenbürtig sind und Seite an Seite mit unserem Partner arbeiten, verliert das Ego seine Macht über uns. Es kann sich weder selbst verherrlichen noch über seine Angst vor Ebenbürtigkeit und davor beklagen, dass es die Kontrolle verlieren könnte. Ebenbürtigkeit verlangt Selbstvertrauen. Wenn wir das nötige Selbstvertrauen nicht haben, können wir den HIMMEL darum bitten. Wir können uns daran erinnern, WER mit uns geht, und das kann eine tiefgreifende Veränderung bewirken. Anderenfalls sind wir den Machenschaften unseres Egos überlassen, das entweder über oder unter einem anderen Menschen stehen, ihm aber niemals ebenbürtig sein will. Wenn wir in einer ebenbürtigen Partnerschaft leben, ist das Ego für uns so nützlich wie ein Fahrrad für einen Fisch.

Wir wollen uns nun zunächst deine Beziehung zu deiner Mutter und zu deinem Vater sowie ihre Beziehung zueinander einmal näher anschauen. In welchem

Umfang war hier die Meister-Sklave-Beziehung am Werk? Wie sieht es mit den traumatischen oder schmerzhaften Ereignissen in deiner Kindheit aus? Sind sie für dich zum Tyrannen geworden? Gab es jemanden, um den du wie auf rohen Eiern herumgeschlichen bist, um ihn nur ja nicht gegen dich aufzubringen? Das ist das Verhalten eines Sklaven. Nun wollen wir deinen Beziehungen auf den Grund gehen. Mit wie vielen deiner früheren Partner hattest du eine Tyrann-Sklave-Beziehung? In welchen dieser Beziehungen warst du Meister, in welchen Beziehungen warst du Sklave? In welchen Beziehungen warst du sowohl Meister als auch Sklave? In welchem Umfang ist die Tyrann-Sklave-Beziehung in deiner jetzigen Beziehung am Werk? Macht es dich glücklich? Ist es das, was du willst? Betrachte dein Leben. Warst du mehr der Tyrann oder mehr der Sklave? Wovor hattest du als Tyrann so große Angst, dass du ein so hohes Maß an Kontrolle ausüben musstest? Wovor hattest du als Sklave so große Angst, dass du der Sklave sein musstest? Wofür hast du den Tyrannen benutzt? Wofür hast du den Sklaven benutzt? Haben sie dir Erfolg gebracht? Haben sie dich glücklich gemacht? Ist es das, was du willst? Was willst du? Bist du bereit, alle diese Höhen und Tiefen in deinen Beziehungen ebenso loszulassen wie die Teufelskreise, die noch immer in dir am Werk sind? Welche Ausrede haben dir diese Fallen geliefert? Willst du dich auch weiterhin in dieser Form angreifen? Willst du weiterhin Dinge oder Menschen benutzen, um dich selbst zu knechten? Du kannst alle diese Teufelskreise entschlossen loslassen. Du kannst jede Tyrann-Sklave-Beziehung mit deinem höheren Bewusstsein integrieren, um zu einem höheren Maß an Ganzheit zu gelangen.

Kehre zu jeder Situation und jeder Beziehung zurück, in der du Tyrann oder Sklave warst, und verbinde dein Licht in Ebenbürtigkeit mit dem Licht der Menschen, die daran beteiligt waren. Wenn du mit einem anderen Menschen von Licht zu Licht verbunden bist, kannst du nicht tyrannisiert werden. Verbinde dann dein Licht mit dem Licht jedes Menschen, dessen Beziehung zu dir nicht im Gleichgewicht ist. Wiederhole den Prozess drei Mal, damit du die Verbindung und das Einssein zwischen euch fühlen kannst. Wenn du Situationen benutzt hast, um dich oder einen anderen Menschen zu tyrannisieren, erinnere dich daran, WER mit dir geht. Dann strebst du weder nach Unabhängigkeit und danach, jemand anderen zu beherrschen, noch steckst du als Sklave in der Lähmung fest, die deinem Entwicklungsprozess im Weg steht und verhindert, dass die Situation sich entwickeln kann. Lasse das Muster aus Tyrann und Sklave in deiner Beziehung jetzt los. Verbinde dein Licht mit dem Licht deines Partners. Integriere diese Muster mit deinem höheren Bewusstsein und erfreue dich am Ergebnis.

18

Verstehen und Integration

Wirkliches Verstehen ist mehr als eine intellektuelle Übung, die uns Informationen liefert. Es ist eine Angelegenheit des Herzens, und es berührt und transformiert uns auf eine Weise, die Verbundenheit entstehen lässt. Im Kinderbuch *Der kleine Kuschelhase* hat der Kuschelhase, das neue Lieblingsspielzeug des Kindes, Mitleid mit dem schäbigen Plüschpferd, das vorher das Lieblingsspielzeug des Kindes war. Das weise Plüschpferd erklärt dem Kuschelhasen jedoch, dass es so aussieht, weil es sehr geliebt wurde, und fügt hinzu: „Hässlich kannst du nur in den Augen desjenigen sein, der nicht versteht." Diese tiefgründige Aussage trägt dazu bei, alle scheinbar negativen Verhaltensweisen in die richtige Perspektive zu rücken.

Wir verstehen einfach nicht, denn wenn wir es täten, würden wir Mitgefühl und den Wunsch verspüren, dem betreffenden Menschen zu helfen. Alle unsere Konflikte rühren daher, dass wir nicht verstehen und über einen anderen Menschen urteilen, statt uns in ihn hineinzuversetzen. Unser Urteil erklärt mehr oder weniger: „Ich bin nicht so. Ich bin besser. Ich würde das niemals tun." Wir trennen uns und erklären, dass wir dem Menschen, den wir verurteilt haben, überlegen sind. Urteile sind eine Waffe des Egos, die dafür sorgt, dass alle leiden. Unsere Hartherzigkeit und unser Geiz haben zur Folge, dass wir später im Leben selbst einen Mangel an Liebe und an Verstehen erfahren, und wir erkennen nicht, dass dieses Muster durch unser eigenes Handeln in Gang gesetzt wurde.

Unser Unterbewusstsein offenbart, dass es sich bei jeder Opfersituation, die wir erlitten haben, in Wirklichkeit um einen Ort handelt, an dem wir hartherzig und geizig gewesen sind. Wir hätten helfen können. Wir hätten die Rettung bringen können. Wir hätten die Seelengaben öffnen können, die wir in uns tragen und die wir für genau diese Situation mitgebracht hatten. Wir haben uns von der Seelenlektion abgewandt, die der HIMMEL für uns vorgesehen hatte – von einer Gabe, die es uns ermöglicht hätte, einen Schritt hin zu einem besseren Leben zu gehen. Weil wir diese Prüfung nicht bestanden haben, haben wir ein dunkles, schmerzhaftes Muster der Niederlage in Gang gesetzt. Unser Unterbewusstsein offenbart, dass wir es zugunsten armseliger Ziele unseres Egos getan und Selbstkonzepte geschaffen haben, die auf Ungerechtigkeit beruhen und sie kompensieren. Diese Selbstkonzepte sind zudem von Todesversuchungen durchzogen. Hinzu kommt, dass wir einen anderen Menschen als Sündenbock benutzt haben, damit wir den Groll, den wir gegen ihn hegen, als zukünftige Waffe einsetzen können, um zu rebellieren, vor unserer Lebensaufgabe und unserer Bestimmung davonzulaufen und uns von genau dem Weg abzuwenden, der zu unserem Glück führt. Wir haben uns von bestimmten Aspekten unserer Lebensaufgabe und unserer Bestimmung abgewandt, die uns die Rettung gebracht und uns die Möglichkeit gegeben hätten, unser Licht leuchten zu lassen.

Der Wunsch unseres Egos, sich zu verstecken, ist nicht Demut, sondern Arroganz. Unser Groll zeigt, dass wir spektakulär darin versagt haben, einen anderen Menschen zu verstehen und ihm hilfsbereit die Hand zu reichen, statt sein Verhalten zu verurteilen. Wenn wir urteilen, schließen wir das Verhalten, das wir verurteilt haben, in uns selbst ein. Dann müssen wir es entweder kompensieren, um es zu verbergen, oder es selbst ausagieren, bis wir verstehen, was derjenige, den wir verurteilt haben, durchgemacht hat. Wenn wir erkennen könnten, was der betreffende Mensch durchgemacht hat, um an den Punkt zu gelangen, an dem er sich so verhalten hat, wie er es getan hat, dann würde sich unser Herz öffnen und wir würden ihm eine helfende Hand reichen. Wenn wir urteilen, haben wir unsere eigene innere Schuld für dieses Verhalten dissoziiert. Wir sind eher bereit, einen anderen Menschen zu beschuldigen, als uns mit unserer Schuld zu befassen und an unserer Heilung zu arbeiten, weil wir glauben, dass unsere Schuld wirklich und nicht nur eine Illusion ist, die das Ego benutzt, um seine Macht zu stärken. Nur das Ego sucht nach jemandem, dem es eine Schuld zuweisen kann, weil es vergisst, dass der Finger, den wir auf einen anderen Menschen richten, in Wirklichkeit auf einen Spiegel gerichtet ist.

Wir sind nicht zufällig in die Situation geraten, in der wir uns befinden. Sie ist nur die Wiederholung eines Films, den wir selbst gedreht haben und in dem unsere eigenen Selbstkonzepte die Hauptrolle spielen. Sie gibt uns die Gelegenheit, die Anteile unserer selbst zurückzugewinnen, die wir verurteilt, abgespalten, verdrängt und nach außen auf die Welt projiziert haben. Das gibt uns die Gelegenheit, uns selbst in anderen Menschen zu vergeben und die Schuld aufzulösen, die diese Selbstkonzepte getrennt und in einem Konflikt gefangen gehalten hat, der sich nicht nur in uns, sondern auch außerhalb von uns abspielt. Je größer die Trennung ist, umso größer ist auch das Maß an Urteil und Projektion. Umgekehrt ist es umso leichter, einen anderen Menschen zu verstehen, je näher wir ihm sind. Wenn wir ihm vergeben, wird die Verbundenheit erneuert, und wir verstehen ganz von selbst. Wenn wir verstehen, erkennen wir, dass keine Notwendigkeit zur Vergebung besteht, weil die Verbundenheit wiederhergestellt wurde. Frieden ist an die Stelle des Konflikts getreten.

Wenn wir begreifen, dass äußere Situationen die Unvereinbarkeit unserer eigenen inneren Wirklichkeit widerspiegeln, kann dieses Verständnis uns dazu bringen, uns für die Integration zu entscheiden. Es ist die Entscheidung, die Situation auf einer anderen Ebene der Ganzheit wieder neu zusammenzuführen, statt beweisen zu wollen, dass wir Recht haben, und unser eigenes Verhalten vor uns selbst und vor anderen Menschen zu rechtfertigen. Es gibt viele Möglichkeiten, Integration auf ganz mühelose Weise zu erreichen.

1. Wir können uns dafür entscheiden, die Situation zu integrieren.
2. Wir können die Situation in die Hände des HIMMELS legen, um die Dinge, für die alle an der Situation beteiligten Menschen stehen, und auch die Situation selbst zu integrieren.
3. Wir können uns vorstellen, dass wir die Hauptakteure schmelzen lassen, bis nur noch ihr reines Licht und ihre reine Energie übrig sind, und dann das Licht und die Energie in uns aufnehmen, um neue Ganzheit zu erlangen.
4. Wir können das Verhalten jedes an der Situation beteiligten Menschen oder ein Bild aus der Situation vor dem Spiegel dramatisch ausagieren, um auf diese Weise unseren Widerstand zu überwinden. Wir können das Verhalten der betreffenden Menschen vor unserem inneren Auge immer mehr übertreiben, bis wir schließlich zu Frieden und neuer Ganzheit durchbrechen. Dann können wir das nächste Bild oder das Verhalten der nächsten Person ausagieren, die ein in uns verborgenes Selbstkonzept verkörpert.
5. Wir können in einem größeren Raum für jede an der Situation beteiligte Person eine Markierung auf dem Boden platzieren. Jede Markierung sollte im Raum den korrekten emotionalen Abstand zwischen den beteiligten Personen zeigen. Gehe zur Markierung der Person, mit der du dich am wenigsten identifizierst. Sprich dann so, als wärest du die betreffende Person, bis dieser Selbstanteil nichts mehr zu sagen hat. Gehe einen Schritt auf die Mitte zu, indem du die Markierung einen Schritt zur Mitte hin versetzt. Gehe weiter zur Markierung der nächsten Person, zu der es dich hinzieht. Sprich auch

für dieses Selbst, bis es nichts mehr zu sagen hat. Gehe wieder einen Schritt auf die Mitte zu, indem du die Markierung für das betreffende Selbst einen Schritt zur Mitte hin versetzt. Setze die Übung fort, indem du durch den Raum gehst und für jedes Selbst sprichst, bis alle Selbste einander berühren, miteinander verschmelzen und schließlich eins werden. Sprich dann für die vereinten Selbste und gehe einen weiteren Schritt nach vorn. Wiederhole den Prozess, bis alle Seiten ihre Meinung gesagt und sich in der Mitte des Raums in Ganzheit miteinander verbunden haben. Diese Übung nimmt zwar eine geraume Zeit in Anspruch, hilft uns jedoch, zu verstehen und uns in Ganzheit und Frieden zu verbinden. Das gibt uns neues Selbstvertrauen und größeres Mitgefühl, und es bringt uns in der Situation voran. Es verstärkt den natürlichen Wunsch, anderen Menschen zu helfen, weil wir einmal mehr erkennen, dass niemanden eine Schuld trifft und dass jede Hilfe, die wir gewähren, uns gewährt wird. Alle Vergebung, die wir gewähren, wird uns gewährt, und diese neue Integration ist eine weitere kleine Zwischenstation auf dem Weg zum Einssein.

19

Das Geisterhotel

Dies ist ein kleiner, aber sehr wichtiger Aspekt, mit dem wir uns befassen müssen, wenn wir Heilung erlangen wollen. Manchmal kann es geschehen, dass wir einen Geist aufnehmen. Ich habe im Laufe der Jahre mehrmals mit Menschen gearbeitet, bei denen dies der Fall war. Es kann sich störend auf die Gesundheit des betreffenden Menschen auswirken, weil die Symptome, die er zeigt, nicht seine eigenen, sondern die Symptome des Geistes sind. Ich habe erlebt, dass chronische Rückenleiden und andere Krankheiten im Augenblick geheilt wurden, sobald der betroffene Mensch von seinem Geist befreit wurde. Einmal habe ich sogar miterlebt, dass eine Frau, die fünf Geister – zwei Frauen und drei Männer – aufgenommen hatte, sich von ihrem Mann abwandte, obwohl sie ihn sehr liebte, weil die männlichen Geister sich gegen seine Avancen und seine Zuneigung wehrten.

Unechtes Mitgefühl kann ein Grund dafür sein, dass wir einen Geist aufnehmen. Die Einladung wird meist unterhalb der Ebene bewusster Wahrnehmung ausgesprochen. Wenn du einen Geist aufnimmst oder sogar ein Geisterhotel betreibst, hält das sowohl dich als auch die Geister zurück. Du bist ebenso wenig wie dein Partner dazu bestimmt, Geister mit dir herumzutragen, die dir deine Energie rauben. Geister benutzen dich für ihre eigenen unerfüllten Bestrebungen oder Wünsche und werden mit der Zeit zu einer Last, ganz zu schweigen von den Symptomen und den schlechten Angewohnheiten, die sie sich im Laufe ihres Lebens womöglich angeeignet haben und deren Auswirkungen du zu spüren bekommst.

Um Heilung zu erlangen, bitte zunächst um die Hilfe des Himmels. Frage dich, wie viele Geister du möglicherweise in dir trägst. Frage dich, wie viele Geister dein Partner möglicherweise in sich trägt. Du kannst Jesus, Buddha oder einen nahen Verwandten des jeweiligen Geistes herbeirufen, damit sie dir helfen, ihn zu seinem nächsten Schritt zu führen. Dann bist du frei, deinen nächsten Schritt zu gehen. Meist kannst du diese Geister problemlos dazu bringen, den nächsten Schritt zu gehen, wenn du ihnen vor Augen führst, dass sie sowohl dich als auch sich selbst zurückgehalten haben. Ein naher Verwandter oder ein Vertreter des HIMMELS ist genau das, was sie brauchen, um sich von deinem Bewusstsein und deinem Energiefeld zu lösen. Segne sie, wenn sie gehen, aber lasse nicht zu, dass ein Geist zwischen dir und deinem Partner steht. Ebenso leicht ist es, deinen Partner von seinen Geistern zu befreien, denn ihre Anwesenheit ist nicht die Wahrheit. Sie reagieren auf die Stimme der Vernunft und auf jemanden, von dem sie wissen, dass er sie zum nächsten Schritt auf ihrem Weg führt. In Indien ist in einem Drittel des Landes die Vertreibung von Geistern die übliche Form körperlicher Heilung. Die Genesungsrate ist dabei ebenso hoch wie bei den Methoden, die westliche Ärzte einsetzen. Heilung arbeitet zu einem großen Teil mit Metaphern, und manchmal ist ein Geist genau die richtige Metapher, um Transformation zu bewirken.

Ich habe einmal mit einem Mann gearbeitet, dessen Frau darauf beharrte, dass er eine Affäre hätte – bis ich ihn von einem jungen, schönen, weiblichen Geist befreite. Du hast die Autorität, andere Menschen von ihrer Besessenheit zu befreien, weil sie nicht die Wahrheit ist. Du kannst dich auch der Gnade und der Autorität des HIMMELS bedienen, um diese „Anhängsel" nach Hause zu schicken. Es ist nicht der WILLE GOTTES, dass du in irgendeiner Form zurückgehalten wirst. Deshalb können sie auch nicht die Wahrheit sein. Berufe dich auf den WILLEN GOTTES und befreie dich und deinen Partner von ungewolltem Gerümpel.

20

Versuchung widerstehen

Es gibt Handlungen, die deine Beziehung in den Ruin treiben können. Sie gehen alle mit einem Mangel an Integrität einher. Wir werden von einer Sache in Versuchung geführt, von der wir glauben, dass sie uns glücklich macht, uns einen Vorteil bringt oder uns die Möglichkeit gibt, in irgendeiner Form zu schwelgen.

Eine Versuchung kann uns zwanghaft verfolgen. Wir glauben, dass das, was uns in Versuchung führt, uns etwas geben kann, das unser Partner oder unsere Situation uns nicht geben können. Dabei kann nur das, was uns in Versuchung führt, uns zerstören. Nur das, was uns in Versuchung führt, macht uns glauben, dass wir ein Körper sind, der auf den Tod zusteuert, und dass unser Schwelgen gerechtfertigt ist. Dabei werden wir immer dann von unserem Ego in Versuchung geführt, wenn unsere Beziehung oder die Situation, in der wir uns befinden, kurz davor steht, in einem großen Sprung voran zu gelangen. Die Versuchung spaltet unser Bewusstsein und lässt uns glauben, dass etwas außerhalb von uns für unser Glück sorgen wird. In einer Beziehung ist unser Partner im Begriff, genau die Eigenschaft zu entwickeln, die uns in Versuchung führt. Wenn wir der Versuchung erliegen, fühlen wir uns schuldig, und die Schuld schreibt die Spaltung in unserem Geist fest.

Es gibt eine Reihe von Möglichkeiten, einer Versuchung zu widerstehen, ohne uns zwanghaft mit ihr zu beschäftigen, was an und für sich schon eine Falle ist. Wir können erkennen, dass alles, was wir in unserer Welt sehen, Teil unseres eigenen Bewusstseins ist. Dann können wir die Macht und die Energie, die diese Versuchungen ausstrahlen, wieder in uns aufnehmen. Stelle dir vor, wie die Macht zu dir zurückkehrt, während du es tust. Spüre es so lebhaft wie möglich, während sie durch dich hindurchströmt. Wenn es um eine konkrete Eigenschaft geht, die dein Partner vermeintlich nicht hat, stelle dir vor, dass du diese Eigenschaft mit ihm teilst und sie gleichzeitig mehrst. Teilen ist das Prinzip der Fülle.

Die zweite Möglichkeit, eine Versuchung ihrer Macht zu berauben, stammt aus *Ein Kurs in Wundern*. Sie besteht darin, den Namen GOTTES wie ein Mantra unablässig zu wiederholen. Der Name GOTTES birgt alles in sich, was du willst. Er erinnert dich daran, wer du wirklich bist. Er erinnert dich daran, was dich wirklich glücklich machen würde, WER die QUELLE deines Glücks ist und WER dir alles gibt, wenn du es bloß annehmen wolltest.

Lasse nicht zu, dass eine Versuchung dein Leben zugrunde richtet. Gewinne diesen äußeren Anteil deines Bewusstseins zurück und nimm wahr, dass du vollständig und erfüllt bist, wenn du die Energie wieder in dich aufnimmst, um sie mit deinem Partner zu teilen. Wenn du erkennst, welche Eigenschaft dich in Versuchung führt, und diese Energie deinem Partner zurückbringst, entwickelt er innerhalb von ein bis zwei Wochen die Eigenschaft, die dich angezogen hat. Es ist eine wunderbare Erfahrung, wenn dein Partner, von dem du glaubtest, dass er eine bestimmte Eigenschaft niemals entwickeln würde, sie nun plötzlich doch besitzt und in eure Beziehung einbringt. Wenn du einer Versuchung erliegst, vergibst du eine Chance zum Fortschritt, und das Ego benutzt die obligatorische Schuld, die damit einhergeht, um die Distanz zwischen dir und deinem Partner aufrechtzuerhalten. Wenn du einer Versuchung erlegen bist, vergib dir selbst, deinem Partner, dem Menschen, der dich in Versuchung geführt hat, und der Situation. Vergib immer wieder, bis die Verbundenheit in deiner Beziehung wiederhergestellt ist. Es ist die Verbundenheit, die du gehabt hättest, wenn du der Versuchung nicht erlegen wärest.

21

Dem Kampf widerstehen

Es gibt eine Konstellation in Beziehungen, die sich für das Paar selbst und für ihre Kinder immer wieder als Fluch erweist. Sie tritt dann ein, wenn ein Partner ein Kämpfer – eine Tigerpersönlichkeit – und der andere Partner außerstande ist, einem Kampf zu widerstehen. Sie tritt dann ein, wenn der Partner, der außerstande ist, einem Kampf zu widerstehen, an seine Überlegenheit glaubt, sein Ego verteidigt oder der Auffassung ist, dass man ihn unter keinen Umständen schlecht behandeln darf. Diese Dinge können zu einer offenen Feldschlacht führen.

Eine Tigerpersönlichkeit greift an, weil sie sich ungeliebt fühlt und das Bedürfnis nach etwas hat, das ihr das Gefühl gibt, geliebt zu werden. Das kann beispielsweise Sex, Geld oder Sicherheit sein, wobei der Auslöser jedoch immer das Gefühl ist, ungeliebt – und mitunter sogar liebensunwürdig – zu sein. Der Angriff einer Tigerpersönlichkeit ist ihre Bitte um Hilfe und ihr Schrei nach Liebe. Natürlich wird ein solcher Angriff leicht missverstanden und nicht als Hilferuf erkannt. Wenn der Partner des Angreifers selbst Gefühle der Enttäuschung oder des Zorns hegt, ist der Kampf rasch in vollem Gange – zum Leidwesen und zur großen Beschämung der Kinder. Noch schlimmer ist, dass bei allem, was die Eltern in dieser Auseinandersetzung sagen, tun oder nicht tun, die Kinder unterbewusst oder sogar bewusst das Gefühl haben, dass es ihnen angetan wird. Auch aus diesem Grund solltest du nicht zulassen, dass das Ego dich durch deine Emotionen beherrscht.

Unabhängig davon, ob du der „friedliche" oder der cholerische Partner bist und in welcher Form sich dein Verhalten manifestiert, bringt dein Partner stets die verborgene und entgegengesetzte Seite deines Bewusstseins zum Ausdruck. Es dient also deinem Wohl, wenn du ihm hilfst, seine Probleme zu überwinden, und das entgegengesetzte, kompensierende Verhalten mitsamt den verborgenen

Selbstkonzepten integrierst, die dem Verhalten deines Partners ähnlich sind. Integriere sie zu neuer Ganzheit für dich und für deinen Partner.

Du kannst die Entscheidung treffen, alle Unterschiede in Bezug auf Kampfstil und Verhaltensweisen zu neuer und friedvoller Ganzheit zu integrieren. Wenn zwei negative Aspekte oder ein negativer und ein positiver Aspekt integriert werden, dann entsteht positive Ganzheit. Wenn du willst, kannst du den HIMMEL darum bitten, die Integration für dich durchzuführen. Nachdem du die entgegengesetzten Seiten deiner selbst und deines Partners integriert hast, stellst du vielleicht fest, dass sie einen noch größeren Konflikt verborgen haben. Dann kannst du darum bitten, dass der neu zutage getretene Konflikt entweder mit deinem höheren Bewusstsein oder aber mit der neuen Ganzheit integriert werden möge, die du gerade erreicht hast.

Zorn ist eine vorgeschobene Emotion, die wir benutzen, um eine unserer Meinung nach tiefere und empfindsamere Emotion – wie etwa Angst oder möglicherweise auch Verletztheit, Verlust oder Schuld – zu schützen. Zorn ist eine Form von Schikane. Er soll andere Menschen dazu bringen, sich zu ändern, damit sie unsere Bedürfnisse erfüllen oder das tun, was wir wollen. Wie jede Emotion besitzt auch Zorn nur dann Integrität, wenn wir ihn nutzen, um Heilung zu erlangen. Wenn dein Partner zornig ist, frage dich intuitiv, welche tiefere Emotion sein Zorn verbirgt. Bleibe ruhig angesichts des Sturms, der auf dich zurollt, und lasse Liebe in das verletzte Selbst einströmen, das dein Partner in sich trägt. Wenn der Sturm sich gelegt hat, gelangst du in deiner Beziehung auf eine neue Ebene des Friedens und der Nähe voran. Wenn du dem Verlangen, dich auf einen Kampf einzulassen, widerstehst und dich stattdessen entscheidest, mit Verständnis und Unterstützung auf den Angriff deines Partners zu reagieren, wird eine tiefgreifende Veränderung möglich. Addiere deine emotionale Reife und die emotionale Reife deines Partners auf einer Skala von 100%. Wenn du die Summe durch zwei teilst, weißt du, wie groß deine emotionale Reife ist. Emotionale Reife ist das Gold in der Bank deiner Beziehung.

Wenn wir einen zornigen Partner haben, haben wir häufig versprochen, ihn vor sich selbst zu retten. Manchmal entscheiden wir uns allerdings auch für einen Partner, weil er uns die Ausrede liefert, die wir brauchen, um vor uns selbst und vor unserer Lebensaufgabe davonzulaufen. Selbst wenn wir ihn benutzen, um den nächsten Schritt nicht gehen zu müssen, können wir aber dennoch einige Dinge heilen, ehe wir zu einer wahrhaftigeren Beziehung vorangehen. Wenn du dich einem Menschen, der nicht dein wahrer Partner ist, durch Selbsthingabe rückhaltlos verpflichtest, ist er meist derjenige, der die Beziehung beendet – so unwahrscheinlich das auch klingen mag. Verpflichtung bringt Wahrheit, und sie bringt euch beide voran.

Wenn du aus deiner Mitte geraten bist oder wenn dein Partner aus seiner Mitte geraten ist, vergib also dir selbst, ihm und deinen Glaubenssystemen. Segne deinen Partner, dich selbst und die Situation. Wenn du der Versuchung, dich auf einen Kampf einzulassen, widerstehst, hast du dir selbst eine Chance eröffnet, durch Heilung auf eine neue Ebene zu gelangen.

22

Die Frage der sexuellen Verantwortung

Frage: Welches ist das beste Verhütungsmittel?
Antwort: Die Ehe.

Diesem alten Witz wohnt ein Funken an Wahrheit inne. Wenn das Stadium der Verliebtheit allmählich zu Ende geht und das Stadium des Machtkampfs mit seinem Sex der Wiedergutmachung ins Stadium der toten Zone mit ihren Rollen, ihrer Erschöpfung, ihrer Leblosigkeit und ihrer ödipalen Verdrängung übergeht, verlieren viele Beziehungen die Kommunikationsform, die Sex darstellt. Sex ist seinem Wesen nach Liebe, aber auch Spaß, Trost, Miteinander, Segen, Heilung und ein Fest, um nur einige seiner zahlreichen Facetten zu nennen. Er ist ein Akt des Gebens und Empfangens, der vom Ego auch auf unwahre Weise missbraucht werden kann, um Schuld, Scham, Phantasievorstellungen, Verdrängung, Angriff und Selbstangriff zu erzeugen. Es ist wichtig, die Brücke, die Sex darstellt, zwischen dir und deinem Partner offen zu halten, weil sie euch verbinden und einander näherbringen kann. Wenn ein Wachstumszyklus abgeschlossen ist, wird Sex zu einem Fest der Freude. Das heißt, dass sich nach der freudigen Zusammenkunft oft ein völlig neues Territorium mit neuen Lektionen und neuen Wachstumsmöglichkeiten eröffnet. Es bedeutet, dass du nach einer leidenschaftlichen Liebesnacht am nächsten Morgen oft nicht die Zärtlichkeit und die Nähe spürst, die du erwartet hättest, sondern dich stattdessen fragst, wer die fremde Person in deinem Bett ist. Du bist ganz einfach beim nächsten Schritt mit neuen Lektionen angekommen.

Es ist wichtig, dass du durch alle Probleme und Themen, vor die du gestellt wirst, hindurch einfühlsam und offen für deinen Partner bleibst. Wenn du immer wieder den nächsten Schritt gehst, kannst du deine Beziehung frisch und lebendig erhalten. Wenn dein Partner dir alt, verbraucht oder hässlich vorkommt, ist das ein Zeichen dafür, dass du aufgehört hast, ihm zu geben. Ihr könnt immer weiter gemeinsam wachsen, während ihr alt werdet, und so die Menschen in eurer Umgebung inspirieren. Gib weder deinen Partner noch eure Sexualität verloren. Wenn die Anziehungskraft und die Leidenschaft dessen, was du von deinem Partner bekommst, verblassen, kann es immer noch die Leidenschaft dessen geben, was du ihm *gibst*. Segne deinen Partner durch Berührung, Nähe und Zärtlichkeit. Segne ihn mit sexueller Energie – der Rest ergibt sich von ganz allein. Verpflichte dich deiner sexuellen Beziehung und deinem Partner jeden Tag mit aller Liebe und aller Romantik, die du dir vorstellen kannst. Wenn etwas fehlt, kannst du es in die Beziehung einbringen.

23

Wieder auf die Menschen zugehen, die du liebst

Jeder Akt der Trennung, den wir in der Vergangenheit mit unseren Eltern, unserer Familie und unseren früheren Partnern vollzogen haben, wirkt sich auf unsere jetzige Beziehung aus. Wenn wir zurückkehren, um den Kontakt zu unserer Herkunftsfamilie und unseren früheren Partnern zu vertiefen und uns in unserem Geist wieder mit ihnen zu verbinden, kann dies unserer jetzigen Beziehung ein erheblich höheres Maß an Nähe und Leichtigkeit bringen. Es kann sie zu dem Kraftzentrum machen, das ihre Bestimmung ist. Es offenbart sich uns als Erfolg, Nähe und spirituelles Wachstum. Es zeigt sich durch Glück – für uns persönlich, als Paar und als Familie.

Die Übung ist ganz einfach. Betrachte deine Familie und frage dich, wie viele Türen du vor deiner Mutter, deinem Vater, jedem deiner Geschwister und anderen wichtigen Familienmitgliedern verschlossen hast. Wie viele Türen hast du vor dir selbst und dem Leben verschlossen? Welche Auswirkung hat es auf deine jetzige Beziehung? Nehmen wir beispielsweise an, dass du dreißig Türen vor deiner Mutter verschlossen hast. Frage dich, wie es sich auf deine Beziehung zu deiner Mutter ausgewirkt hat. Frage dich dann, wie es sich auf deine Beziehung zu deinem jetzigen Partner ausgewirkt hat. Öffne alle Türen. Du kannst auch deine Engel um Hilfe bei dieser Aufgabe bitten. Frage dich dann, wie viele Schritte du dich von deiner Mutter zurückgezogen hast. Wie hat es sich auf deine Beziehung zu deiner Mutter ausgewirkt? Wie haben sich die Schritte, die du dich von ihr zurückgezogen hast, auf deine Beziehung zu deinem Partner ausgewirkt? Frage dich zum Schluss, zu wie viel Prozent du deine Mutter weggeworfen hast. Wie hat es sich auf deine Beziehung zu deiner Mutter ausgewirkt, und wie hat es sich auf deine Beziehung zu deinem Partner ausgewirkt? Heiße deine Mutter uneingeschränkt wieder willkommen. Stelle die gleichen Fragen dann in Bezug auf deinen Vater, deine Familie, deine Eltern als Paar, dich selbst, dein Leben, deinen Partner, deine Beziehung und dein Sexleben. Heiße jeden und alles zu hundert Prozent wieder willkommen. Wie fühlt es sich an und, wenn du es wüsstest, welche Auswirkungen hat es auf deine Beziehung zu deinem Partner?

Die Distanz zwischen uns und einem anderen Menschen entspricht der Distanz, die zwischen uns und *allen* anderen Menschen liegt. Das schließt uns selbst, unseren Partner und GOTT oder die LIEBE ein. Wenn wir die Türen wieder öffnen, die wir vor den Menschen verschlossen hatten, die wir lieben, wenn wir auf sie zugehen und das, was wir weggeworfen hatten, wieder willkommen heißen, dann gewinnen wir nicht nur uns selbst, sondern auch unsere Verbundenheit zurück, sodass wir Erfolg, Nähe und Glück viel leichter und auf eine viel natürlichere Weise verwirklichen können. Überprüfe also deine gesamte Familie, deine früheren Partner, dich selbst, deinen jetzigen Partner und GOTT. Es kann dein Leben und deine Beziehung vollständig verwandeln, und du kannst die Verbundenheit zurückgewinnen, die Liebe, Erfolg und Glück ganz mühelos mit sich bringt.

24

Das Einssein praktizieren

Um dich mit deinem Partner im Einssein zu üben, ist es hilfreich zu erkennen, dass Trennung die Illusion und das EINSSEIN alles ist, was es gibt. Dein Partner ist der perfekte Kandidat für diese Übung. Das Ziel besteht darin, in deinem persönlichen und spirituellen Entwicklungsprozess voranzuschreiten und gleichzeitig ein immer höheres Maß an Nähe zu erreichen.

Wenn du morgens wach wirst und an deinen Partner denkst oder auch tagsüber in Gedanken bei ihm bist, stelle dir vor, dass ihr beide ein Wesen seid. Eine der ältesten Erleuchtungsübungen wurde vor etwa 2.500 Jahren zur Zeit Buddhas entwickelt. Zwei Mönche banden sich aneinander und übten sich darin, ein Wesen zu sein. Wenn einer von ihnen oder beide erkannten, dass sie in der Tat ein Wesen waren, gelangten sie zur Erleuchtung.

Heute wollen wir mit dem Gedanken beginnen, dass dein Partner und du eine Person in zwei Körpern seid. Ihr seid ein Wesen. Du siehst den Körper deines Partners nicht als Hindernis. Du erkennst, dass sein Körper und sein Verhalten eine Ausdehnung deines Geistes sind. Immer wenn du an ihn denkst, erkennst du, dass ihr ein Herz und ein Bewusstsein seid, beide Teil eines reinen Geistes und eines Lichts. Du würdest nicht versuchen, dir einen Arm oder ein Bein abzuhacken oder einen Teil deines Bewusstseins oder deines Herzens herauszuschneiden. Übe dich darin, deinen Partner als dich selbst zu sehen. Segne ihn als dich selbst. Vergib ihm als dir selbst. Verbinde dich mit ihm als dir selbst. Sei gütig zu ihm als dir selbst. Gib ihm als dir selbst. Empfange von ihm als dir selbst. Entscheide dich dafür, mit ihm als dir selbst glücklich zu sein. Lasse alle kleinen, unbedeutenden Kümmernisse und Sorgen los. Du hast ein Ziel, das darin besteht, dich mit deinem Partner zu verbinden. Auf einer bestimmten Ebene rührt jedes Problem, das du in und rund um deine Beziehung hast, von deiner Trennung her. Die Liebe zu deinem Partner kann dir helfen, diese Distanz zu überwinden.

Du kannst es auch bewusst tun, indem du dir vorstellst, dass das Problem, das du hast, tatsächlich zwischen dir und ihm steht und euch voneinander getrennt hält. Dazu gehört jedes Problem, das du hast, das dein Partner hat, das deine Beziehung hat oder das deine Kinder haben, ebenso wie jedes situations- oder umfeldbedingte Problem, dessen du dir bewusst bist. Lasse nicht zu, dass das Problem oder die verschütteten Emotionen, die es mit sich bringt, dich an der Erkenntnis hindern, dass sie eine Illusion sind. Das EINSSEIN ist die Wahrheit. Lasse nicht zu, dass Dissoziation, Leblosigkeit oder andere Abwehrstrategien dich von deinem Partner getrennt halten.

Entscheide dich dafür, dich mit deinem Partner zu verbinden. Frage dich immer wieder: „Würde ich zulassen, dass dies mich von meinem Partner fernhält?" Du kannst dich auch immer wieder fragen: „Würde ich zulassen, dass dieses Problem mich von der Wahrheit fernhält?" Lasse zu, dass eure Verbindung alle Probleme auflöst. Lasse zu, dass eure Verbindung alle Distanz zwischen euch auflöst. Lasse zu, dass eure Verbindung alles auflöst außer eurer Liebe und eurer Liebenswürdigkeit. Lasse nicht zu, dass etwas zwischen euch kommt.

Es gibt eine weitere Übung der Verbindung, die meine Frau Lency entwickelt hat. Dabei sitzt du deinem Partner in einer offenen Körperhaltung gegenüber und schaust ihm in die Augen – mit dem rechten Auge in das rechte Auge oder mit dem linken Auge in das linke Auge deines Partners. Schaue über seinen Körper, seine Persönlichkeit und alle seine Fehler hinaus. Schaue über alle Abwehrmechanismen hinaus, die dein Ego dir entgegenwirft. Fühle alle Emotionen, die in dir hochkommen. Sie haben die Distanz zwischen euch aufrechterhalten und sie wirklich erscheinen lassen. Gehe durch alle Emotionen hindurch, die in dir und in deinem Partner hochkommen, als ob es deine eigenen Emotionen wären, ohne dass sie jedoch eine wirkliche Substanz besitzen, die euch getrennt halten könnte. Wende dich seinem inneren Licht zu. Wende dich seinem Wesenskern zu.

Dies ist eine Übung, die dein Herz öffnen, das Maß an Partnerschaft in deiner Beziehung vertiefen und deine Fähigkeit zu empfangen vergrößern kann. Je mehr du sie praktizierst, umso einfühlsamer wirst du. Jedes Mal, wenn du dich mit deinem Partner verbindest, bildet sich ein Faden aus Licht, der Verbundenheit zwischen euch erschafft und durch ständige Wiederholung im Laufe der Zeit zu einer Schnur, einem Seil, einem Kabel und schließlich einer Brücke wird, bis es am Ende nur noch ein einziges Licht gibt. Je größer die Verbundenheit ist, umso größer sind jedoch auch Liebe und Freude. Je größer die Fröhlichkeit ist, umso leichter ist es außerdem, ein Fundament zu errichten, auf dem du dein Leben aufbauen kannst.

Diese Übung kann dir helfen, Schmerz oder Distanz zu heilen, und je mehr es dir gelingt, dich mit deinem Partner zu verbinden, umso reicher an Gnade und Wundern wird deine Beziehung sein. In letzter Konsequenz kann diese Übung dich zum Erwachen führen.

25

Die großen Unterschiede
in deiner Beziehung heilen

Der größte Unterschied in einer Beziehung besteht zwischen Unabhängigkeit und Abhängigkeit. Am Anfang einer Beziehung wechseln die Partner sich ab in Bezug darauf, wer gerade die unabhängige und wer die abhängige Rolle innehat. Der unabhängige Partner befindet sich meist in der bevorzugten Position, da sie mit weniger Schmerz und weniger Bedürfnissen verbunden ist. Der abhängige Partner kann dagegen den Gipfel der Verliebtheit genießen. Die Herausforderung für den unabhängigen Partner besteht darin, die Energie der Versuchungen, in die er außerhalb der Beziehung geführt wird, auf seinen Partner gerichtet zu halten, um die Beziehung immer weiter voranzubringen. Der unabhängige Partner ist auch aufgerufen, den abhängigen Partner wertzuschätzen und zu erheben, damit Ebenbürtigkeit entsteht. Der abhängige Partner ist aufgerufen, sein Bedürfnis loszulassen, das sich als Liebe maskiert. Immer wenn einer der Partner erfolgreich ist, erlebt das Paar neue Flitterwochen.

Der nächste Schritt stellt das Paar vor die Lektion, die Gegensätze von positiv und negativ zu verbinden. Der negative Partner ist realistischer und pessimistischer, während sein positiver Partner optimistischer, zugleich aber auch naiver ist. Der positive Partner sieht das große Bild, aber es ist der negative Partner, der weiß, wie viel Zeit und Energie notwendig sind, um es zu verwirklichen. Der positive Partner hat blinde Flecken, wenn es um mögliche Probleme geht, während der negative Partner ein Frühwarnsystem für Probleme hat, das anschlägt, lange bevor sie eintreten. Wenn sie zusammenarbeiten, bilden sie ein gutes Team, ähnlich dem positiven und dem negativen Pol einer Batterie. Der positive Partner ist ebenso gut darin, Probleme zu lösen, wie der negative Partner gut darin ist, sie zu finden. Wenn der positive Partner die Gabe zu schätzen weiß, die der negative Partner in die Beziehung einbringt, funktioniert die Zusammenarbeit absolut reibungslos.

Wenn ein Partner abhängig-negativ ist, bekommt er viel „negative Presse". Wenn etwas noch schlimmer ist, als einen abhängig-negativen Partner zu *haben*, dann ist es, selbst der abhängig-negative Partner zu *sein*. Wenn du wertschätzen kannst, was dein abhängig-negativer Partner für dich übernimmt – nämlich ein hohes Maß an Schmerz, Bedürfnis und Negativität –, fällt es dir jedoch leichter, ihn wertzuschätzen und dich mit ihm zu verbinden, denn er tut es für euch beide. Wenn du es nicht zu würdigen weißt, sind Kämpfe die Folge. Der positive Partner ist unbekümmert und ausgleichend und als der unabhängige Partner auch in höherem Maße dissoziiert. Der negative Partner ist depressiv und greift sich selbst an. Gemeinsam können sie jedoch das Fundament einer guten Beziehung bilden, statt darüber zu streiten, wer Recht oder Unrecht hat und wer besser oder schlechter ist.

Wenn du die entscheidend wichtige Lektion von Abhängigkeit und Unabhängigkeit nicht lernst, kann deine Beziehung nicht erfolgreich sein, selbst wenn du mit deinem Partner zusammenbleibst. Die meisten Beziehungen zerbrechen, weil es den Partnern nicht gelingt, diese grundlegende Lektion – nämlich Verbindung – zu lernen. Wenn du im Anschluss die Lektion von Positivität und Negativität lernst, steigst du vom Stadium des Machtkampfs zum Stadium der toten Zone auf. Der erste Schritt zur Heilung der toten Zone besteht darin, dass du durch Rollen, Regeln, Pflichten und deine unzähligen Glaubenssätze von „ich-sollte" und „ich-müsste" hindurchgelangst, indem du lernst, dich uneingeschränkt zu geben. Danach gelangst du zum Schritt von Fels und Sumpf. Obwohl dieser Schritt der oben beschriebenen Polarität von Abhängigkeit und Unabhängigkeit gleicht, spielt er sich auf einer erheblich höheren Ebene ab. Der Fels hat den größten Teil seines Lebens in dissoziierter Aufopferung verbracht und glaubt, dass er sich um andere Menschen kümmern muss und dass er kein eigenes Leben führen kann. Er ist heldenhaft, bezieht sich selbst jedoch nicht ein und kompensiert familiäre Schuld und familiäres Versagen. Der Sumpf hat sich von Kindheit an nahezu sein ganzes Leben lang ungeliebt gefühlt, sodass er unablässig nach Liebe, Aufmerksamkeit und Besonderheit sucht, die ihm aber niemals genug sind. Das Maß, in dem der Sumpf das Gefühl hat, nicht geliebt zu werden, entspricht dem Maß, in dem sein Fels erstarrt und von seinen Emotionen abgeschnitten ist. Wenn sie sich partnerschaftlich verbinden, bilden sie einen Fluss mit stabilen Uferböschungen. Getrennt konkurrieren sie darum, wer den besten Weg hat, aber gemeinsam bilden sie ein gutes Team.

Verbindung ist die Antwort auf alle Polaritäten. Verbindung bringt Partnerschaft und die bestmögliche Integration der Gegensätze, sodass beide Partner zufrieden sind. Verbindung funktioniert gut. Verbindung bedeutet ganz einfach, dich im Herzen, im Geist und im reinen Geist mit deinem Partner zu verbinden. Du beendest die durch die Polarität verursachte Trennung, was zur Folge hat, dass du neue Flitterwochen und ein neues Maß an Partnerschaft erlebst, bis der nächste Aspekt der Polarität zutage tritt. Du kannst dich in Gedanken mit deinem Partner verbinden, während du gleichzeitig mit anderen Dingen wie Arbeiten, Schlafen oder Essen beschäftigt bist. Natürlich kannst du dir auch ein wenig Zeit nehmen, um dich trotz aller Unterschiede von Herz zu Herz, von Geist zu Geist und von Licht zu Licht mit deinem Partner zu verbinden. Verbindung lässt dich einmal mehr Frieden, Dankbarkeit und die Liebe zu deinem Partner spüren. Koste sie aus, denn es wird nicht lange dauern, bis sich der nächste Unterschied zwischen euch zeigt. Das Ego will nicht, dass ihr verbunden bleibt, sodass es einen Unterschied nach dem anderen zutage fördert. Selbst auf den Ebenen der wechselseitigen und der radikalen Abhängigkeit wirst du immer noch Unterschiede und Polaritäten heilen. Es ist deshalb wichtig, dass du diese Lektion lernst. Verbinde dich immer wieder mit deinem Partner, sodass kein Unterschied und keine Distanz zwischen euch bestehen bleibt. Distanz und Unterschiede sind die Trennung des Egos. Verbindung bringt ein immer höheres Maß an Frieden, Begabung und Ganzheit für euch beide.

26

Die Macht der Hilfsbereitschaft

Hilfsbereitschaft zählt zu den großen Prinzipien der Heilung. Sie kann dich durch Befangenheit, Selbstangriff und Selbstfolter hindurchbringen. Wenn du erkennst, dass jedes Problem eine Form von Selbstangriff ist, kannst du sie nutzen, um zumindest eine Schicht jedes Problems zu heilen. Das Prinzip ist einfach. Immer wenn du dich selbst angreifst, gibt es jemanden, der noch dringender der Hilfe bedarf als du selbst. Wenn du auf seinen Hilferuf eingehst, indem du beispielsweise ganz einfach Liebe durch das hindurchströmen lässt, dessentwegen du dich angegriffen hast, heilst du entweder das Problem oder zumindest eine Schicht des Problems, wenn es sich um ein chronisches Problem handelt. Hilfsbereitschaft lässt dich und denjenigen, dem du geholfen hast, in einen Fluss gelangen, der euch voranbringt.

Ich habe während eines Workshops selbst erlebt, dass das Prinzip funktioniert, als ein Teilnehmer, der sich vor Schmerz am Boden wand, zu einem anderen Teilnehmer kroch, um ihm zu helfen. Sofort lagen sich beide in den Armen und trösteten einander, und ihr entsetzlicher Schmerz war gelindert. Die Liebe, die du einem anderen Menschen schenkst, kann die Stimmen der Selbstkonzepte in deinem Kopf verstummen lassen, die dich ablenken, angreifen oder befangen machen. Wenn du dich fragst, wer deine Hilfe braucht, und auf diesen Hilferuf eingehst, indem du dem betreffenden Menschen deine Liebe sendest oder etwas anderes für ihn tust, wenn du dich dazu inspiriert fühlst, hilfst du euch beiden. Wenn du es mit einem chronischen Problem oder Schmerz auf einer unbewussten Ebene zu tun hast, kann es passieren, dass unmittelbar danach – oder auch erst in sechs Monaten – eine neue Schicht des Problems oder des unbewussten Schmerzes in dir hochkommt. Dann kannst du dir ganz einfach wieder die Frage stellen: „Wer braucht meine Hilfe?" Sende dem betreffenden Menschen deine

Liebe, sodass ihr beide in einen neuen Fluss gelangt, der euch voranbringt, bis du dich dem nächsten Selbstangriff stellen musst.

Eines Nachts im Jahr 1991 erwachte ich um zwei Uhr morgens aus einem tiefen Schlaf. Mein Herz raste. Mein ganzer Körper zitterte, und ich glaubte zuerst, es könnte der Vorbote eines Herzinfarkts sein. Nach ein paar Sekunden dachte ich daran, mich zu fragen, wer meine Hilfe brauchte. Mein Vater kam mir in den Sinn, und ich schickte ihm meine Liebe. Kurz danach kehrten die Symptome jedoch zurück, und ich fragte mich wieder, wer meine Hilfe brauchte. Mein bester Freund kam mir in den Sinn. Ich schickte auch ihm meine Liebe und fühlte mich gut, solange ich es tat, aber sobald ich aufhörte, kehrten die Symptome – wenn auch ein wenig schwächer – zurück. In diesem Moment begriff ich, dass ich Todesangst hatte. Ich fragte mich erneut, wer meine Hilfe brauchte, und meine Frau, die neben mir schlief, kam mir in den Sinn. Ich ließ meine Liebe in sie einströmen. Als ich aufhörte, kehrte das Gefühl erneut zurück, geringfügig schwächer, und ich wiederholte die Frage: „Wer braucht meine Hilfe?" Die Antwort, die ich hörte, lautete: „Die ganze Welt." Ich fragte: „Wie kann ich denn der ganzen Welt helfen?" Die Antwort lautete: „Schreib!" Ich stand auf, ging nach unten und fing an, das Grundmodell der *Psychology of Vision* niederzuschreiben. Das war vor fünfundvierzig Büchern, und seit dieser Zeit schreibe ich. Während ich schrieb, erkannte ich, dass die Symptome zum Rohmaterial meiner Kreativität wurden. Diese Nacht beendete eine mehr als zehn Jahre andauernde Schreibblockade. Ich habe noch nie von jemandem gehört, der vier Mal fragen musste, wer Hilfe braucht, um in einen Fluss zu gelangen, weil es im Grunde eine so einfache und effektive Methode ist:

1. Erkenne, dass du nicht im Frieden bist.
2. Frage dich, wer deine Hilfe braucht.
3. Lasse durch dein Problem oder deine Emotion hindurch Liebe in den Menschen einströmen, der deine Hilfe braucht. Du kannst auch etwas anderes tun, um ihm zu helfen, wenn du dich dazu inspiriert fühlst. Der Prozess ist abgeschlossen, wenn du an einen Ort des Friedens gelangst und wieder im Fluss bist. Ansonsten kannst du die Übung ganz einfach wiederholen.

Wir leben in einer Zeit großer Maskeraden, die es den Menschen leicht machen, ihren Schmerz zu verbergen. Deshalb erkennen wir möglicherweise nicht, dass jemand anderer in noch größerer Not ist als wir selbst. Seine Dissoziation kann sogar so groß sein, dass er selbst nicht erkennt, dass er Hilfe braucht. Wir können ihm dennoch helfen. Wir können darauf vertrauen, dass unsere Intuition uns auf den Menschen hinweist, der uns wirklich braucht.

Die Themen, die dich und deinen Partner betreffen, sind vermutlich längerfristiger Natur. Deshalb kannst du dir vorstellen, dass das Problem zwischen euch steht, und dich anschließend fragen, wer deine Hilfe braucht. Möglicherweise kommt dir sogar einer von euch beiden in den Sinn. Lasse deine Liebe durch das Problem hindurchströmen, so wie du es wahrnimmst. Wenn du den Prozess beendest, nimm wahr, ob du dich besser, schlechter oder unverändert fühlst. Wenn du dich schlechter fühlst, ist das Thema mit unbewussten Emotionen und einem Seelenmuster verhaftet. Das ist gut! Es ist gut, weil so viele Dinge nun mühelos geheilt werden können. Wenn du dich unverändert fühlst, wurde eine Schicht deiner Dissoziation weggebrannt, aber es bleibt noch viel zu tun. Setze den Prozess fort. Führe die Übung einige Male durch. Nimm dann am Ende dieser einfachen Übungsreihe wahr, wie du dich fühlst. Du kannst die Übung fortsetzen, wenn du noch nicht das Gefühl hast, dass du in einen Fluss gelangt bist, kannst sie aber auch später wiederholen, wenn das Problem dir erneut den Frieden raubt. Wenn es sich um ein großes Problem handelt, kannst du die Übung auch abends, morgens und im Laufe des Tages immer dann durchführen, wenn du daran denkst.

Dies ist eine äußerst einfache und doch so meisterhafte Übung, dass es wirklich schade wäre, sie uns nicht öfter zunutze zu machen. Wenn du sie häufig praktizierst, geht sie dir in Fleisch und Blut über und hilft dir und deinem Partner, einander immer näher zu kommen.

27

Trennung und die Seele

GOTT hat uns nach SEINEM Bild geschaffen. GOTT als EWIGER GEIST hat uns als ewigen Geist geschaffen. Weil wir Besonderheit erfahren wollten, haben wir uns jedoch für die Trennung entschieden, und infolgedessen haben wir unser Bewusstsein für den HIMMEL verloren. Wir können niemals ändern, wer wir wirklich sind, denn unser wahres Wesen wurde von GOTT geschaffen. Das Bewusstsein dafür, dass wir grenzenloser, reiner Geist sind, können wir jedoch mit Selbstkonzepten zudecken, die aus Schmerz und Trennung heraus entstanden sind, und genau das haben wir getan. Dies war der Abstieg in eine Wahrnehmung unserer selbst als Seele, bei dem wir unser Bewusstsein dafür verloren haben, dass wir reiner Geist sind. Heilung ist der Weg, der es unserer Seele ermöglicht, uns erneut als unser SELBST zu erkennen. Das kann durch Liebe, Vergebung, Verbindung, Verbundenheit, Hilfsbereitschaft, Geben, Integration, Empfangen, Verstehen, Akzeptanz und alle anderen Dinge geschehen, die uns miteinander verbinden. Dadurch erfahren wir größere Einheit. Dies ist der Weg voran. Dies ist der Weg, der uns zur Ganzheit, zur LIEBE und zum HIMMEL zurückführt.

Seit wir am Anbeginn der Zeit aus dem HIMMEL gefallen sind und GOTT die Schuld daran gegeben haben, dass wir „hinausgeworfen" wurden, besitzen wir ein Ego als das Prinzip der Trennung. Um sich selbst und vorgeblich auch uns zu schützen, hat das Ego die von der Trennung herrührende Schuld auf GOTT projiziert. Weil wir unser Urteil und unseren Angriff auf GOTT projiziert haben, haben wir IHN zu einem angsteinflößenden GOTT gemacht. Wie aber kann die LIEBE, die FREUDE und die BARMHERZIGKEIT, die GOTT ist, angsteinflößend sein? Angst ist eine Eigenschaft des Egos, die ebenfalls von Trennung herrührt. Unser Hang zur Trennung begleitet uns, seit das Ego entstanden ist, und wir projizieren unsere vorsätzlichen Akte der Trennung immer noch auf andere Menschen, als seien sie und nicht wir diejenigen, die sie vollziehen. Wenn wir uns trennen, stellen wir das, was wirklich passiert ist, in unserem Bewusstsein vollkommen anders dar. Unser Unterbewusstsein offenbart, dass das, was geschehen ist, uns nicht einfach zum Opfer gemacht hat, sondern mit unserem heimlichen Einverständnis geschehen ist. Es hat mit dem eitlen Wunsch nach Unabhängigkeit begonnen, weil wir glaubten, dass sie Freiheit und nicht nur eine Rolle ist.

Wir können auf jedes schmerzhafte Ereignis in unserem Leben zurückblicken und jetzt erkennen, dass wir uns in jeder Situation fälschlich für die Trennung entschieden haben. Dies sind die Orte, von denen unser Schmerz und unser Groll ebenso wie Angst, Schuld, Gefühle der Unzulänglichkeit, Einsamkeit, Verlust und Gefühle der Verlassenheit herrühren. Dies sind die Orte, an denen Opfermuster entstehen. Ja, es ist das, was wir getan haben. Diese Erkenntnis gibt uns nun die Möglichkeit, es aufzuheben, und mit ihm auch den Schmerz und das selbstsabotierende Muster, das daraus entstanden ist. Wir hätten die Seelenlektion lernen können, die uns ein höheres Maß an Ganzheit und Glück gebracht hätte. Stattdessen haben wir eine dunkle Lektion gelernt und einen Speicher aus Schmerz in uns angelegt. Aller Schmerz, den wir im Leben erfahren, zeigt unseren Hang zur Trennung. Er setzt Muster in Gang, die gegen unsere Partnerschaft arbeiten. Es mag sich so darstellen, als ob unser Partner sich negativ verhalten hat oder verhält, aber unser Unterbewusstsein zeigt, dass wir dieses Ereignis benutzt haben und noch immer als Ausrede benutzen, um uns zu trennen, zu kontrollieren, überlegen oder unabhängig zu sein.

Der einzige Weg, der uns voranbringt, besteht darin, uns mit unserem Partner zu verbinden und unserem Ego seinen „gerechten" Wunsch nach Angriff und Trennung zu verwehren. Wir können dem Ego die Wünsche verweigern, die daraus entstehen, dass unser Partner uns angeblich im Stich gelassen hat. In Wirklichkeit handelt es sich dabei um den Ort, an dem wir das Verhalten unseres Partners kontrollieren und damit ihn im Stich lassen. Niemand kann sich verbessern, wenn ihm keine Hilfe zuteilwird, und unser Partner braucht unsere Hilfe. Wir brauchen die Hilfe, die wir unserem Partner gewähren. Wenn wir unserem Partner eine helfende Hand reichen und ihm geben, was er braucht, empfangen wir es ebenfalls. Unser Partner ist nicht das Problem. Die Dunkelheit in uns, die wir auf ihn projizieren, ist das Problem. *Ein Kurs in Wundern* erklärt dieses Prinzip sehr anschaulich:

„Dein Bild der Welt kann nur das spiegeln, was innen ist. Weder die Quelle des Lichts noch die der Dunkelheit ist außen zu finden."
Ein Kurs in Wundern, Ü-I.73.5:1-2

Der *Kurs* spricht außerdem davon, den HIMMEL auf Erden zu erreichen, den er als die wirkliche Welt bezeichnet. Wir erreichen ihn dadurch, dass wir unseren Partner als uns selbst sehen. Auf diese Weise gelangen wir zur Gemeinschaft und gewinnen unser SELBST zurück, das unsere geistige Wesensnatur ist. Unser Partner zeigt uns alles, was wir aus dem Unterbewusstsein und dem Unbewussten nach außen projizieren. Würdest du dich dafür entscheiden, dir in ihm zu vergeben? Du hast diese dunklen Selbstkonzepte kompensiert. Du besitzt eine bessere Maske und die besseren Kostüme. Du hast diese alten und uralten Glaubenssätze über dich selbst meisterhaft verborgen, aber jedes Mal, wenn du dich verbindest, gehst du einen Schritt der Liebe, der euch beide befreit, weil er eure Partnerschaft in Freude voranbringt.

28

Angst vor Veränderung

Angst vor Veränderung ist eine der Wurzeln aller Probleme. Wenn du ein Problem mit deinem Partner hast, fürchtest du dich also davor, den nächsten Schritt zu gehen. Wenn du ein großes Problem mit deinem Partner hast, fürchtest du dich in Wirklichkeit davor, zum nächsten Stadium voranzugehen. Genau genommen fürchtet ihr euch beide, aber wenn du deine Angst überwindest, gelingt es deinem Partner, auch seine Angst zu bezwingen. Du kannst das Ausmaß deiner Angst messen, indem du deine eigene Angst und die Angst deines Partners addierst. Alle Konflikte verbergen Angst. Alle Leblosigkeit verbirgt Angst. Das Unterbewusstsein beweist es. Du fürchtest dich vor Veränderung. Du fürchtest, etwas zu verlieren. Was könnte das sein? Du fürchtest, nicht das nötige Rüstzeug zu haben, um mit der Veränderung und auch mit dem umzugehen, was dich in deiner Vorstellung beim nächsten Schritt erwartet. Was ist der Grund? Nachdem ich mich viele Jahre lang eingehend mit dieser Dynamik befasst habe, wurde mir klar, dass Veränderung geschieht, wenn du bereit bist, dich zu ändern. Wenn du bereit bist, eine positive Veränderung zuzulassen, wenden sich die Dinge zum Besseren, solange du dich nicht davor fürchtest. Das geht naturgemäß über die Ebene deines bewussten Denkens hinaus. Wir wollen also einmal so tun, als hättest du aus irgendeiner furchteinflößenden Illusion heraus Angst davor, dass eine positive Veränderung eintritt. Was ist der Grund? Wovor könntest du Angst haben, wenn eine positive Veränderung eintritt? Deine Angst davor, wie schlimm es kommen könnte, ist ebenso groß wie deine Angst davor, wie gut es werden könnte.

Angst ist immer ein Zeichen dafür, dass du versuchst, etwas aus eigener Kraft zu tun. Der HIMMEL bietet dir zu jeder Zeit seine Hilfe an. Du musst lediglich darum bitten. Wenn du dich darauf besinnen würdest, WER mit dir geht, würdest du niemals zögern. Wenn sich nichts ändert, kann sich in deinem Leben und deiner

Beziehung auch nichts zum Besseren wenden. Die Dinge können sich nicht zum Besseren wenden, wenn alles bleibt, wie es ist. Heiße die Veränderung also willkommen. Verpflichte dich der positiven Entwicklung deines Lebens und deiner Partnerschaft. Der nächste Schritt führt immer auf einen besseren Weg. Wenn du ihn gehen willst, was in Wirklichkeit bedeutet, dass du ihn darum bittest, zu dir zu kommen, dann sage ja zu ihm und zur Veränderung. Lasse die Kontrolle los, die du ausübst, um die Dinge so zu belassen, wie sie sind. Deine Angst will dir weismachen, dass die Veränderung zum Schlechteren sein wird, aber sie spricht mit der Stimme deines Egos. Löse diese „Stimme" und das Selbstkonzept, von dem sie herrührt, in dein höheres Bewusstsein hinein auf. Höre auf dein höheres Bewusstsein. Was sagt es? Du weißt vielleicht nicht, wie die Dinge sich zum Besseren wenden können, aber das ist auch nicht deine Aufgabe. Das ist die Aufgabe des HIMMELS, und es ist die Aufgabe deines höheren Bewusstseins. Die Aufgabe deines höheren Bewusstseins ist es, dir Heilung und ein höheres Maß an Ganzheit zu bringen und dich zu einem immer besseren Partner zu machen. Der HIMMEL möchte, dass du dich daran erinnerst, dass du grenzenloser, reiner Geist bist, eine Ausdehnung der LIEBE SELBST.

29

Vergebung ist eine Form von Selbstliebe

Wenn wir uns selbst vergeben, geben wir uns selbst, und Geben ist Vergebung. Wenn wir vergeben, treten wir aus dem Rückzug der Schuld und des Zorns hervor, der uns vom Erfolg und von der Liebe trennt. Wenn wir einem anderen Menschen vergeben, vergeben wir im gleichen Maße und in der gleichen Weise auch uns selbst. In *Ein Kurs in Wundern* heißt es, dass Vergebung uns die Möglichkeit eröffnet, einen Blick auf GOTT zu erhaschen, weil unsere Wahrnehmung vorübergehend ausgesetzt ist. Wenn wir uns geben, indem wir uns vergeben, nehmen auch unsere Selbstliebe und unsere Unschuld zu. Wir lieben uns selbst in dem Maße, in dem wir erkennen, dass wir unschuldig sind. Wenn wir uns selbst lieben, erfahren wir gleichzeitig unsere Unschuld. Selbstliebe und Unschuld werden von der gleichen Dynamik angetrieben wie Selbstwert und lassen eine Aufwärtsspirale entstehen.

Heute wollen wir uns für unsere Fehler vergeben, die uns Schmerz und Probleme eingebracht haben. Wir wollen uns für alles vergeben, was wir bereuen und bedauern. Wir wollen uns für alle Orte vergeben, an denen wir andere Menschen unwissentlich verletzt oder ihnen durch unser dissoziiertes Handeln mutwillig Schmerzen zugefügt haben.

Wenn wir anderen Menschen vergeben, wird uns die Gabe der Unschuld zuteil. Vergib deinem Partner, denn Vergebung ist eine Form praktischer Liebe, und dort, wo du einen anderen Menschen liebst, liebst du dich selbst im gleichen Maße. In *Ein Kurs in Wundern* heißt es dazu: „Die Liebe hegt keinen Groll." (Ü-I.68) Unterziehe dein Leben einer Prüfung. Vergib ihm, vergib dir selbst dafür, dass du schmerzerfüllte Drehbücher geschrieben hast, und vergib dir selbst auch dafür, dass du ein Glaubenssystem in dir getragen hast, das durch negative

Ereignisse entstanden ist. Vergib den Menschen in deinem Leben, von denen du glaubst, dass du ihnen jetzt geben und helfen kannst, statt über sie zu urteilen und sie anzugreifen. Jeder Akt der Vergebung bewirkt, dass der Weg, der zu deinem Partner führt, klarer zutage tritt.

30

Dich selbst lieben,
wenn du gelitten hast

Eine der schlimmsten Erfahrungen emotionalen, körperlichen oder psychischen Schmerzes machen wir, wenn wir uns selbst alleinlassen. Das kann manchmal während der Geburt oder infolge von sexuellem oder körperlichem Missbrauch geschehen, und es bedeutet, dass wir uns nicht nur emotional allein gelassen, sondern unseren Körper verlassen haben. Dadurch konnten sich dunkle Energien oder Aspekte der Astralebene wie beispielsweise Dämonen oder Teufel in unserer Aura oder in unserem Bewusstsein festsetzen. Diese Aspekte unseres uralten Egos, die sich mutwillig vom Licht abgewandt haben, wollen nichts von der Macht aufgeben, die sie in dieser materiellen, illusionären Welt erlangt haben.

Die schmerzhaften und leidvollen Ereignisse, die uns dazu gebracht haben, uns selbst im Stich zu lassen, waren eine Seelenlektion, die wir nicht bestanden haben. Die gute Nachricht lautet, dass wir diese Lektion jetzt lernen können, indem wir zu diesen Ereignissen zurückkehren und uns selbst lieben, statt zu leiden und uns alleinzulassen, sodass wir sie in eine Neugeburt anstelle eines Traumas verwandeln. Prüfe bei jedem Trauma, zu dem du zurückkehrst, in welchem Maße du gelitten hast. Es entspricht dem Maß, in dem du die Seelenlektion nicht gelernt hast, die du lernen solltest. Nun kannst du die Liebe darum bitten, sich in der Situation einzufinden, und die dunklen Lektionen und Glaubenssätze des Egos loslassen, die du damals angenommen hast und die weitere selbstsabotierende Muster in Gang gesetzt haben. Bitte in jeder Situation um die Lektion des HIMMELS. Liebe dich rückhaltlos, sodass du dich selbst dann, wenn du deinen Körper verlassen hattest, nun wieder darin willkommen heißen kannst. Bitte die GÖTTLICHE LIEBE und die GÖTTLICHE PRÄSENZ, alle widrigen dunklen Energien von dir fortzunehmen und ins Licht zurückzuführen. Liebe dich rückhaltlos und uneingeschränkt, und tauche ein in die GÖTTLICHE LIEBE, bis das, was extrem schmerzhaft war, zu einer Neugeburt für dich wird. Gib dein Bewusstsein in die Obhut GOTTES, damit es sorgsam gereinigt und ermächtigt wird. Wisse, dass deine wahre Stärke im Licht liegt.

Du kannst diese Übung auch für deinen Partner durchführen, weil du nahezu alle seine Traumen und zutiefst schmerzhaften Erfahrungen kennst. Finde intuitiv heraus, ob er seinen Körper verlassen hat und ob dunkle Energie in ihn eingedrungen ist, die er vielleicht noch in sich trägt. Bitte die GÖTTLICHE LIEBE und die GÖTTLICHE PRÄSENZ darum, ihn gemeinsam mit deiner Liebe zu unterstützen, sodass er die dunkle Lektion loslassen und stattdessen um die Lektion des HIMMELS bitten kann.

31

Wofür du dir nicht vollkommen vergeben hast

Frage dich, wie oft du deinen Partner – unabsichtlich oder absichtlich – verletzt hast. Dies geschieht fast immer in Situationen, in denen du Schuld in dir trägst und dich entsprechend selbst bestrafst, auch wenn sie aus Missverständnissen oder sogar aus der emotionalen Unreife oder emotionalen Erpressung deines Partners heraus entstanden sind. Sie zeigen dir einen Anteil deiner selbst, den du verurteilt und abgespalten hast. An diesem Ort trägst du Schuld dafür in dir, dass du dich so verhalten hast, und dafür, dass du dich mit einem Urteil angegriffen hast. Frage dich, wie du dich als Folge davon bestraft hast. Denke daran, dass du, wenn du dich bestrafst, gleichzeitig alle Menschen bestrafst, die du liebst. Ist es das, was du willst?

Stelle dir vor, dass du dreißig Schritte von deinem Partner entfernt bist. Frage dich, was die wichtigste Sache ist, derentwegen du dich schuldig fühlst. Das kann alles sein, was schlechte Gefühle in dir erzeugt. Frage dich, welchen Ort du dieser Sache in deinem Körper zugewiesen hast, der eine Metapher für deinen Geist ist. Betrachte das schuldige Selbst. Entscheide dich dafür, dich seinetwegen nicht zu verurteilen. Liebe es, bis es mit dir verschmilzt und sowohl deine Unschuld als auch deine Ganzheit mehrt. Gehe dann einen Schritt auf deinen Partner zu.

Frage dich nun, was die zweitwichtigste Sache ist, derentwegen du dich schuldig fühlst. Welchen Platz hast du diesem schlechten Gefühl in deinem Körper zugewiesen? Welche Auswirkungen hat es auf dich, deine Beziehung und dein Leben? Liebe diesen Anteil deiner selbst, bis er sich in dir in neue Ganzheit auflöst, und gehe einen weiteren Schritt auf deinen Partner zu. Wiederhole die Übung, bis du dir vorstellen kannst, dich in einer liebenden Umarmung mit deinem Partner zu verbinden.

32

Das tiefste Loch,
das du gegraben hast

Stelle dir vor, dass du an einem Frühlingstag durch einen Wald gehst und am Ende des Weges auf eine schöne Wiese gelangst. Ein Weg führt durch die Wiese hindurch, aber mitten in der Wiese siehst du ein riesiges Loch. In der Nähe des Lochs erkennst du seitlich des Weges eine Metalltafel. Als du näherkommst, siehst du, dass auf der Tafel ein Datum eingraviert ist. Wie lautet das Datum? Du gehst weiter und siehst unmittelbar vor dem großen Loch eine weitere Metalltafel, auf der steht: „Dies ist das Loch, in das (dein Name) gefallen ist." Darunter steht das Datum, das du bereits auf der ersten Tafel gesehen hast. Als du an den Rand des Lochs trittst, siehst du am Boden des Lochs dich selbst in dem Alter, das du zum Zeitpunkt des Datums auf der Tafel hattest. Wenn es sich um eine Zeit vor diesem Leben und um ein anderes Land handelt, siehst du dich so, wie du in diesem „vergangenen Leben" gewesen bist. Du hast einen Ort entdeckt, an dem du nicht weiterkommst und gefangen bist.

Ein Grund dafür, dass du dich am Boden des Lochs befindest, besteht darin, dass du dich alleingelassen hast, weil du glaubtest, liebensunwert zu sein. Liebe dich selbst nun in diesem Loch. Rufe eine Engelschar herbei, damit sie dir helfen, dich zu lieben. Du wirst feststellen, dass das Loch kleiner wird und das darin befindliche Selbst sich dir in Alter und Aussehen immer mehr annähert, bis der Boden schließlich auf gleicher Höhe und das Loch aufgefüllt ist. Liebe dieses Selbst, bis es wieder mit dir verschmilzt. Wenn der Prozess abgeschlossen ist, erkennst du vor dir ein weiteres riesiges Loch und weißt, dass du aufgerufen bist, die Übung auch für deinen Partner durchzuführen. Mit der Hilfe deiner Engelschar wird es dir mühelos gelingen.

33

Selbstliebe um des Erfolges willen

Selbstliebe ist der Kern von allem, was erfolgreich ist. Erfolg, der keine Selbstliebe in sich birgt, ist kein Erfolg, sondern Kompensation. Gehe einen Moment lang der Frage nach, wie erfolgreich deine Beziehung ist. Der Zustand deiner Beziehung zeigt dir ganz genau, was du deiner Meinung nach wert bist. Das heißt mit anderen Worten, dass die Bereiche, in denen du erfolgreich bist, mit dem Maß deiner Selbstliebe zu tun haben. Finde anhand des Zustandes, in dem deine Beziehung ist, intuitiv heraus, wie groß deine Selbstliebe und dein Selbstwert sind. Je größer das Maß deiner Selbstliebe ist, umso unschuldiger und verdienstwürdiger fühlst du dich, und dein Gefühl von Unschuld und Verdienstwürdigkeit steht in einer direkten Wechselbeziehung zu dem Zustand, in dem deine Beziehung ist.

Wiederhole diese Übung täglich über einen Zeitraum von zwei Wochen. Du kannst das ihr zugrunde liegende Prinzip der Heilung nutzen, um das zu mehren, was du deiner Meinung nach verdienst. Ein spirituelles Prinzip, das deine Selbstliebe hundertprozentig mehrt, besteht darin, die GÖTTLICHE PRÄSENZ um ihre Anwesenheit zu bitten. Wenn die GÖTTLICHE PRÄSENZ zugegen ist, wächst deine Selbstliebe auf ganz natürliche Weise. Liebe dich selbst mit aller Liebe, die du im Leben jemals gegeben oder empfangen hast. Liebe dich selbst für alles, was du im Leben je mit anderen Menschen geteilt hast. Liebe dich selbst für alle Zeiten in deinem Leben, zu denen du für andere Menschen offen warst. Liebe dich selbst für alle Zeiten in deinem Leben, in denen du anderen Menschen dein Herz geöffnet und ihnen eine helfende Hand gereicht hast. Liebe dich selbst für deine Familie und für alle deine Freunde. Liebe dich selbst für alles, was du in deinem Leben erreicht hast, und liebe dich selbst für alle Akte der Nächstenliebe und für alle Dienste, die du anderen Menschen erwiesen hast.

Liebe dich selbst für deinen Geist und den Erfolg, den du mit seiner Hilfe erreicht hast. Liebe dich selbst, weil GOTT und alle Engel dich trotz aller Fehler, die du begangen haben magst, als vollkommen liebenswert ansehen. Liebe dich selbst für die Fähigkeit, deine Gaben zu verwirklichen, denn sie zeugt von der Liebe, die du der Welt schenkst. Wenn du dich selbst liebst, lässt du zu, dass dir die Liebe anderer Menschen zuteilwird. Wenn du dich selbst liebst, lässt du alles zu, was der HIMMEL dir geben will – und das ist alles.

Ein höheres Maß an Selbstliebe mehrt auf ganz natürliche Weise das, was dein Partner dir geben will. Alle Dinge, die er zurückhält, sodass du deinen Mangel spürst, und alle Orte, an denen er dich angreift, stehen für eine Form selbstzerstörerischen Verhaltens anstelle von Selbstliebe. Das kann nicht die Wahrheit sein, sondern ist das, was dein Ego – das Gegenteil der Liebe – für dich vorgesehen hat. Dein Ego ist das Maß an Angriff und Selbstangriff, das dein Leben erfüllt. Selbstliebe ist Wahrheit, und sie heißt deine Verbindung mit GOTT willkommen, DER die LIEBE ist.

34

Der Kompromiss

Unsere Seele besitzt einen Wesenskern. Sie ist rein. Sie ist Absicht. Sie strebt nach Liebe. Sie strebt nach unserer Lebensaufgabe. Sie strebt nach unserer Bestimmung in der Welt, und sie strebt danach, über die Welt, wie wir sie kennen, hinauszugehen, um zuerst den HIMMEL auf Erden und dann den HIMMEL SELBST zurückzugewinnen. Wenn wir zur Welt kommen, lernen wir viele Dinge. Aus unserem Verlangen nach Anerkennung heraus verbinden wir unsere Seele und ihre reine Absicht mit vielen Dingen, die uns nicht wirklich zugehörig sind. Wir gehen Kompromisse ein und geben dadurch unsere reine Absicht auf. Wir passen uns an, gewöhnen uns und nehmen Selbstkonzepte und Persönlichkeiten an. Wir glauben an das Kollektive, und wir setzen uns Ziele, die falsch oder unwesentlich sind. Sie ähneln mit der Zeit den aufgeblasenen Sumo-Kostümen, in denen manche Menschen zum Spaß herumhüpfen. Leider sind sie auch wertlose Spreu, die uns von unserem Partner und unserer Familie ablenkt. Wir sind viele Kompromisse eingegangen. Es sind Akte der Aufopferung, die zu Leblosigkeit werden. Es sind Orte, an denen wir nur den halben Weg gegangen sind, statt Lösungen zu finden. Sie zeigen, wo wir nicht uneingeschränkt oder wahrhaftig geben. Kompromisse sorgen dafür, dass wir in Erwartungen, Kontrolle und Rollen gefangen sind.

Wir schließen Kompromisse und tun Dinge, weil wir sie tun müssen oder sollten, weil wir verschmolzen sind oder weil wir einem anderen Menschen hörig sind. Er ist das Alpha zu unserem Beta. Alles im Leben wird zum Alpha für unser Beta, wenn wir Kompromisse eingehen. Wir zeigen uns nicht, und wir lassen unser Licht nicht leuchten. Wenn wir Kompromisse eingehen, verfallen wir rasch in Routine, auch wenn am Anfang unserer Beziehung ein gewisses Maß an Liebe im Spiel gewesen sein mag. Lebenslange Kompromisse holen uns irgendwann ein, und dann haben sowohl unser Leben als auch unsere Beziehung jeden echten Reiz verloren.

Wir kämpfen oder neigen zu Kompromissen, aber weder das eine noch das andere ist erfolgreich, wenn es darum geht, glückliche Lösungen zu finden oder ein glückliches Leben zu führen. Ein Kompromiss gibt beiden Partnern das Gefühl, sich aufzuopfern. Das führt dazu, dass beide glauben, sie hätten verloren, und lässt Verbitterung aufkommen. Es ist Verschmelzung anstelle von echter Liebe, und Verschmelzung ist eine Form von Co-Abhängigkeit, die Partnerschaft nachahmt, uns aber einen Ort bietet, an dem wir uns verstecken können, sodass wir nur halb leben.

Wenn wir ein glückliches Leben führen wollen, müssen wir unseren Anteil dazu beitragen, dass es nicht aus Kompromissen besteht. Die Alternative zum Kompromiss ist nicht Kampf, sondern Lösung. Sie besteht darin, in wahrhaftiger Kommunikation alles zu geben. Sie besteht darin, in Kontakt zu kommen und uns partnerschaftlich zu verbinden. Sie besteht darin, uns zu verbinden, zu geben und zu empfangen. Sie besteht in inniger Nähe, und sie besteht in Mühelosigkeit und Fluss. Sie besteht in einer Hingabe, die den ganzen Weg bis zu unserem Partner zurücklegt, was zur Folge hat, dass er den ganzen Weg bis zu uns kommt.

Die meisten Menschen glauben, dass es ihnen an der nötigen Energie fehlt, um noch einen Schritt weiterzugehen oder Gewohnheiten zu ändern, die sie sich bereits in der Kindheit angeeignet haben. Wir fühlen uns zu müde für die Liebe und zu müde für Sex. Dazu führen Kompromisse.

Es gibt aber auch Wege, die hindurchführen und neues Leben mit sich bringen. Ein Weg besteht darin, deinen Geist vorher auf das auszurichten, was deinem Willen nach geschehen soll. Du kannst dich darauf konzentrieren und dich darauf vorbereiten. Du kannst dir vorstellen, dass das, was du willst, bereits geschehen ist. Du kannst das, was du willst, sehen, fühlen und spüren, und du kannst dir vorstellen, dass du die Energie besitzt, alles zu tun, was du anstrebst. Kurz vor dem Einschlafen und unmittelbar nach dem Aufwachen ist dein Geist für diese Einflüsse am empfänglichsten, ohne vom Ego abgelenkt zu werden. Du entscheidest dich tatsächlich ständig für das, was du willst, bist dir dessen aber in keinster Weise bewusst. Du programmierst das Leben, das du führen willst, und es ist von entscheidender Bedeutung, dass du dir dessen bewusst bleibst, während du gleichzeitig positive Impulse setzt und dich für das entscheidest, was du wirklich willst. Anderenfalls erzeugt die Programmierung durch deine Glaubenssätze nicht nur die Hintergrundkulisse deines Lebens, sondern auch den Handlungsstrang, der sich im Vordergrund abspielt. Du kannst die Geschichten des Kompromisses loslassen, die du aus einem Bedürfnis nach Bestätigung geschrieben hast.

Eine weitere Möglichkeit, Geschichten und Verschwörungen des Kompromisses zu durchschneiden, besteht darin, dich deinem Leben, dir selbst, deinem Partner, deinen Kindern, deiner Arbeit, deinen Freunden, deiner Familie sowie dem HIMMEL rückhaltlos hinzuzugeben. Das bringt dir eine Geschichte des schönen Lebens. Es ist keine einmalige Sache, sondern eine dauerhafte Verpflichtung. Immer wenn du dich auf diese Weise uneingeschränkt hingibst, wird ein Konflikt aus der Vergangenheit geheilt, der dich in Halbherzigkeit und Erfolglosigkeit festgehalten hat. Wenn du dein ganzes Herz in alles einbringst, was du tust, kannst du dein Leben von seinem Grauschleier befreien und ihm seine Farbenpracht zurückgeben. Wenn du dir selbst in immer höherem Maße gibst, lässt du dein Licht allmählich von innen heraus leuchten. Es treten immer wieder neue Begrenzungen von innen zutage und zeigen sich in der Welt, aber in dem Maße, in dem du dich uneingeschränkt hingibst, geben das Leben und der HIMMEL dir uneingeschränkt zurück.

Du kannst auch die Kraft deines Geistes einsetzen, um für deinen Partner zu manifestieren. Tue es jeden Tag vor allem dann, wenn dein Partner in einem chronischen Problem gefangen ist. Nutze die Kraft deines Geistes, um dein Leben und sein Leben voranzubringen. Verpflichte dich ihm jeden Tag von ganzem Herzen. Das bringt euch beide voran, und du erkennst, dass dein Herzgeist die Macht besitzt, dich über jeden Kompromiss hinauszutragen.

Lasse deine Selbstkonzepte los. Sie verbergen Schmerz, Groll, Schuld und Angst. Wenn du sie loslässt, klärst du allmählich alles, was das Wesen deines reinen Geistes überdeckt. Du verteidigst lediglich dein Ego. Es ist nur dein Ego, das glaubt, Bedürfnisse zu haben. Willst du deinem Ego dienen, oder willst du der Liebe und deinem höheren Bewusstsein dienen? Die Liebe sorgt dafür, dass sowohl deine Beziehung als auch dein Partner aufblühen. Dein Leben öffnet sich, und Antworten werden dir zuteil. Alles, was in deinem Leben nicht wunderbar ist, ist ein Ausdruck deiner Kompromisse und deiner Selbstkonzepte, die durch Trennung und Schuldzuweisungen entstanden sind. Wenn du die Halbherzigkeit in deinem Leben nicht heilst, legst du sie irgendwann deinem Partner zur Last und versuchst, ihn dafür bezahlen zu lassen. Du könntest so viel mehr zustande bringen als das. Du könntest so viel besser sein als das.

Wenn du siehst, dass das Verhalten deines Partners im Gegensatz zu deinem eigenen Handeln steht, dann weißt du, dass du kompensierst. Eine Kompensation ist eine Abwehrstrategie, die den Anteil verbirgt, den dein Partner dir zeigt. Vergib deinem Partner, dir selbst und deinen Glaubenssätzen, bis sie sich aufgelöst hat. Verpflichte dich deinem Partner, dir selbst und deiner Beziehung, bis ihr beide zu neuer Ganzheit und partnerschaftlicher Verbundenheit gelangt seid und Integration auf einer völlig neuen Ebene der Liebe und der Macht stattgefunden hat, die das Beste beider Welten vereint.

35

Was gewinne ich?

Wenn das Verhalten deines Partners dich sehr verletzt oder maßlos ärgert, frage dich, welches Kindheitsmuster du darin erkennst. Wer hat sich so verhalten, als du ein Kind warst? Als Kind zeigt jedes Mitglied deiner Familie dir nicht nur ein Seelenmuster, das du in dir trägst, sondern auch deine eigenen unbewussten Selbstkonzepte. Frage dich, wie viele Leben du gelebt hast, in denen du genauso warst. Wenn du die Metapher früherer Leben nicht magst, kannst du dich auch fragen, wie viele Selbstkonzepte du in dir trägst, die genauso sind. Du kannst sie nicht wahrnehmen, wenn du nicht glaubst, sie selbst zu besitzen.

Es gibt in jeder Situation zwei wichtige Bereiche, die geheilt werden müssen. Ein Bereich ist die Übertragung. Sie ist gleichbedeutend mit den ungelernten Lektionen aus der Vergangenheit, die du in die Gegenwart mitgebracht hast. Der zweite Bereich ist die Projektion. Projektion bedeutet, dass alle Menschen, Situationen und Dinge in der Welt deine eigenen Denk- und Glaubenssysteme zum Ausdruck bringen. Sie sind ein Spiegel deiner Angriffsgedanken gegen dich selbst, die du nach außen auf die Welt projiziert hast. Alle Glaubenssysteme sind Selbstkonzepte. Alle Konflikte mit deinem Partner oder anderen Menschen sind Konflikte mit deinen eigenen inneren Selbstkonzepten. Es gibt eine entscheidende Frage, die alle diese Wege kreuzt. Was gewinnst du, indem du dafür sorgst, dass dein Partner sich so verhält? Beantworte sie so schnell und so intuitiv wie möglich, bevor das Ego dich dazu bringt, zu viel über die Frage und über deine Antwort nachzudenken.

Die nachfolgenden Fragen zielen in die gleiche Richtung. Sie sind hilfreich, weil sie dein Bewusstsein auf den unterbewussten und unbewussten Zweck lenken, den dir die Antworten zeigen. Wenige Antworten reichen aus, um dir die verborgenen Aspekte der Situation zu offenbaren, in der du dich befindest.

Wir sind zweckgerichtete Geschöpfe. Alles dient uns zu einem bestimmten Zweck. Stelle dir die folgenden Fragen. Welches Bedürfnis will ich erfüllt bekommen, indem ich dafür sorge, dass mein Partner sich so verhält? In welcher Weise dient es mir, dass ich in dieser Situation feststecke? Was will mein Partner bekommen, indem er sich so verhält? Was versuche ich aus der Situation herauszuholen, wenn mein Partner sich so verhält? Inwiefern dient es mir, dass mein Partner sich so verhält? Welchen Zweck erfüllt es für mich? Was kann ich mir dafür kaufen, dass mein Partner sich so verhält? Was kann ich tun, weil mein Partner sich so verhält? Was brauche ich nicht zu tun? Was bekomme ich meiner Meinung nach, indem ich dafür sorge, dass mein Partner sich so verhält? Welche Ausrede gibt mir sein Verhalten? Inwiefern und in Bezug worauf bekomme ich Recht, indem ich dafür sorge, dass mein Partner sich so verhält? Was will ich beweisen, indem ich dafür sorge, dass mein Partner sich so verhält? Was will ich, selbst wenn ich in der Situation der Verlierer bin, bekommen, indem ich verliere? Was will ich bekommen, indem ich verliere, um zu gewinnen?

Du kannst dir diese Fragen auch in Verbindung mit der Opfersituation in deiner Kindheit stellen. Die häufigsten Antworten, die ich erhalten habe, lauten: Es gibt mir die Möglichkeit, unabhängig sein. Es gibt mir die Möglichkeit, Kontrolle auszuüben. Es gibt mir die Möglichkeit, meinen Willen durchzusetzen. Es beweist, dass ich der bessere Mensch bin. Es zeigt, dass ich überlegen bin. Ich gewinne! Es läuft so, wie ich es will. Es gibt mir die Möglichkeit zu beweisen, dass ich spirituell weiter fortgeschritten bin. Es gibt mir die Möglichkeit, mich zu rächen, denn ich kann zeigen, was für ein schlechter Mensch er ist. Es gibt mir die Möglichkeit, mich an meinen Eltern und an GOTT zu rächen. Es gibt mir die Möglichkeit zu beweisen, dass jemand anderer den Fehler gemacht hat. Es gibt mir die Möglichkeit, eine Schuld zu tilgen. Es gibt mir die Möglichkeit, vor meiner Lebensaufgabe davonzulaufen. Keiner würde jemals von mir erwarten, dass ich meine Lebensaufgabe erfülle, nachdem mir das zugestoßen ist. Ich kann davonlaufen. Ich kann mich verstecken. Ich brauche mich nicht zu zeigen. Niemand würde von mir erwarten, meine Bestimmung zu leben, nachdem meine Beziehung gescheitert ist. Es gibt mir die Möglichkeit, mich an anderen zu rächen, indem ich mich selbst verletze. Wenn ich mich in so hohem Maße aufopfere, habe ich eine Ausrede, mein Licht nicht leuchten lassen zu müssen.

Du kannst alle diese Dinge ganz mühelos integrieren, weil der Frieden, der von Integration herrührt, Ganzheit und Selbstvertrauen bringt. Du kannst seine und deine Emotionen, Verhaltensweisen, Glaubenssätze und Gedanken integrieren. Du kannst die Vergangenheit mit all deinen noch übrig gebliebenen Emotionen und Verhaltensweisen integrieren. Zum Schluss kannst du alle Menschen integrieren, die in diesen Geschichten aus der Vergangenheit eine Rolle spielen, denn sie verkörpern verdrängte, verborgene Persönlichkeiten, die du in dir trägst. Integriere deine eigenen Persönlichkeiten, die in Zusammenhang mit den betreffenden Menschen – vor allem deinen Eltern und deinem Partner – in Erscheinung treten. Wiederhole diesen Prozess jeden Tag. Frage dich mit Blick auf das Verhalten deines Partners immer wieder: Ist es das, was ich will? Stelle dir diese Frage hundert Mal am Tag.

36

Einen Kampf beenden

Zu einem Kampf gehören immer zwei. Diesen Satz kennen wir alle, aber in der Hitze einer Auseinandersetzung, bei der vor allem ein Partner angreift, ist das mitunter schwer zu verstehen. Es ist wichtig, daran zu denken, dass er zwar verbal angreift, dass dein Angriff jedoch auf einer energetischen Ebene stattfindet. Wenn dein Partner dich körperlich angreift, ist es von entscheidender Bedeutung, dies nicht zu erlauben, weil es lediglich seine Schuld verstärkt und einen Teufelskreis zwischen Schuld und Angriff in Gang setzt. Ziehe dich aus der Situation zurück, falls nötig, wenn er auf die Stimme der Vernunft nicht reagiert. Ich rate dir, dich von einem körperlichen Angreifer fernzuhalten, denn wenn du rein rational argumentierst, ist es lediglich dein Kopf, der spricht, und das bringt einen ohnehin schon irrationalen Partner nur noch mehr in Rage. Er braucht dein Herz, wenn der Kampf ein Ende finden soll. Wenn du mit der Stimme der Vernunft auf ihn eingehst, ist die Chance, dass er sie annimmt, viel größer, weil Vernunft sowohl aus deinem Herzen als auch aus deinem Geist heraus spricht.

Jeder Grund, aus dem wir kämpfen – um Bedürfnisse erfüllt zu bekommen, um Recht zu haben, um einen anderen Menschen zu kontrollieren oder zu beherrschen, aus Konkurrenz oder Angst davor, beim nächsten Schritt nicht mit deiner Beziehung oder deinem Partner umgehen zu können –, entspringt einer Fehlwahrnehmung. Ein Kampf bedeutet, dass ihr beide fehlwahrnehmt, weil anderenfalls keine Notwendigkeit für einen Kampf bestünde. Richtige Wahrnehmung lässt dich erkennen, dass dein Partner um deine Hilfe bittet, und sie lässt dein Mitgefühl erwachen. Eine Fehlwahrnehmung bedeutet, dass du in einem alten selbstsabotierenden Muster gefangen bist. Du kannst deinem Partner helfen, indem du herausfindest, wo der Ursprung dieses Musters liegt. Eine Möglichkeit besteht darin, deine Emotionen zu einem Ereignis zurückzuverfolgen, das eine ursächlichere Situation darstellt, um mithilfe deiner Intuition das ursprügliche Ereignis zu rekonstruieren und herauszufinden, wer anwesend war und was geschehen ist. Du kannst eine der in den vorherigen Kapiteln beschriebenen Übungen nutzen, um diese ursächliche Situation zu heilen. Eine weitere Möglichkeit besteht darin, dass du aufhörst, deinen Widerstand als Angriffswaffe gegen deinen Partner zu richten oder dich zu verteidigen. Stelle dir vor, dass du in irgendeinem Bereich deines Körpers dein höheres Bewusstsein sehen kannst. Stelle dir dann vor, dass dein Widerstand und der Widerstand deines Partners in dein höheres Bewusstsein hinein verschmelzen, sodass du ein höheres Maß an Ganzheit erlangst. Integriere anschließend deinen Angriff und den Angriff deines Partners in dein höheres Bewusstsein hinein und lasse deinen und seinen gegenwärtigen Groll mit dieser neuen Ganzheit verschmelzen. Integriere auch alle negativen Emotionen, die du gegen deinen Partner hegst oder die er gegen dich hegt. Wenn im Laufe dieser Übung weitere Emotionen in dir hochkommen, integriere auch sie. Meist integrierst du Emotionen, die sowohl aus früheren Zeiten deines Lebens als auch aus der Gegenwart herrühren. Wiederhole den Prozess mit den Emotionen und den unglücklichen Gefühlen deines Partners. Dazu können auch toxische Emotionen oder sogar Emotionen gehören, die an die Dunkelheit des uralten Egos geknüpft sind. Alle diese Dinge kannst du wieder in die Ganzheit deines höheren Bewusstseins hinein auflösen.

Wenn dein Partner immer wütender wird, ist die Wahrscheinlichkeit groß, dass du in Dissoziation und Verleugnung gefangen bist. Integriere deine und seine Dissoziation und Verleugnung in dein höheres Bewusstsein hinein. Wenn du Negativität in deinem Partner wahrnimmst und es so scheint, als würdest du genau entgegengesetzt handeln, integriere zuerst das, was du verurteilst, und dann deine Kompensation. Dein positives Handeln ist eine Rolle, die keine Belohnung einbringt, weil sie eine Abwehrstrategie ist. So kannst du euch beide befreien. Wenn du sowohl deine negativen Verhaltensweisen als auch die deines Partners vollständig integriert hast, integriere anschließend sowohl deine als auch seine Kompensationen.

Integriere dann deine eigenen Urteile und die Urteile deines Partners ebenso wie die Mechanismen, nach denen ihr beide urteilt. Auch wenn in der Zukunft noch tiefere Schichten zur Oberfläche emporsteigen können, kommt der Heilung der ersten Schicht die größte Bedeutung zu. Wenn einer von euch Freude an euren Gefechten zu haben scheint, integriere sie zusammen mit der Abneigung, die der andere dagegen empfindet. Integriere alles, was du an deinem Partner als negativ ansiehst, als ob es deine eigene Negativität wäre. Dein Partner ist dein Spiegel. Trennung und gegensätzliches Verhalten führen zu Kämpfen, die nicht sein müssen. Nutze jeden Kampf, um Heilung zu erlangen. Dann bringt er deine Beziehung, deinen Partner und dich selbst voran.

Sei dir bewusst, dass nach einem Kampf emotionale Rückstände übrigbleiben können, die es ebenfalls zu integrieren gilt. Achte deshalb auf Emotionen und weitere Urteile, die sowohl in dir als auch in deinem Partner hochkommen können, damit du sie ebenfalls integrieren kannst. Da dein Partner einen Anteil deines eigenen Bewusstseins ausdrückt, integriere auch die Dinge, für die er in deinem Bewusstsein steht. Integriere auch dein Ego. Wenn du zu früheren Ereignissen in eurem gemeinsamen Leben oder mit einem früheren Partner zurückkehrst, setze die Integration aller Emotionen, Urteile, Verhaltensweisen und Menschen als stellvertretend für deine eigenen Selbstkonzepte fort. Integriere alle Glaubenssätze, die diese Situationen dir zeigen, weil alles, was du siehst, dein Bewusstsein und deine Glaubenssysteme verkörpert.

37

Nie genug

Menschen sagen häufig, dass sie „nie genug Liebe", „nie genug Geld" oder „nie genug Unterstützung" bekommen. Nachdem ich mich mit solchen Aussagen ein wenig näher befasst hatte, wurde mir klar, dass hier zwei grundlegende Dynamiken am Werk sind. Die erste Dynamik besteht in unserem heimlichen Wunsch nach Unabhängigkeit, im Hang zur Trennung, den das Ego seit Anbeginn der Zeit hegt. Die zweite Dynamik ist unser Glaube an Aufopferung.

Alles Leiden und aller Mangel rühren von unserem Glauben an Aufopferung her. Aufopferung ist die allgemeine Überzeugung, dass wir verlieren müssen, um gewinnen zu können, und wir glauben, dass sie eine Form von Liebe ist und keine psychologische Falle, die auf Angriff und Überlegenheit basiert. Aufopferung ist eine Einstellung, die jetzt verliert und später gewinnt. Sie bringt uns nicht voran, sondern sorgt vielmehr dafür, dass wir auf der Stelle treten. Sie verbirgt Schuld, was zur Folge hat, dass sie nur schwer zu finden und zu heilen ist. Aufopferung ist eine Kompensation und eine Rolle, die nicht zulässt, dass wir empfangen.

Die verborgenen Rollen der Unabhängigkeit und der Aufopferung führen zu einer dritten Rolle, die jedes Empfangen verhindert. Dies ist die Opferrolle: die Überzeugung, dass wir durch unser Leiden etwas gewinnen oder etwas kaufen können. Alle drei Rollen – Unabhängigkeit, Aufopferung und Opfer – rühren vom Verlust unserer Verbundenheit her. Das lässt es so aussehen, als ob andere Menschen uns bestimmte Dinge angetan oder bestimmte Dinge nicht für uns getan hätten, was natürlich stimmt, aber nur einen kleinen Ausschnitt der Geschichte widergibt. Das Unterbewusstsein offenbart, dass wir diese Ereignisse selbst herbeigeführt haben, damit wir dem Plan unseres Egos folgen, uns trennen und unabhängig sein konnten. Wir haben uns für das Ego anstelle unseres höheren Bewusstseins entschieden, dessen Plan für uns Einheit, Heilung und Ganzheit vorgesehen hatte. Der Plan unseres Egos führt in die Katastrophe und schließlich in den Tod, während der Plan unseres höheren Bewusstseins zu Erfolg, Liebe und schließlich dazu führt, dass wir unseren Körper zu gegebener Zeit friedvoll verlassen, wenn unser Auftrag erfüllt ist.

Wenn du entweder die Aufopferung oder die Schuld heilst, die sie antreibt, dann heilst du beide. Du kannst die Schuld und auch den Fluch der Aufopferung – den alten Groll darüber, dass jemand besser für dich hätte sorgen müssen, auch wenn es bedeutet hätte, dass er sich aufopfert – durch Vergebung heilen. Du opferst dich auf, um ihm zu zeigen, was er hätte tun müssen, um es richtig zu machen. Wenn du dir selbst immer wieder vergibst und dich immer wieder segnest, können Leiden und Aufopferung nicht lange Bestand haben. Die Verbundenheit wird wiederhergestellt.

Wiederhole die folgenden Worte alle fünfzehn Minuten oder immer dann, wenn du daran denkst:

„Ich vergebe mir selbst und segne mich selbst."

„Ich vergebe meinem Glaubenssystem, das mich in diesen Mangel und in diese Aufopferung geführt hat, und segne es."

38

Verschmelzung

Verschmelzung steht für verlorene Grenzen. Sie rührt von einem Trauma her, bei dem zwei wichtige Anteile deines Bewusstseins gespalten sind. Die Spaltung verursacht Angst, Gefühle der Unzulänglichkeit, Schuld und Einsamkeit. Zusätzliche Komplikationen können auftreten, wenn sie Teil einer ödipalen Verschwörung war, die den Herzensbruch verursacht hat. Meist haben wir zur fraglichen Zeit den Anteil von uns zurückgewiesen, den unser Partner jetzt auszuagieren scheint. Wir glaubten, in unserer Familie so nicht überleben zu können und diesen Anteil unserer selbst deshalb abschneiden zu müssen. Unser Partner hegt für gewöhnlich die gleichen Gefühle in Bezug auf den Anteil seines Bewusstseins, den wir ausagieren. Wir nehmen gegensätzliche Positionen ein und sind uneins, und die Unterschiede können viele Schichten tief reichen. Das macht es nahezu unmöglich, unserem Partner zu helfen, weil wir außerstande sind, dem Anteil zu helfen, den wir in uns selbst zurückgewiesen haben. Bei dieser Form der Bewusstseinsspaltung verschmelzen wir mit dem Menschen, der uns den Herzensbruch vermeintlich zugefügt hat, weil wir die vom Verlust der Verbundenheit herrührende Einsamkeit nicht ertragen können. Verschmelzung kompensiert den Schmerz und den Verlust der Verbundenheit, kann sie aber nur scheinbar wettmachen. Verschmelzung scheint unwahre Loyalitäten hervorzubringen. Dies kann Eifersucht erzeugen, wenn wir oder unser Partner glauben, dass bestimmte Beziehungen – beispielsweise zu einem Elternteil, einem Kind, einem Geschwister, einem Freund oder einem Kollegen – von übermäßig großer Nähe geprägt sind. Wir können auch mit unserem Partner verschmelzen, um den Ort zu verbergen, an dem wir gegensätzliche Positionen einnehmen. Verschmelzung ist Leblosigkeit im Angesicht von Unterschieden.

Verschmelzung hat die Eigenart, echte Kommunikation zu beschneiden, weil wir das Gefühl haben, dass wir dem Menschen, mit dem wir verschmolzen sind, zu nahe sind, um wirklich mit ihm zu sprechen. Die Emotionen sind zu stark, und wir scheinen alles zu fühlen, was der andere fühlt, ohne dass es jedoch echtes Verstehen gibt. Echtes Verstehen erzeugt Verbundenheit und authentische Nähe, die den Brückenschlag echter Kommunikation fördert. Die Art von Erfahrung, die Verschmelzung erzeugt, ist mit zwei Magneten vergleichbar, die sich gegenseitig abstoßen. Wenn wir mit unserem Partner verschmolzen sind, geschieht dies bei jedem Versuch, auf einer tieferen Ebene mit ihm zu kommunizieren. Verschmelzung erzeugt Verbitterung, die ohne Bewusstheit zum Angriff führt.

Wenn wir eifersüchtig sind, weil unser Partner mit jemand anderem verschmolzen ist, oder wenn unser Partner eifersüchtig ist, weil wir mit einem anderen Menschen verschmolzen sind, scheint das Prinzip, dass in einer Beziehung stets alles ausgeglichen ist, vergessen zu sein. Das Maß, in dem wir verschmolzen sind, entspricht dem Maß, in dem unser Partner verschmolzen ist. Ein Partner mag diese Tatsache besser kompensiert haben als der andere, aber das Prinzip bleibt dennoch gültig. Dieses Wissen kann uns viele Auseinandersetzungen ersparen.

Das bringt uns zum ursprünglichen Prinzip zurück, bei dem es darum geht, wie du deinen Partner ändern kannst, nämlich, indem du dich und dadurch ihn änderst. Auf der tiefsten Ebene agiert dein Partner deine verborgenen Wünsche aus, weil du Angst davor hast, den nächsten Schritt in Erfolg und Nähe zu gehen, oder weil du befürchtest, nicht mit deinem Partner umgehen zu können, wenn du den nächsten Schritt gehst. Verschmelzung verbirgt diese Angst, sodass wir keine Möglichkeit haben, uns mit ihr zu befassen.

Verschmelzung wird am besten dadurch geheilt, dass du zu dem ursprünglichen Trauma zurückkehrst, bei dem sie entstanden ist, und es klärst. Danach kannst du zum entsprechenden Monat im Mutterleib zurückkehren und auch diese Situation heilen. Das große Kindheitstrauma war fast immer sowohl für dich als auch für deinen Partner ein Ereignis, das dazu geführt hat, dass einer von euch zum Fels und der andere zum Sumpf geworden ist. Der Fels opfert sich in so hohem Maße auf, dass er das, was er tut, noch nicht einmal als Aufopferung erkennt. Er glaubt, ganz einfach so zu sein – positiv, heldenhaft und stark –, kompensiert jedoch auch in hohem Maße und ist monochrom und dissoziiert. Er kann die Schläge einstecken, die das Leben austeilt, und trotzdem weitermachen.

Der Sumpf beklagt sich dagegen gern, scheint überempfindlich, negativ und nicht fähig, etwas anders als durch Angriff zustande zu bringen. Jeder ist die zweite Hälfte des jeweils anderen. Das erzeugt Anziehung, führt aber auch zu Auseinandersetzungen und Missverständnissen. Jeder Partner agiert die verborgene Seite des anderen Partners aus, und beide Seiten müssen zueinander finden, wenn Heilung geschehen und neue Ganzheit entstehen soll. Die Vereinigung dieser Gegensätze hat entscheidenden Einfluss auf Erfolg und Nähe. Anderenfalls kämpfen beide um die Erfüllung ihrer Bedürfnisse, die jedoch meist auf den Sumpf projiziert werden. Es findet ein Konkurrenzkampf statt, jeder will Recht haben und seinen Willen durchsetzen. Alle diese Dinge müssen geheilt werden, ehe du erkennst, dass der Kampf letztendlich eine Form von Angst ist, weil du glaubst, mit dem nächsten Schritt nicht umgehen zu können.

Wenn du deine Verschmelzung mit anderen Menschen aufgibst, befreit sich auch dein Partner mühelos von den Menschen, mit denen er verschmolzen ist. Das gilt vor allem dann, wenn du deine Verbundenheit mit dem Menschen erneuerst, mit dem du infolge des ursprünglichen Traumas verschmolzen bist. Du hast vielleicht schon viele Male erfolglos versucht, dieses Trauma zu heilen. Um die Trennung und das Bedürfnis erfolgreich heilen zu können, musst du die Wurzel im Mutterleib ebenso heilen wie die Angst vor Veränderung, die dich an diesem Ort chronischer Probleme festhält. Du wirst feststellen, dass unter diesem zutiefst chronischen Problem dein Wutausbruch und die falsche Geisteshaltung verborgen liegen, die dich entweder dazu gebracht haben, dein Leben als Fels aufzugeben, oder dafür gesorgt haben, dass du feststeckst und das Gefühl hast, nie die Liebe und Hilfe zu bekommen, die du brauchst.

Auf der tiefsten Ebene sind diese Gegensätze eine Tarnung für unseren Kampf mit GOTT und eine Form von Widerstand gegen die LIEBE, deren Anziehungskraft uns auf den Weg nach Hause führen würde. Das bedeutet, dass dort Integration notwendig ist, wo die dissoziierte Aufopferung, die dem Fels eigen ist, und die Überempfindlichkeit des Sumpfs dem jeweils anderen Partner nicht nur unhaltbar erscheinen, sondern Orte sind, an denen wir nicht überleben können. Heilung erfordert die Bereitschaft, nicht nur uns selbst, sondern auch unsere Ganzheit und unseren Erfolg zurückzugewinnen. Das lässt ein wesentlich höheres Maß an Mühelosigkeit und Nähe auf einer vollkommen neuen Ebene des Glücks entstehen.

Wir wollen nun zu diesem grundlegenden Kindheitstrauma zurückkehren. Wenn du es wüsstest, wie alt warst du dann, als es geschehen ist? Wie alt war dein Partner? Du hast die Geschichte dieses Traumas vermutlich schon viele Male erzählt, und dein Partner hat die Geschichte seines traumatischen Ereignisses vermutlich schon ebenso oft erzählt, wenn du ihm zugehört hast. Anderenfalls kannst du die Antworten mithilfe deiner Intuition herausfinden. Anstelle der Seelenlektion, die du lernen solltest, hast du eine dunkle Lektion gelernt. Diese dunkle Lektion ist zu einem selbstsabotierenden Glaubenssystem geworden, das du dein ganzes Leben lang aufrechterhalten hast. Das traumatische Ereignis war ein Ort, an dem ihr beide eine karmische Seelenlektion nicht bestanden habt. Jetzt könnt ihr sie endlich lernen.

Welche Glaubenssätze trägt jeder von euch über sich selbst und über seine eigene Liebenswürdigkeit in sich? Welche Glaubenssätze trägt jeder von euch über das Leben, das Glück, Erfolg und Beziehungen in sich? Was glaubte jeder von euch, infolge seines persönlichen Traumas tun zu müssen? Die Überzeugung, etwas tun zu „müssen", negiert sogar positive Entscheidungen, weil sie bedeutet, dass du etwas unter dem Zwang einer Erwartung und einer Forderung tust. Eine Erwartung spaltet das Bewusstsein in den Anteil, der das Ziel erreichen will, und in den Anteil, der unabhängig bleiben will. Wie haben diese Glaubenssysteme sich auf dein Leben und auf das Leben deines Partners ausgewirkt? Ist es das, was du willst, oder bist du bereit für einen besseren Weg? Gib diese Glaubenssysteme auf, denn sie dienen dir nicht. Bitte die Liebe, die GÖTTLICHE LIEBE und die GÖTTLICHE PRÄSENZ, sich in deiner Situation und in der Situation deines Partners einzufinden. Lasse deine dunklen Glaubenssysteme los und hilf deinem Partner, seine dunklen Glaubenssätze ebenfalls loszulassen. Hilf anschließend allen Menschen, die an deiner eigenen Situation und an der Situation deines Partners beteiligt waren, auch ihre dunklen Glaubenssysteme loszulassen. Bitte die GÖTTLICHE PRÄSENZ, sie in ihre jeweilige Mitte zurückzuführen und die abgespaltenen Anteile zu integrieren. Sorge dafür, dass allen Menschen, die an deiner Situation und an der Situation deines Partners beteiligt waren, Erneuerung zuteilwird.

Bringe dann die Liebe, das Licht und die wahre Lektion mit in die Gegenwart und trage sie anschließend den ganzen Weg zurück bis zu deiner eigenen Empfängnis und zur Empfängnis deines Partners. Kehre dann zum entsprechenden Monat im Mutterleib zurück. Wenn die ursprünglichen Traumen im Alter von drei beziehungsweise sieben Jahren stattgefunden haben, kehre in den dritten beziehungsweise siebten Monat im Mutterleib zurück. Finde auch hier heraus, welche negativen Glaubenssätze du über dich selbst und über das Leben angenommen hast. Welche Auswirkungen hatten diese Glaubenssysteme auf dein Leben, das Leben deines Partners und eure Beziehung? Bitte die Liebe, die GÖTTLICHE LIEBE, die Wunder bringt, und die GÖTTLICHE PRÄSENZ, sich in der Situation einzufinden. Lasse die dunklen Lektionen los und bitte dann darum, dass alle Spaltungen für alle an der Situation beteiligten Menschen in neue Ganzheit verwandelt werden mögen. Nimm alle Seelengaben an, die du in dieses Leben mitbringen solltest. Während du sie teilst, hilf allen anderen an der

Situation beteiligten Menschen, auch ihre Gaben zu empfangen. Bringe dann das Licht und die Liebe der gelernten Lektion durch dein gesamtes Leben mit zurück, um sie in der Gegenwart mit deinem Partner zu teilen. Trage sie anschließend den ganzen Weg zurück bis zu deiner Empfängnis und zur Empfängnis deines Partners. Teile unterwegs deine Gaben – und deine Liebe – mit allen Menschen, denen du begegnest.

39

Halten und gehalten werden

Dies ist eine heilende Übung, die aus der geistigen Ebene kommt. Wenn du damit ein Problem hast, kannst du gerne die LIEBE, das HÖHERE BEWUSST-SEIN, das SCHÖPFERISCHE BEWUSSTSEIN oder ein ähnliches Konzept benutzen, das für dich akzeptabel ist, um die Übung durchzuführen.

Betrachten wir das Problem, das du mit deinem Partner hast. Es hat mit Trennung zu tun, weil das Nichtvorhandensein von Trennung gleichbedeutend mit Verbundenheit ist. Verbundenheit ist gleichbedeutend mit Liebe und mühelosem Erfolg. Das bedeutet wiederum, dass es kein Problem geben kann. Trennung ist gleichbedeutend mit deinem Ego. Das Ego ist die Trennung von dir selbst, deinem Partner und dem HIMMEL. Trennung nährt Angst, Schuld, Groll und den Autoritätskonflikt mit GOTT. Wenn die Trennung oder eines der vier anderen Symptome vollständig geheilt wird, dann ist auch das Problem gelöst.

Diese Übung zielt direkt auf den Kern des Problems ab. Wenn du abends zu Bett gehst, stelle dir vor, dass das Problem zwischen dir und deinem Partner liegt. Es besteht in einem oder mehreren Selbstkonzepten, die dich von deinem Partner trennen. Stelle dir vor, dass du sie wie einen Säugling in den Armen hältst und liebst. Glaubenssätze reagieren auf Liebe, indem sie sich auflösen. Lasse zu, dass sie sich als Selbstvertrauen, Selbstliebe, benötigte Energie, Konfliktfreiheit, Ganzheit, Offenheit und Befreiung von Illusionen wieder in dich hinein auflösen. Wenn du euer gemeinsames Problem als dein Problem betrachtest, hast du die Macht, es zu transformieren. Wenn du versuchst, es zum Problem deines Partners zu machen, bist du machtlos. Du hast lediglich die Macht, ihn zu beherrschen, und Beherrschung ist weder Macht noch Selbstvertrauen, sondern Schwäche und Angst. Außerdem erzeugt sie einen Machtkampf, der genau das ist, was das Ego will. Es will sich beliebt machen, während es gleichzeitig versucht, seinen

Wert in einem Kampf zu beweisen, in Wahrheit aber nur sich und die Identität verteidigt, die es aufgebaut hat.

Wenn du ein wenig Zeit erübrigen kannst, führe die Übung nun mit geschlossenen Augen durch. Wenn du gerade keine Zeit hast, kannst du sie auch am Abend vor dem Einschlafen durchführen. Stelle dir dabei auch vor, dass du in GOTTES ARMEN gehalten und ebenso geliebt wirst, wie du dein Problem liebst. Genieße die Erfahrung, bis dein Problem und die damit verbundene Trennung sich aufgelöst haben und du am nächsten Abend das nächste Problem auswählen kannst.

40

Schadenfreude

Auf den tiefen Ebenen des Unbewussten gibt es eine Schicht des Widerstandes, die Verbindung und Partnerschaft verhindern soll. Dies ist der chronische Bereich des Bewusstseins, der meist kompensiert wird, sodass ein positiver Anstrich tiefsitzende negative Aspekte überdeckt. Dieser positive Anstrich verbirgt Elend, Trostlosigkeit, die Tatsache, dass wir GOTT für unsere Lage verantwortlich machen, und den Versuch, zu beweisen, dass wir selbst verdient hätten, GOTT zu sein. Hier finden sich Wutausbrüche und „Maschen", bei denen es sich um zu einer Kunst erhobene Wutausbrüche handelt, sowie viele Formen von Starrsinn, Negativität und falscher Geisteshaltung, die unsere Angst vor Veränderung, unseren Autoritätskonflikt sowie den Teufelskreis aus Götzen, Schmerz, Groll und Selbstkonzepten verbergen, den wir benutzen, um an dieser Welt festzuhalten. Hier findet auch unser Kampf mit GOTT statt, der an der Wurzel unserer zutiefst chronischen Probleme liegt.

Die Schichten dunklen Widerstandes reichen jedoch noch tiefer hinab, wo sie von einem noch höheren Maß an Verleugnung zugedeckt sind. Hier ist die *Schadenfreude* angesiedelt. Dies ist der Ort, an dem wir uns hämisch am Unglück anderer Menschen freuen. Hier hegen wir diese Gefühle auch gegenüber unserem Partner und freuen uns insgeheim darüber, was für ein „mieser Typ" unser Partner ist. Dies gehört noch in den Bereich von Konkurrenz und Machtkampf, der unter vielen Schichten der Verleugnung tief im Unbewussten vergraben liegt. Das Leiden und das negative Verhalten unseres Partners zeigt unsere Überlegenheit. Nach außen hin mögen wir ein liebevoller Partner sein, aber auf dieser vergrabenen Ebene unseres Bewusstseins freuen wir uns über sein Unglück, weil er uns missbraucht oder ganz einfach unsere Bedürfnisse nicht erfüllt hat. Selbst wenn wir unseren Partner lieben, lauert im Unbewussten der Gedanke, dass er als Partner nicht gut genug für uns ist. Vielleicht gäbe es woanders sogar einen besseren Partner für uns! Wenn wir die Sache aus einem anderen Winkel betrachten, haben wir den Konkurrenzkampf gewonnen und beklagen uns nun darüber, dass unser Partner uns nicht ebenbürtig ist. An diesem Punkt müssen wir uns entscheiden, ob wir unserem Ego partnerschaftlich verbunden bleiben oder uns stattdessen lieber partnerschaftlich mit unserem Partner verbinden wollen. Auch wenn wir unsere *Schadenfreude* verleugnen und kompensieren, tragen wir die Schuld dafür in uns, dass wir unserem Ego die Krone aufgesetzt und ihm die Herrschaft über die Welt übertragen haben, und dafür, dass wir unseren Partner geringer gemacht haben als uns selbst. Wenn uns dies nicht gelingt, weil unser Partner eine stärkere Führungspersönlichkeit ist als wir selbst, sehen wir uns stattdessen als moralisch und spirituell überlegen an.

Wenn unser Partner ein chronisches Problem hat, werden wir erst dann imstande sein, ihm zu helfen, wenn wir diesen Bereich unseres Bewusstseins aufgeräumt haben. Der verborgene Anteil unseres Bewusstseins, der eng mit dem Ego verbunden ist, hält die Gnade und die Wunder fern, um die wir bitten. Wir können viele Monate lang daran arbeiten, diesen Anteil unseres Bewusstseins in therapeutischen Sitzungen aufzuräumen, oder geistige Unterstützung erbitten, um ihn zu transformieren. Was für uns ein hohes Maß an Arbeit und eine große Herausforderung bedeuten würde, ist für den HIMMEL und für unsere FREUNDE AN HÖHERER STELLE ein Kinderspiel. Der HIMMEL kann dir helfen, die Gegensätze zu überwinden, die du und dein Partner ausagiert und durchlitten habt. Der HIMMEL trachtet stets danach, uns zu helfen, damit wir unsere innere Verbindung und Ganzheit finden können.

Der HIMMEL zeigt uns alle Aspekte unseres Egos und alle unsere verborgenen Selbstkonzepte, die wir annehmen, denen wir vergeben und die wir integrieren müssen, um ein höheres Maß an Ganzheit zu erlangen. Wir wollen diese tiefen Schichten unseres Bewusstseins loslassen und durch Partnerschaft ersetzen. Bitte also darum, dass deine *Schadenfreude* mit allen Abwehrmechanismen und Kompensationen integriert werden möge, die du benutzt hast, um sie zu verbergen, damit neue Ganzheit entsteht. Vergib dann aus tiefstem Herzen und mithilfe der Gnade deinem Partner, dir selbst und dem Glaubenssystem, das diese Situation herbeigeführt hat.

Überprüfe dein Bewusstsein auf Bereiche, in denen du möglicherweise feststeckst. Überprüfe außerdem, ob es Bereiche gibt, in denen dein Partner oder deine Beziehung möglicherweise feststecken. Um Zugang zum Unterbewusstsein zu erlangen, wollen wir nun einmal so tun, als hättest du gewollt, dass die Dinge so sind, wie sie sind, und als hättest du dich für die Situation entschieden, in der du dich gerade befindest. Wenn du einen Beweis für *Schadenfreude* findest, gib sie auf, damit sie durch Ganzheit ersetzt werden kann. Wo du *Schadenfreude* empfindest, kannst du dich dafür öffnen, dass das Muster der *Schadenfreude* keine Auswirkung mehr auf dich haben möge. Wo es wahre Partnerschaft gibt, hast du die Macht, die Negativität zu überwinden, die für dich selbst, deinen Partner und deine Beziehung chronische Themen erzeugt. Lege dein Bewusstsein immer wieder in die Hände des HIMMELS, und übergib dein Ego der Obhut von Christus oder Kuan Yin. Mache dir bewusst, in welcher Form du sowohl deine eigenen Probleme und Klagen als auch die Probleme und die Klagen deines Partners *als deine Negativität* benutzt.

Überprüfe dein Bewusstsein auf Widerstand und Widerspruchsgeist. Triff dann eine neue Entscheidung, indem du deine eigene Unzulänglichkeit erkennst, aber auch begreifst, dass du an die Stärke des HIMMELS appellieren kannst. Gestatte dir, sowohl den Frieden zu finden, der für dich verfügbar ist, als auch das Glück, das du mit deinem Partner erfahren kannst.

Um deinen Partner immer tiefer lieben zu können, muss dieser geheimste Bereich des Bewusstseins in die Wahrnehmung gebracht und aufgegeben werden, weil er sonst dafür sorgt, dass du trotz aller Anstrengungen nicht von der Stelle kommst. Frage dich von Zeit zu Zeit, wie hoch das Maß an *Schadenfreude* ist, das du in dir trägst, weil uralte Schichten der *Schadenfreude* in dir hochkommen und sich negativ auf dich und deinen Partner auswirken können. Bitte darum, dass dort, wo du und dein Partner scheinbar gegensätzliche Positionen einnehmt, Integration geschehen möge, die euch beiden und eurer Beziehung ein höheres Maß an Frieden und Erfolg bringt. Dies ist der Weg, der nach Hause führt. Dies ist der Weg zum HIMMEL auf Erden, und deine Beziehung ist der schnellste Weg, dorthin zu gelangen. Deine Beziehung bringt dich in Übereinstimmung mit allem, was der HIMMEL dir geben will. Sie ist das Instrument, durch das du empfängst, und das Maß deines Empfangens wird daran gemessen, wie du selbst, dein Partner und deine Beziehung in punkto Liebe und Glück abschneiden.

41

Projektion überwinden

Wahrnehmung ist Projektion. Sie entsteht daraus, dass wir uns selbst verurteilen, das verdrängen, was wir verurteilt haben, und es nach außen projizieren. Das Ego macht uns weis, dies sei ein bequemer Weg, uns unserer Schuld zu entledigen, aber das Ego ist der Vater der Lügen. Es tut nur so, als ob es uns von unserer Schuld befreien würde, während es sie in Wirklichkeit aufrechterhält und andere Menschen auf der Grundlage dieser Schuld verurteilt. Mit diesem Urteil erzeugt es Unterschiede und Trennung, führt Auseinandersetzungen herbei und beweist zumindest sich selbst, dass es überlegen ist. Vergebung ist deshalb das Urprinzip der Heilung, aus dem alle anderen Prinzipien der Heilung hervorgehen. Vergebung löst die Illusion auf, die Projektion der Welt auferlegt. Projektion ist gleichbedeutend mit dem Angriff und Selbstangriff, den wir auf die Welt projiziert haben.

Die heilende Wirkung der nun folgenden, sehr einfachen Projektionsübung rührt daher, dass wir uns lieben, anstatt uns zu verurteilen. Erstelle eine Liste mit möglichst vielen der Probleme, Urteile und Unterschiede, die zwischen dir und deinem Partner bestehen. Lege dann Musik auf, die dein Herz berührt, um deinen Heilungsprozess zu fördern. Betrachte nacheinander jede Projektion, die von deinen Urteilen herrührt, und ziehe sie dann zurück. Während du die Projektion zurückziehst, stelle dir vor, in welchem Bereich deines Körpers sie angesiedelt ist, denn dein Körper ist eine Metapher deines Geistes. Nimm diesen Bereich an und liebe ihn, bis er zur Ganzheit gelangt. Dann wird er wieder in dich hinein integriert und bringt dir Selbstvertrauen und Unschuld zurück, wo du zuvor Schuld und ein gespaltenes Bewusstsein in dir getragen hast. Überprüfe die ganze Liste der Urteile, die du über deinen Partner gefällt hast, und der Gegensätze, die dich von ihm trennen. Nimm jedes Urteil an und liebe es, bis es kein Urteil und keinen Widerstand mehr gibt.

Wenn du die projizierten Eigenschaften zurückgezogen hast, ist deine Selbstliebe gewachsen. Selbstakzeptanz und Selbstliebe sind der Schlüssel zu einer erfolgreichen Beziehung und zu einem glücklichen Leben. Ziehe die Eigenschaften, die du auf deinen Partner projiziert hast, jeden Monat einmal zurück und liebe sie, bis sie sich aufgelöst haben. Dieser Prozess nimmt gleichsam wertlose Schlacke und verwandelt sie in Gold. Er kann deine Beziehung transformieren, weil er sie von Schuld und Urteilen befreit. Wenn du diese heilende Übung gemeinsam mit deinem Partner durchführst, kannst du dir viele Kämpfe und ein hohes Maß an Leblosigkeit in deiner Beziehung ersparen. Du kannst die Übung mit deinem Partner, aber auch mit anderen wichtigen Menschen in deinem Leben wie deiner Mutter, deinem Vater, deinen Geschwistern oder früheren Partnern durchführen. Die Heilung, die sie bewirkt, stärkt deine Beziehung zu dir selbst, deinem Partner und allen anderen Menschen, denen du nahe stehst, und sie gibt dem HIMMEL die Möglichkeit, dich immer mehr zu lieben.

42

Wenn dein Partner sowohl entgegengesetzt als auch negativ handelt

Wenn du feststellst, dass dein Partner sich genau entgegengesetzt zu dir verhält und nach deinen Maßstäben negativ handelt, hast du einen Bereich entdeckt, in dem du selbst in extrem hohem Maße kompensierst. Eine Kompensation ist eine positive Verhaltensweise, die einen negativen Glaubenssatz überdeckt. Jede Kompensation ist eine Form von Aufopferung, und jede Form von Aufopferung ist Verschmelzung. Beide lassen Leblosigkeit entstehen, weil es keinen echten Kontakt gibt. Stattdessen herrschen Rückzug und vorgetäuschte Nähe sowie Konkurrenz, die Machtkämpfe, Unabhängigkeit und Leblosigkeit erzeugt.

Diese Negativität kann außer von deinem Partner auch von jemand anderem in deinem Leben ausagiert werden. Meist handelt es sich dabei um einen Menschen aus deiner Vergangenheit. Unser Körper ist eine wunderbare Metapher für unseren Geist und für alles, was wir in unserer Welt sehen. Stelle dir vor, du könntest die Projektion der Negativität zurückziehen, die du in deinem Partner wahrnimmst. In welchem Bereich deines Körpers ist sie angesiedelt? Liebe diese Negativität, bis sie als Ganzheit, Frieden und Selbstvertrauen wieder mit dir verschmilzt. Stelle dir vor, dass deine Kompensation sich in dein höheres Bewusstsein hinein auflöst, sodass dein Partner deine Negativität nicht länger für dich ausagieren muss.

Wenn es außer deinem Partner noch jemand anderen gibt, der deine Negativität auslebt, stelle dir vor, dass er in einer Entfernung von zwanzig Schritten vor dir steht. Vergib der Negativität. Vergib ihm. Vergib dir selbst. Vergib dem Glaubenssystem, das diese Negativität hervorgebracht hat. Segne das Problem. Segne dich selbst. Segne ihn. Gehe dann einen Schritt auf ihn zu. Wiederhole den Prozess weitere neunzehn Mal, und gehe für jeden Akt der Vergebung und des Segens einen Schritt auf den betreffenden Menschen zu.

Wiederhole die Übung mit einem Menschen aus deiner Vergangenheit, der deine Negativität für dich ausagiert hat. Stelle dir wieder vor, dass du nach zwanzig Schritten bei ihm ankommst und ihn umarmen kannst.

Was du in deiner äußeren Welt siehst, bringt deine innere Welt zum Ausdruck. Die Negativität, die du siehst, ist Teil deines Bewusstseins und deiner Selbstkonzepte, die du praktischerweise auf deinen Partner und auf andere Menschen projiziert hast. Benutze deinen Körper als Metapher für deinen Geist. Lege eine Hand auf den Bereich deines Körpers, der für dein höheres Bewusstsein steht. Lege die andere Hand dann auf den Bereich, der die Negativität verkörpert. Bewege beide Hände über deinen Körper zu der Stelle, an der sie sich verbinden wollen, eine Hand auf der anderen, sodass sie miteinander verschmelzen und damit dein Selbstvertrauen und deine Ganzheit mehren. Stelle dir zum Schluss vor, dass du die neugewonnene Ganzheit energetisch mit deinem Partner teilst.

43

Verschmelzung verbirgt die Verschwörung der Konkurrenz

Verschmelzung ist die Hauptursache von Leblosigkeit. Sie ist ein Symptom der Aufopferung und bewirkt, dass unser Leben im Stadium der toten Zone steckenbleibt, dem letzten Stadium auf der Ebene der Unabhängigkeit, ehe wir zur Partnerschaft und zur Ebene der wechselseitigen Abhängigkeit gelangen. Im Stadium der toten Zone stellt das Ego einige seiner größten Fallen auf. Wenn wir die tote Zone erreichen, ist unsere Verschmelzung besonders stark, gleichzeitig aber auch zugänglich, damit wir sie heilen können. Verschmelzung reicht von der toten Zone bis in die Meisterschaft hinein, die das letzte Stadium der nächsthöheren Ebene, nämlich der Ebene der wechselseitigen Abhängigkeit ist.

Verschmelzung verwischt Grenzen und Emotionen, sodass unsere Beziehung zur Aufopferung und zu einer Belastung wird. Unter der Verworrenheit der Verschmelzung, die vorgetäuschte Verbundenheit und Co-Abhängigkeit ist, liegt die Verschwörung der Konkurrenz verborgen. Rollen, Aufopferung und verlorene Verbundenheit sind Orte, an denen wir unsere Mitte verloren haben. Wenn das geschieht, treten wir in Konkurrenz zu unserem Partner, weil wir glauben, dass wir gewinnen, bekommen oder nehmen müssen, bevor wir selbst verlieren oder jemand anderer von uns nimmt. Da wir dieses Verhalten meist verurteilen, werden Konkurrenz, Bekommen und Nehmen kompensiert und vergraben, während wir uns nach außen hin genau entgegengesetzt verhalten. Das erweckt den Anschein, als ob wir nicht die Konkurrenz in uns trügen, die das Problem erzeugt. Konkurrenz bedeutet, dass wir entweder kämpfen oder uns zurückziehen, um nicht zu verlieren, was zu Leblosigkeit und Aufopferung anstelle von Erfolg und Nähe führt, weil es keinen echten Kontakt gibt.

Verschmelzung ist eine Form von Co-Abhängigkeit. Sie erzeugt subtile Bande der Anhaftung, die uns verschmelzen lassen und uns co-abhängig machen, weil sie uns auf unwahre Weise aneinander fesseln. Wie bei jeder Form von Co-Abhängigkeit ist meist ein Partner die Problemperson, während der andere Partner der unwahre Helfer ist, der seinem Partner vorgeblich hilft, ihn insgeheim jedoch zurückhält, weil seine eigenen Problembereiche offen zutage treten würden, wenn es der Problemperson besser ginge. Verschmelzung bedeutet, dass wir versuchen, das Leben eines anderen Menschen zu leben, was dazu führt, dass wir unser eigenes Leben opfern. Verschmelzung ist sowohl ein Aspekt der Aufopferung als auch ein Urteil, das wir über GOTT fällen. Jede Rolle und jeder Akt der Aufopferung ist ein Urteil, das wir über wichtige Menschen in unserem Leben fällen, weil sie etwas falsch gemacht und sich nicht so um uns gekümmert haben, wie wir es wollten. Unsere Aufopferung und unsere Rollen sollen ihnen zeigen: „So wäre es richtig gewesen!"

Rollen und Aufopferung fällen auch ein Urteil über GOTT dafür, dass ER einen Fehler gemacht und uns damit im Stich gelassen hat, weil SEINE Hilfe zu spät kam. Unser Unterbewusstsein offenbart jedoch, dass wir das Problem genauso geplant hatten, wie es eingetreten ist, weil wir unabhängig sein wollten. Wir haben die Fakten so verändert, dass sie uns dienlich waren und wir anderen Menschen die Schuld geben konnten, statt die Verantwortung zu übernehmen. Dies verstärkt den Hang zur Trennung, den wir auf einer Seelenebene in uns tragen und der uns in allen früheren Leben heimgesucht hat. Weil wir ihm nachgegeben haben, hat er alle unsere früheren Leben mit Problemen, Schmerz und Traumen erfüllt.

Heute können wir die ineinander verstrickten Illusionen mithilfe von Worten der Kraft auflösen. Wiederhole mit großer Entschlossenheit den folgenden Satz aus *Ein Kurs in Wundern*, während du gleichzeitig um die Hilfe des HIMMELS bittest, der niemals will, dass wir in irgendeiner Form leiden: „Ich bin entschlossen, die Dinge anders zu sehen." (Ü-I.55.1:1)

Wiederhole diese Worte immer wieder und schaue dir nach jeder Wiederholung an, wie die Situation sich für dich darstellt und wie sie sich anfühlt. Unabhängig davon, ob eine Verbesserung oder Verschlechterung eintritt, findet positive Bewegung statt. Wenn eine Verschlechterung eintritt, hast du ein unbewusstes Muster zutage gefördert, das nun geheilt werden kann, indem du die obigen Worte wiederholst, bis sich Frieden auf immer höheren Ebenen einstellt. Worte der Kraft führen zu richtiger Wahrnehmung und auf der höchsten Ebene zur Wahrheit. Wenn du den Prozess fortsetzt, kann er dich schließlich sogar über die Illusion dieser Welt hinausführen.

Wenn sich die Situation nach sieben Wiederholungen immer noch unverändert anfühlt, ist dies ein Hinweis darauf, dass dir an der Situation gelegen ist, wie sie ist, weil du Angst vor Veränderung hast und eine Ausrede brauchst. Wenn du bereit bist, diese Dinge loszulassen, kannst du anfangen, das Rattennest aus Verschmelzung, Aufopferung, Co-Abhängigkeit, Leblosigkeit und Konkurrenz zu heilen. Alle diese Dinge wirken sich äußerst negativ auf deine Beziehung aus. Achte darauf, ob du das Verhalten oder die Lage deines Partners und die Probleme in deiner Beziehung als Ausrede benutzt, damit du dich verstecken kannst und nicht vortreten musst, um dich als den strahlenden Stern anzunehmen, der du in Wirklichkeit bist. Akzeptiere, was du getan hast, und lasse dann alles los, damit bei dir selbst, bei deinem Partner und in deiner Beziehung eine positive Entwicklung stattfinden kann.

44

Weitergegebene Familieneigenschaften

Dies ist ein äußerst wichtiges Thema, um Probleme mit deinem Partner zu heilen und auf eine neue Ebene des Friedens und des Erfolges zu gelangen. Der erste Schritt besteht darin, eine Liste der schlimmsten Eigenschaften deiner Mutter, deines Vaters, ihrer Beziehung und gegebenenfalls auch deiner Geschwister zu erstellen. Nimm dir ein wenig Zeit, um darüber nachzudenken, worin diese Eigenschaften bestehen. Schreibe sie nieder. Überprüfe jede Eigenschaft und achte darauf, ob du sie selbst ausagierst, ob du sie auf deinen Partner projizierst oder ob du sie in dir verborgen, aber noch nicht auf einen anderen Menschen projiziert hast.

Die Eigenschaften deines Partners stehen für ungelernte Lektionen, die mit deiner Familie zu tun haben. Wenn sie Ärger oder Bitterkeit in dir hervorrufen, handelt es sich höchstwahrscheinlich um eine Seelenlektion, die du nicht bestanden hast. Auf einer zwischenmenschlichen Ebene sind sie Fallen, die sich auf viele Bereiche deines Lebens auswirken können. Frage dich, wie sich das Vorhandensein jeder dieser Eigenschaften auf dein Leben ausgewirkt hat. Auf einer intrapsychischen oder unbewussten Ebene ist jede Eigenschaft und sogar jede Person, die du siehst, ein Spiegelbild deiner eigenen Selbstkonzepte. Viele dieser negativen Eigenschaften können uralt sein. Sie wurden auf einer Ahnenebene weitergegeben oder als unverarbeitetes Thema aus einem anderen Leben mitgebracht. Jetzt ist es wichtig, die Seelenprüfung zu bestehen und die dunklen Lektionen aufzugeben. Frage dich, wofür du diese Eigenschaften benutzt hast, wobei es unerheblich ist, ob du sie selbst ausagiert hast oder ob sie von anderen Menschen ausagiert wurden. Alles, was in deinem Leben geschieht, bringt dir eine Belohnung ein, extrem negative Ereignisse eingeschlossen.

Um Heilung zu erlangen, kannst du Worte der Kraft sprechen. Bei dieser Methode werden mit großer Entschlossenheit bestimmte Sätze gesprochen, die eine sehr große Heilwirkung besitzen. Gehe einundzwanzig Schritte zurück. Stelle dir dann vor, dass am anderen Ende der Mensch steht, der die negative Eigenschaft verkörpert. Achte darauf, dass diese Eigenschaft in deiner Vorstellung den größten Raum einnimmt. Sprich dann die folgenden Worte der Kraft aus *Ein Kurs in Wundern*: „Der Frieden GOTTES leuchtet jetzt in mir." (Ü-I.208.1:1) Wie fühlt sich die negative Eigenschaft für dich an, während du die Worte sprichst? Achte darauf, ob sie sich in eine positive Richtung verändert, ob gar keine Veränderung eintritt oder ob sich ihre negative Wirkung verstärkt. Wenn sie sich in eine positive oder in eine negative Richtung verändert, machst du Fortschritte. Eine negative Veränderung bedeutet, dass du ein unbewusstes Thema zutage gefördert hast, und das ist gut, weil nun eine wesentlich tiefgreifendere Heilung stattfinden kann. Gehe nach jeder Wiederholung einen Schritt nach vorn. Nimm dabei wahr, wie sich die betreffende Eigenschaft jetzt für dich darstellt und wie du dich fühlst. Wiederhole den Vorgang einundzwanzig Mal, bis du dir vorstellen kannst, dass die Eigenschaft aufgelöst ist und du dich und den betreffenden Menschen umarmst. Setze die Übung auch dann fort, wenn du schon nach zehn Schritten das Gefühl hast, dass der Prozess abgeschlossen hat, denn sie wirkt sich in vielfältiger Weise sehr positiv auf dein Leben aus. Gehe dann zur nächsten Eigenschaft weiter. So kannst du Zug um Zug die Fallen auflösen, die dafür sorgen, dass du selbst dich zurückziehst oder ausagierst oder dass dein Partner es tut. Wenn sich bis zum siebten Schritt nichts verändert hat, erkenne, dass du nicht wirklich eine Veränderung willst, weil du dich davor fürchtest. Das heißt, dass du eine negative Phantasievorstellung davon hast, was geschehen würde, wenn du dich veränderst. Dies ist natürlich eine Illusion. Entscheide dich noch einmal neu für das, was du willst, und führe die Übung dann erneut durch.

Du kannst diese Übung auch mit dir selbst durchführen. Benutze dazu die Klagen, die dein Partner über dich hat, selbst wenn du nicht glaubst, dass sie gerechtfertigt oder zutreffend sind. Du hast nichts zu verlieren! Diese Übung kann die Wahrnehmung, die du von deinem Partner hast, ebenso verändern wie die Wahrnehmung, die er von dir hat. Führe sie anschließend auch mit den Eltern und Geschwistern deines Partners durch.

Agierst du diese Eigenschaften aus? Agiert dein Partner sie aus? Sind sie noch vergraben? Deine Kinder können deine Eigenschaften oder die Eigenschaften deines Partners, deiner Eltern oder seiner Eltern ebenfalls ausagieren. Diese Übung gibt dir die Möglichkeit, mühelos die Fallen in deiner Beziehung aufzulösen, die dich stören und sowohl dich als auch deine Beziehung gefangen halten.

45

Wenn du das Gefühl hast,
in der Hölle zu sein

Wenn du das Gefühl hast, in der Hölle zu sein, weil in deiner Beziehung oder in deinem Leben etwas nicht stimmt, musst du sofort etwas unternehmen, um dich dort herauszuholen. Verzweiflung und Groll sind eng miteinander verbunden. Vergebung ist deswegen von grundlegender Bedeutung, um dich zu befreien. Außerdem solltest du nicht vergessen, dass im Unterbewusstsein eine Belohnung für das verborgen liegt, was geschieht. Wofür benutzt du diese höllische Erfahrung? Ein Blick auf die unbewusste Ebene zeigt, dass es dir nicht gelungen ist, eines bestimmten Götzen habhaft zu werden. Die Folgen waren zerschlagene Träume sowie die Tatsache, dass du das entsprechende Drehbuch geschrieben und die entsprechende Verschwörung in Gang gesetzt hast. Aus diesem tiefen Bereich des Unbewussten heraus hast du dann tatsächlich das Gefühl, in der Hölle zu sein. Dies kann sowohl deine Gesundheit als auch jeden anderen Bereich deines Lebens beeinträchtigen.

Auf der tiefsten Ebene des Unbewussten, auf der alle diese Dinge geschehen, fürchten wir uns vor GOTT. Das mag verrückt klingen, ist aber so, weil wir die Identität aufrechterhalten wollen, die wir für uns geschaffen haben, und die Dinge von der Welt bekommen wollen, nach denen wir gieren, statt unaufhaltsam in die LIEBE eingesogen zu werden, die GOTT ist. Wie von unseren Eltern haben wir uns jedoch auch von GOTT getrennt, IHN angegriffen und diese Tatsache unter unseren Opfergefühlen verborgen. Jede Opfersituation, die uns in unserer Kindheit, als erwachsener Mensch oder auf einer Seelenebene widerfahren ist, haben wir benutzt, um uns zu trennen, unabhängig zu sein und unseren eigenen Weg zu gehen. Dabei hatten wir das Gefühl, in der Hölle zu sein. Wir glaubten, wir seien derjenige, der zum Opfer gemacht wurde. Wir haben uns geweigert, die Hilferufe der Menschen zu hören, von denen wir uns zum Opfer gemacht fühlten, und wir haben ihren Schmerz und ihr Problem als Ausrede benutzt, um uns zu trennen. Genau das ist das Ego: Trennung und die Identität, die wir daraus geschaffen haben. Das Ego ist auf unserer Ungerechtigkeit aufgebaut, nicht auf den „Tätern", die uns vermeintlich zum Opfer gemacht haben, denn wir haben die Gabe in uns getragen, die alles zu heilen vermocht hätte, wenn wir nur den Mut gehabt hätten, sie zu sehen und zu teilen. Sie war Teil unserer Lebensaufgabe, aber wir sind vor ihr davongelaufen, weil wir unserem Ego einen höheren Wert beigemessen haben. Jede Opfersituation ist so und trägt unseren verborgenen Angriff in sich. GOTT hat uns nicht aus dem HIMMEL hinausgeworfen. Wir haben geglaubt, ihn verlassen zu haben, damit wir besonders sein und unsere eigene Welt erschaffen konnten. Wir haben es zum Preis großen Schmerzes getan, und nun setzen wir genau dieses Muster in unserem Leben fort. Wir tragen die Höllen und die dunklen Nächte der Seele aus der Zeit in uns, in der wir uns von GOTT getrennt haben. Natürlich kann man sich von GOTT nicht trennen. ER ist die LIEBE. ER ist das EINSSEIN, und das EINSSEIN kann nicht geteilt werden. Um uns aus dieser wahnhaften Situation zu befreien, können wir GOTT vergeben – für das, was wir selbst getan haben. Wenn wir mit geeintem Geist wieder zu GOTT zurückkehren, werden wir aus der Hölle befreit.

> „Was außer einem GEDANKEN GOTTES verwandelt die Hölle in den HIM-
> MEL, einfach dadurch, dass er das ist, was er ist?"
> *Ein Kurs in Wundern*, H-11.4:9

Wenn du verzweifelt bist oder das Gefühl hast, in der Hölle zu sein, entspricht das Maß deines Leidens dem Maß, in dem du es in eine Wiedergeburt verwandeln kannst. Wir wollen dazu mit einer Übung der Vergebung beginnen. Diese Übung erfordert einen großen Raum. Alternativ kannst du sie auch im Freien durchführen. Es ist hilfreich, die einzelnen Schritte dabei tatsächlich zu gehen. Rufe dir die Person oder die Situation ins Gedächtnis, der du vergeben musst, um aus der Hölle befreit zu werden. Entscheide dich für die Vergebung in dem Wissen, dass du anderenfalls in dieser immer schlimmer werdenden Höllener-fahrung steckenbleibst. Manchmal bist du aufgerufen, sowohl einer Person als auch einer Situation zu vergeben. Vergib danach dir selbst als dem Urheber der Situation und deiner Emotionen. Gehe dann einen Schritt nach vorne. Wiederhole den Prozess mindestens zweiundzwanzig Mal. Wenn du danach noch nicht vollkommen in Frieden bist, verlängere die Übung um weitere Schritte. Rufe dir bei jedem Schritt ins Gedächtnis, was oder wem zu vergeben du aufgefordert bist, und vergib anschließend immer auch dir selbst. Gehe zuletzt einen Schritt nach vorne. Wenn du nicht genügend Platz hast, kannst du dich umdrehen, um zweiundzwanzig oder mehr Schritte gehen zu können. Wenn du dich aus der Hölle befreien möchtest, stellt diese Übung eine sehr gute Möglichkeit dar. Wenn du es mit einem Wutausbruch, einer „Masche" oder einer falschen Geisteshaltung zu tun hast, ist es ratsam, anderen Geistes zu werden, denn die Alternative besteht darin, in der Hölle zu bleiben.

Eine weitere Möglichkeit besteht darin, dich zu fragen, wer deine Hilfe braucht. Stelle dir vor, dass dein Schmerz und deine Emotionen zwischen dir und dem Menschen stehen, der deine Hilfe benötigt. Wenn du durch den Schmerz hindurchtrittst, um ihn zu umarmen und ihm deine Liebe und Unterstützung zuteilwerden zu lassen, löst sich eine ganze Schicht deiner Verzweiflung oder der Höllenerfahrung auf. Wiederhole die Übung einfach, bis sich der tiefe Frieden und die Neugeburt einstellen, nach denen du dich gesehnt hast.

Zentrierung ist eine weitere Übung, die dich aus der Hölle befreien kann. Bitte dein höheres Bewusstsein ganz einfach darum, dich zusammen mit den an der Situation beteiligten Menschen in deine Mitte zurückzuführen. Sie ist ein Ort des Friedens und der Unschuld für alle Beteiligten. Nimm dir ein wenig Zeit, um diese Mitte zu erfahren. Bitte dann darum, in eine zweite Mitte zurückgeführt zu werden, die höher und tiefer als die erste Mitte ist. Nimm wahr, wie es den an der Situation beteiligten Menschen geht. Bitte dann darum, in eine dritte Mitte zurückgeführt zu werden, die wiederum höher und zugleich tiefer als die vorherige Mitte ist. Wiederhole die Übung vierzehn Mal oder so oft, bis sich alles in Licht verwandelt hat.

Du kannst dich auch fragen, wie viele dunkle Geschichten du schreibst, die dich in diese Hölle gebracht haben, und wie viele Verschwörungen du in Gang gesetzt hast, weil du Angst hast – Angst vor deiner Lebensaufgabe, Angst davor, dein Licht leuchten zu lassen, Angst vor Nähe und Angst vor Erfolg. Alle diese Dinge sind Fallen, aus denen es keinen Ausweg zu geben scheint. Geschichten und Verschwörungen sind jedoch darauf angewiesen, dass sie verborgen bleiben. Sobald du sie entdeckst, kannst du dich dafür entscheiden, nicht länger in sie zu investieren, und sie einfach aufgeben. Du kannst dich außerdem fragen, wie alt die Selbste waren, die diese Geschichten und Verschwörungen geschrieben haben. Es sind Selbste, die irgendwann erstarrt sind. Nun kannst du sie lieben, bis sie dein Alter erreichen, wieder mit dir verschmelzen und Drähte in deinem Herzen, deinem Geist und deinem Körper neu verbinden.

Der nächste wichtige Schritt besteht darin, der Höllenwelt in deinem eigenen Geist einen Besuch abzustatten. Bitte einen deiner FREUNDE AN HÖHERER STELLE wie Jesus, Buddha oder Kuan Yin darum, dir zu helfen. Rufe auch eine Heerschar von Engeln herbei. Stelle dir dann vor, dass du mit diesen Helfern an deiner Seite von der bewussten Ebene in dein Unterbewusstsein hinabsinkst. Sinke durch das Unterbewusstsein hindurch, bis du zur unbewussten Ebene und schließlich zum tiefsten Bereich des Unbewussten gelangst, in dem eine gewaltige Höhle tunnelförmig weiter abwärts führt. Schwebe gemeinsam mit deinen FREUNDEN hinab. Nach kurzer Zeit erreichst du eine große, offene Gewölbetür, die den Tunnel absperren könnte, wenn sie geschlossen würde. Nimm sie zur Kenntnis und sinke dann weiter durch den Tunnel abwärts. Schon nach kurzer Zeit schwebst du durch eine Öffnung hindurch und hinaus und siehst unter dir die Höllenwelten in der Dunkelheit liegen.

Wie viele deiner Selbste, die du in die Höllenwelten verbannt hast, stammen aus diesem Leben, aus anderen Leben oder wurden auf einer Ahnenebene weitergegeben? Sende die Engel hinab, um sie alle zu befreien und abzuholen. Bitte die Engel, sie durch Licht zu reinigen und sie dann zu dir zu bringen, damit sie wieder mit dir verschmelzen können. Bitte die Engel anschließend darum, nochmals hinabzusteigen und alle Seelen zu versammeln, die in ihrer Entwicklung so weit fortgeschritten sind, dass sie in die höheren Gefilde hinaufgeführt werden können. Wenn sie versammelt sind, mache dich durch den Tunnel auf den Rückweg nach oben. Wenn du zu der offenen Gewölbetür gelangst, musst du eine Entscheidung treffen. In uralten Zeiten, als wir noch auf einer höheren Bewusstseinsstufe waren, haben wir die Höllenreiche oft besucht, um Seelen zurückzubringen, die bereit waren, in ihrer Entwicklung voranzuschreiten. Dann sind wir jedoch auf immer tiefere Bewusstseinsstufen hinabgefallen und haben den Tunnel und die Höllenwelten vergessen. Die Höllenwelten haben uns dagegen nicht vergessen. Sie haben höllische Energien durch den Tunnel in unseren Geist geschickt, die sich negativ auf unsere Gesundheit, unsere Beziehungen, Fülle, Spiritualität und noch viele andere Lebensbereiche ausgewirkt haben. Du kannst nun die Gewölbetür mit Hilfe der Engel verschließen und erst dann zurückkehren, wenn du bereit bist, dich wieder mit den Höllenwelten auseinanderzusetzen, um Rettungsaktionen durchzuführen. Du kannst aber auch eine Abordnung von Engeln mit einem kleinen Anteil deines Bewusstseins hier unten zurücklassen, um Licht in die Höllenreiche einströmen zu lassen. Nachdem du diese Entscheidung getroffen hast, setze deinen Weg durch den Tunnel fort, bis du durch das Unbewusste zum Unterbewusstsein und schließlich wieder auf die bewusste Ebene zurückgelangst.

Jede dieser Übungen kann dich aus der Hölle befreien. Wenn du sie miteinander kombinierst, ist deine Rettung jedoch gewiss, solange du die Tatsache, dass du in der Hölle bist, nicht benutzt, weil sie einen bestimmten Zweck für dich erfüllt. Finde intuitiv heraus, worin er besteht, und frage dich, ob es das ist, was du wirklich willst. Wenn es nicht das ist, was du willst, lasse es los und bitte den HIMMEL um ein Wunder. Der HIMMEL hat das Wunder bereits gegeben. Unsere Bitte erlaubt uns lediglich, das zu empfangen, was uns bereits gegeben wurde.

46

Das Ausmaß deiner Verschmelzung

Das Ausmaß deiner Verschmelzung entspricht dem Maß, in dem du dich selbst ablehnst. Das Selbst, von dem wir hier sprechen, ist unser Wesen, unser essenzielles Selbst, mit dem wir gekommen sind, um unsere Lebensaufgabe zu erfüllen und unsere menschliche Bestimmung anzunehmen. Verschmelzung steht nicht nur diesem Selbst, sondern auch unserer menschlichen und geistigen Bestimmung im Weg. Verschmelzung bedeutet, dass wir uns an einen anderen Menschen klammern. Statt die Einsamkeit zu heilen, die eine Folge unserer Trennung ist, sind wir verschmolzen und haben Aspekte des Herzens und des Geistes anderer Menschen benutzt, um das zu stärken, was uns selbst fehlt. Verschmelzung gleicht einem Hindernisrennen, bei dem wir einen anderen Menschen in den Armen tragen. Das beschert uns ein Durcheinander an Emotionen, die nicht zu uns gehören, eine Co-Abhängigkeit, die Partnerschaft nur nachahmt, und eine Leblosigkeit, die uns erschöpft und außerdem unsere Angst vor Erfolg, vor Nähe und vor dem goldenen Leben verbirgt, das echte Partnerschaft und echtes Glück uns bringen würden.

Wir haben Angst davor, wir selbst zu sein. Wir haben Angst davor, frei zu sein. Wir haben Angst davor, wirklich zu leben und wirklich zu lieben. Wir haben Angst davor, unser Licht leuchten zu lassen, sodass wir dort verschmelzen, wo wir unsere Grenzen verloren haben, und infolgedessen dort die Fähigkeit zur Verbundenheit verlieren, wo die vorgetäuschte Verbundenheit der Verschmelzung ihren Platz eingenommen hat. Verbundenheit ist leicht, während Verschmelzung sich schwer und aufopfernd anfühlt. Wir entwickeln uns von wahrer Individuation zur Partnerschaft, von der Partnerschaft zur Zusammenarbeit und von der Zusammenarbeit zur Gemeinschaft. Von dort steigen wir zur Einheit und dann zur Vereinigung auf, bis wir schließlich zum EINSSEIN gelangen. Wenn es uns nicht gelingt, uns selbst treu zu bleiben, richten wir in der Partnerschaft jedoch ein großes Chaos an, weil wir ständig zwischen den Rollen der Aufopferung, der Unabhängigkeit und des Opfers hin und her schwingen. Dieses Dreigestirn tritt immer zusammen auf, und wo eine dieser Rollen in Erscheinung tritt, sind die anderen beiden nicht weit.

Verschmelzung ist ein Ort, an dem du deine Mitte verloren hast, sodass alles zum Kampf gerät. Du bist von deinem Weg abgekommen, was zur Folge hat, dass alles sich schwierig anfühlt und gefährlich wird. Statt über den Berg zu gehen, gehst du hinein, und es stellt sich die Frage, was geschieht, wenn du zu den Schluchten und Flüssen gelangst, die es zu überqueren gilt.

Wenn die Menschen leiden, mit denen du verschmolzen bist, leidest du ebenfalls, bist aber außerstande, ihnen zu helfen. Anstelle von Mitgefühl empfindest du Angst, Versagen und eine Dringlichkeit, die zu weiterer Aufopferung führt.

Verschmelzung hat zur Folge, dass du andere Menschen und ihre Lebensbürden trägst, während du dich gleichzeitig wie ein Versager fühlst, weil du ihnen nicht helfen kannst.

Stelle dir vor, dass du auf einem Stuhl sitzt, der in der Mitte eines großen Raums steht. Du bist umgeben von deiner jetzigen Familie, den Mitgliedern der Familie, in der du aufgewachsen bist, deinen besten Freunden und deinen früheren Partnern. Gib nun jedem dieser Menschen alles zurück, was ihm gehört. Heiße alles wieder willkommen, was dir gehört. Wiederhole den Prozess mit jedem Menschen, der anwesend ist. Spüre die Freiheit, die sich einstellt, während du Anhaftung und Verschmelzung loslässt. Lasse sowohl auf der DNA-Ebene als auch auf der Zellebene los. Lasse alle Programmierungen los, die durch Verschmelzung in dir angelegt wurden. Lasse alles los, was in deiner Haut, in deinen Knochen und in deinen Organen gespeichert ist. Lasse alles los, was in deinem Bewusstsein gespeichert ist. Anstelle der Illusionen, die dich aufgehalten haben, kann nun die Liebe wachsen.

Du kannst alles loslassen, indem du dein Vertrauen auf jeden der anwesenden Menschen ausdehnst. Das löst die Angst und die Sorge auf, die eine Form von Angriff auf den betreffenden Menschen ist. Du kannst dich jedem der anwesenden Menschen verpflichten, weil sie alle Teil deiner Seelenmannschaft sind. Auch wenn deine früheren Partner oder alten Freunde dir vielleicht nicht mehr nahestehen, gehören sie dennoch deiner Seelenmannschaft an. Du kannst dich auch von Licht zu Licht mit jedem dieser Menschen verbinden, indem du dein inneres Licht mit seinem inneren Licht vereinst. Das bringt dir ein Gewahrsein dafür, dass du reiner Geist bist, und es lässt dich einen flüchtigen Blick auf den HIMMEL erhaschen. Diese Übungen können dir die Verfügbarkeit zurückgeben, ohne die du niemals wirklich zur Partnerschaft gelangst. Verpflichte dich, einmal im Monat oder alle zwei Monate zu überprüfen, ob du wieder verschmolzen bist. Selbst wenn es so ist, stellst du meist fest, dass das Maß deiner Verschmelzung mit jedem Mal abnimmt und es dir zunehmend leichter fällt, dich von ihr zu befreien. Damit kann Partnerschaft an die Stelle von Verschmelzung treten. Wenn du diese Unfreiheit loslässt, kannst du ein höheres Maß an Mühelosigkeit, Authentizität, Freiheit und Liebe erlangen. Nun fällt es dir viel leichter, den betreffenden Menschen zu helfen und dich mit dem Anteil zu befassen, den sie dir spiegeln.

47

Ich rege mich auf

„Ich rege mich auf, weil ich etwas sehe, was nicht da ist."
Ein Kurs in Wundern, Ü-I.6

„Ich sehe nur die Vergangenheit."
Ein Kurs in Wundern, Ü-I.7

Aufregung rührt von einer Fehlwahrnehmung her. Das habe ich bereits vor über vierzig Jahren gelernt, als eine meiner Therapiemethoden darin bestand, meine Klienten zu den Menschen zurückzuführen, gegen die sie einen Groll hegten, um ihr Verständnis für das zu wecken, was tatsächlich in diesen Menschen vorging. Wenn sie verstanden, wurde die Verbundenheit wiederhergestellt und sie konnten ihren Groll loslassen, weil sie erkannten, dass alles nur ein Fehler oder ein Missverständnis gewesen war. Im Laufe der Zeit gelang es mir, meinen Klienten einen immer umfassenderen Zugang zu ihrem Unterbewusstsein zu verschaffen, sodass sie erkannten, dass jedes negative Ereignis in ihrem Leben in Wahrheit mit ihrem heimlichen Einverständnis geschehen war. Wenn wir begreifen, dass wir Mitschöpfer der negativen Ereignisse sind, erkennen wir auch, wofür wir sie benutzen, und können unsere Macht und unser Selbstvertrauen mit einem neuen Maß an Verantwortung zurückgewinnen. Wir lernen, dass unsere Belohnungen dazu dienen, uns zu verstecken, uns zu rächen, vor unserer Lebensaufgabe davonzulaufen oder uns zu bestrafen, indem wir uns aufopfern, um eine bestimmte Schuld zu tilgen. Negative Ereignisse benutzen wir für gewöhnlich, um uns zu trennen, die Kontrolle zu erlangen und unabhängig zu sein. Außerdem erschaffen wir immer auch Selbstkonzepte für unser Ego, die auf der Ungerechtigkeit des negativen Ereignisses aufgebaut sind, und diese Ungerechtigkeit wird grundsätzlich anderen Menschen zur Last gelegt und auf sie projiziert.

Unverarbeitete Themen aus der Vergangenheit setzen sich in unserem Leben als Muster fort, weil sie nicht geheilt und in Ganzheit verwandelt wurden. Dann tragen wir dunkle Lektionen und egobehaftete Glaubenssysteme in uns, die benutzt werden, um uns in der Trennung festzuhalten. Diese Übertragung aus der Vergangenheit verursacht eine Fehlwahrnehmung in der Gegenwart. Eine Fehlwahrnehmung führt zu einer Form von Negativität, die als Aufregung in Erscheinung tritt. Wenn die Vergangenheit geheilt wird, sehen wir alle an einem Ereignis beteiligten Menschen als unschuldig, uns selbst eingeschlossen. Wenn die Vergangenheit nicht störend auf die Gegenwart einwirkt, sind Frieden und Freude präsent. In Anbetracht dieser Tatsache nehmen wir die Gegenwart nur sehr selten wahr. Das Ego will nicht, dass wir die Gegenwart erfahren. Es überdeckt sie mit Schmerz und Schuld aus der Vergangenheit und mit Angst vor der Zukunft, die auf dem beruht, was in der Vergangenheit geschehen ist. Jede Emotion, die wir aus der Vergangenheit in die Gegenwart übertragen, bringt Schuld und Beschuldigungen mit sich. Wir versuchen, uns von unserer Schuld zu befreien, indem wir andere Menschen und vor allem unseren Partner schuldig machen. Dies ist ein raffinierter Trick des Egos, das vorgibt, uns von der Schuld zu befreien, während es sie tatsächlich aufrechterhält und damit die Trennung sicherstellt, die das Ego ist. Die schmerzhaften Emotionen aus unserer Vergangenheit sorgen stets dafür, dass wir uns schlecht fühlen. Das bedeutet letztendlich, dass zwischen schlechten Gefühlen und Schuld kein Unterschied besteht. Wenn wir uns schuldig fühlen, bestrafen wir uns selbst. Unsere Selbstbestrafung und das Glaubenssystem, das daraus entstanden ist oder durch ein schmerzhaftes Ereignis verstärkt wurde, erhalten das Muster in unserem Leben aufrecht. Eine nicht gelernte Lektion kann zur Prüfung werden, aber jede Prüfung hat eine Vorgeschichte. Deshalb müssen wir entweder so vollkommen vergeben, dass die Vergangenheit geklärt wird, oder zur Wurzel des Ereignisses zurückkehren, um sie zu heilen. Ohne Vergebung bleibt das Problem bestehen und das Muster setzt sich fort.

Betrachte also dein gegenwärtiges Problem oder Thema. Wenn du es mit einem Thema zu tun hast, reicht es nicht nur zu einem Ereignis, sondern zu einer ganzen Reihe von Ereignissen zurück. Vergib deinem Partner, der gegenwärtigen Situation und dem Glaubenssystem, das sie herbeigeführt hat. Segne deinen Partner, die Situation, dein Glaubenssystem und dich selbst. Stelle dir dann vor, dass dein gegenwärtiges Problem oder Thema ein riesiges Gemälde auf einer Abdeckplane ist. Ziehe die Abdeckplane fort, damit sich die Wurzel des Musters zeigen kann. Bitte die Liebe, die GÖTTLICHE LIEBE und die GÖTTLICHE PRÄSENZ, sich in dieser ursprünglicheren Situation einzufinden. Segne alle Menschen, die daran beteiligt waren und vergib ihnen. Vergib der Situation selbst und dem Glaubenssystem, das zu ihr geführt hat. Wenn der Prozess abgeschlossen ist, ziehe auch diese Abdeckplane fort, um herauszufinden, was sich darunter verbirgt. Setze die Übung solange fort, bis sich unter der letzten Abdeckplane schließlich keine weiteren Szenen mehr befinden.

48

Wenn du auf steinigen Pfaden unterwegs bist

Wenn du auf steinigen Pfaden unterwegs bist und das Fahrzeug deines Lebens oder deiner Beziehung auf ein Schlagloch nach dem anderen trifft, ist es wichtig, dich deiner Heilung zu widmen. Auch wenn es vielleicht gerade andere wichtige Dinge zu erledigen gibt, kannst du mithilfe von Worten der Kraft an deinem Problem arbeiten. Bitte um die Hilfe des HIMMELS. Spüre die Kraft der Worte, während du sie mit großer Entschlossenheit sprichst: „Ich wähle GOTTES Freude anstatt Schmerzen." (*Ein Kurs in Wundern*, Ü-I.190)

Wenn dein Geist auf GOTT ausgerichtet ist, kann er mithilfe der Gnade an deinem Problem arbeiten. Du kannst auch folgende Worte der Kraft aus *Ein Kurs in Wundern* sprechen: „Ich fühle GOTTES LIEBE jetzt in mir." (Ü-I.189)

Erkenne, dass du eine schwere Zeit durchmachst, und verpflichte dich deiner Heilung, weil du anderenfalls länger als notwendig in der Abwärtsdrehung des Rades der Fortuna gefangen bist. Wenn du diese heilende Einstellung aufrechterhalten kannst, findest du immer wieder Momente und Oasen der Ruhe, während du die Wüsten deines Geistes durchquerst. Erinnere dich an heilende Übungen, die du jederzeit durchführen kannst. Stehe früher auf, um zu meditieren, dich zu bewegen oder heilende Übungen durchzuführen. Tue nicht nur das, was notwendig ist, um irgendwie klarzukommen. Tue stattdessen Dinge, die Veränderung bringen und diesen Zeitraum verkürzen. Verpflichte dich immer wieder dem nächsten Stadium sowohl für dich selbst als auch für deinen Partner. Stelle dir vor, dass es sich bei dieser schwierigen Zeit um die Wehen handelt, die eine Neugeburt in deiner Beziehung einläuten. Steinige Pfade sind ein Ort, an dem es eine oder mehrere Seelenlektionen zu lernen gibt. Wenn du dich diesen Lektionen widmest, kannst du dir viel Schmerz, Mühsal und Zeit ersparen. Verzage nicht, sondern denke daran, dass deine Rettung von dir selbst abhängt.

> „Es gibt eine andere Art, dies zu betrachten."
> *Ein Kurs in Wundern*, Ü-I.33.3:4

Ein anderer Blick auf diese Zeit kann ein anderes Licht auf deine Erfahrung werfen und dir dadurch eine andere Haltung ermöglichen. Achte darauf, ob du erwartest, dass etwas außerhalb von dir sich ändert, denn das kann nur dann wirklich geschehen, wenn du deine geistige Haltung änderst. Wenn du dich änderst, ändern sich auch dein Partner und deine Umstände. Wenn du davon abhängig bist, dass äußere Dinge dich glücklich machen, erschaffst du einen Götzen, und Götzen bringen Schmerz, Enttäuschung, Groll und egobehaftete Selbstkonzepte. Wenn du dagegen lernst, dich auf dich selbst und auf den HIM-MEL in dir zu verlassen, wirst du feststellen, dass sich sogar der starrsinnigste Partner und die festgefahrenste Situation verändern können. Gib dich dieser Heilung hin.

Selbst die besten Paare machen schwere Zeiten durch. Unsere Beziehung und die Liebe zu unserem Partner sind dazu bestimmt, jede Mauer niederzureißen, die das Ego in seinem Bedürfnis nach Trennung und danach, sich eine Identität zu schaffen, errichtet hat. Wir brauchen diese Identität zwar, um in den ersten beiden Jahrzehnten unseres Lebens zurechtzukommen, aber danach stellt sie ein Hindernis dar. Stelle dir vor, dass du ein Eisberg bist und dass auch dein Partner ein Eisberg ist. Ihr stoßt immer wieder zusammen bei dem Versuch, eure jeweiligen Bedürfnisse erfüllt zu bekommen. Dabei gelingt es euch vielleicht, ein paar Eiswürfel zu produzieren, aber um offener zu werden, müsst ihr schmelzen. Unser wahres Ziel besteht darin, uns wieder in den OZEAN DER LIEBE und des EINSSEINS hinein aufzulösen, statt noch größere Eisberge aus uns zu machen. Je mehr wir schmelzen, umso offener werden wir für Liebe, Nähe und Erfolg. Unser Leben besteht aus vielen Stadien und Kapiteln, die wir durchlaufen müssen. Wenn du dich aktuell gerade in einem steinigen Kapitel befindest, mache jeden Tag zu einem Tag der Heilung. Du heilst höchstwahrscheinlich Ahnen- und Seelenmuster, deren Heilung du dir selbst als Aufgabe gestellt hattest. Deshalb kannst du sie ebenso gut jetzt heilen. Es ist der WILLE des HIMMELS, dass du durch nichts aufgehalten wirst, sondern den Weg weitergehst, der dich zum HIMMEL zurückführt. Dies ist nicht dein Weg. Es ist der Weg des HIMMELS.

Sei wie das Kind, das GOTT darum bittet, dass ihm der Weg gezeigt werden möge. Was kann es für ein Problem geben, wenn du daran denkst, dass GOTT immer mit dir ist? Der Gedanke an GOTT lässt die Angst schmelzen, die sich unter jeder Emotion und jedem Problem verbirgt, das dich zurückhält. Bewahre dich vor unnötigem Leiden und nutze diese Zeit klug. Was du jetzt lernst und verlernst, kann das Fundament sein, auf dem du den Rest deines Lebens aufbaust. Nutze diese Zeit gut.

49

Dich für einen besseren Weg
bereit machen

Alle unsere Probleme rühren von unverarbeiteten Themen aus der Vergangenheit her. Unsere Seelen- und Ahnenmuster erzeugen unsere Familienthemen, und unsere Familienmuster erzeugen unsere Beziehungsthemen. Unsere Beziehungsthemen führen wiederum zu unseren Lebensmustern. Die Vergangenheit zeigt sich immer wieder in gegenwärtigen Formen, aber die Wurzel des Musters rührt aus der Vergangenheit her. Mache dich also bereit für einen besseren Weg. Dieser Weg führt dich an einen Ort des Friedens, der dir hilft, gegenwärtigen Themen zu vergeben – so umfassend zu vergeben, dass zuerst die darin eingewobenen Schichten der Vergangenheit und schließlich auch die Illusionen aufgelöst werden, die das Problem bilden.

Auf der tiefsten Ebene der Heilung werden alle Probleme, alles Leiden und sogar Ärger und Aufregung als Illusionen und als Mahlgut für die Mühle der Heilung erkannt. Selbst ein Hauch von Verärgerung kann zu Wut und Selbstdestruktivität zurückverfolgt werden. Alle Probleme, vor denen wir stehen, sind eine Form von Todesversuchung und Selbstdestruktivität. Unser Selbstangriff ist Teil der Schuld, die die aus dem Schmerz, den Konflikten und den unverarbeiteten Themen der Vergangenheit hervorgegangenen Gefühle der Trauer, der Verletztheit und des Versagens in uns hinterlassen haben. Es ist deshalb äußerst hilfreich, zu alten Problemen und altem Schmerz zurückzukehren und den Menschen zu vergeben, die daran beteiligt waren. Vergib auch der Situation. Vergib dir selbst, und vergib deinem Glaubenssystem, das die Situation herbeigeführt hat. Du kannst diesen Prozess fortsetzen, bis von der negativen Situation aus der Vergangenheit für dich selbst und für alle Menschen, die daran beteiligt waren, nur positive Gefühle übrigbleiben.

Überprüfe deine Vergangenheit auf negative Ereignisse, die in deiner Familie und in deiner Beziehung stattgefunden haben, und auf äußere Opfersituationen. Du kannst eine entsprechende Liste erstellen und jedem Menschen, jeder Situation, dir selbst und deinem Glaubenssystem vergeben. Achte auch darauf, ob du dunkle Geschichten oder Verschwörungen des Herzensbruchs, des Opfers, der Schuld, der Rache, des Hasses oder des Selbsthasses aufdecken kannst, da sie in deinem Leben dauerhafte Muster in Gang setzen, die dich zurückhalten. Lasse alle diese Geschichten und Verschwörungen los. Finde intuitiv heraus, wie alt das Selbst ist, das diese Geschichten und Verschwörungen schreibt. Liebe es, bis es dein jetziges Alter erreicht hat, wieder mit dir verschmilzt und dir mit jedem Mal ein höheres Maß an Ganzheit bringt.

50

Dein Partner hat dein Karma übernommen

Jeder Partner in einer Beziehung übernimmt das Karma des jeweils anderen Partners. Das ist zwar einerseits richtig, andererseits aber auch eine Ausrede, um uns zurückzuhalten. Das Verhalten unseres Partners spiegelt unsere Vergangenheit wider. Unser Partner agiert vor allem die Selbstkonzepte aus, die wir verurteilt und am tiefsten in uns verborgen haben. Die schärfsten Urteile, die wir über uns selbst gefällt haben, projizieren wir auf unseren Partner. Er scheint an manchen Orten das genaue Gegenteil von uns zu sein, und wenn wir diese Anteile unserer Seele zurückgewinnen können, entsteht daraus nicht nur ein wesentlich höheres Maß an Selbstvertrauen und Macht für ihn und uns, sondern auch ein wesentlich höheres Maß an Liebe zwischen ihm und uns. Darüber hinaus gibt es uns die Möglichkeit, einen erfolgreichen Schritt in unserer persönlichen Entwicklung zu gehen, und führt zu einem höheren Maß an Freiheit und Verbundenheit in unserer Beziehung.

Frage dich, wie viele vergangene Leben dein Partner in der Gegenwart für dich ausagiert. Wenn er sie nicht ausagieren würde, wüsstest du nicht, was du in dir selbst verurteilt hast, das der Heilung bedarf. Deine vergangenen Leben sind Glaubenssätze über dich selbst, die du in dieses Leben übertragen hast und die in der Kindheit verstärkt wurden. Eine Möglichkeit, die Spaltungen zwischen dir und deinem Partner zu heilen, besteht darin, dich zu fragen, was du an deinem Partner nicht akzeptierst. Immer wenn etwas in dir hochkommt, das du nicht akzeptieren kannst, frage dich, ob du dich mit der Situation abfinden willst, wie sie ist, oder ob du sie lieber akzeptieren und einen Schritt auf deinen Partner zugehen willst. Stelle dir vor, dass du zwanzig Schritte von deinem Partner entfernt bist. Gehe jedes Mal, wenn du etwas akzeptierst, einen Schritt auf ihn zu, bis du ein Gefühl inneren Friedens spürst und dich mit deinem Partner verbunden hast, sodass der letzte Schritt der Akzeptanz ein neues Maß an Verbundenheit und an Wahrheit in deine Beziehung hineinbringt. Heiße nach jedem Schritt auch die Aspekte willkommen, die du an dir selbst nicht akzeptierst, denn alles, was du an deinem Partner nicht akzeptierst, hast du bei dir selbst verleugnet und kompensiert. Gestehe dir ein, dass du glaubst, diese Dinge seien ein nicht akzeptabler Anteil deiner selbst. Aspekte, die du bei dir selbst nicht akzeptierst, zeigen Orte, an denen du dich selbst enteignet hast. Wenn du deinem Partner Achtung, Dankbarkeit und Ehre entgegenbringst, bringst du sie dir selbst entgegen. Du kannst deinem Partner dafür danken, dass er dir Anteile deiner selbst zeigt, die du verdrängt hattest. Diese Anteile können nun geheilt werden. Wenn du sie integrierst, gewinnst du ein neues Maß an Ganzheit und Selbstvertrauen zurück.

Akzeptiere und integriere mithilfe der obigen Übung auch die Dinge, die du an deinen Eltern verurteilt hast, denn sie zeigen dir ebenfalls Aspekte, die du bei dir selbst abgespalten und verdrängt hast. Eine Wiedergeburt ist die Folge, wenn diese Aspekte sich in neue Ganzheit auflösen. Akzeptiere die Anteile deiner selbst, die deine Eltern dir zeigen. Wenn du sie wahrnehmen kannst, trägst auch du sie in dir. Die Dinge, die du an deinem Partner oder an deinen Eltern zurückweist, bleiben dir selbst erhalten. Negative Eigenschaften, die dich sabotieren, zeigen sich in deinem Partner oder in dir selbst, bis du sie endlich heilen kannst. Wenn du dich gegen sie wehrst, bleiben sie bestehen. Du hast diese Dinge vor dir selbst verborgen, indem du genau entgegengesetzt handelst, um sie zu kompensieren. Was du in den Menschen siehst, die dir nahestehen, zeigt dir jedoch, was dich zurückhält. Integriere alle Aspekte, die du an deinem Partner und an deinen Eltern verurteilt hast. Es bringt dir neue Ganzheit und stellt die Verbundenheit mit deinen Eltern wieder her.

Verbinde dein inneres Licht mit dem inneren Licht deines Partners und genieße das Gefühl der Zusammengehörigkeit. Verbinde anschließend dein Licht mit dem Licht deiner Eltern und euer vereintes Licht dann mit dem Licht deines Partners, sodass es zwischen dir, deinem Partner und deinen Eltern nur noch ein Licht und eine Liebe gibt. Bitte zuletzt CHRISTUS darum, sein Licht mit eurem vereinten Licht zu verbinden, sodass es nur noch ein von der LIEBE erfülltes Licht gibt.

51

Glück

Glück und Freude sind der Sinn und Zweck deiner Beziehung. Sie lösen das Ego auf und machen dich offener für Erfolg und Nähe. Du trittst zurück, sodass der HIMMEL in höherem Maße präsent ist. Die Liebe ist das, was Glück und Freude in eine Beziehung hineinbringt. Ohne die Liebe gibt es keine Freude. Denke über dein jetziges Leben nach und frage dich, wie viel Glück darin enthalten ist. Das Maß an Glück in deinem Leben entspricht dem Maß an Liebe, das darin enthalten ist. Glück rührt nicht von unseren Anhaftungen oder von den Dingen her, die wir von unserem Partner und von der Welt bekommen, sondern von dem, was wir selbst geben und empfangen. Unser Schmerz und unsere Emotionen rühren allesamt von den Dingen her, die wir bekommen wollen. Darin besteht die Bedürftigkeit und Besonderheit unseres Egos. Das Ego ist auf Habgier und Trennung aufgebaut, und es macht uns nicht glücklich. Wenn du gibst und dich in deinem Geben selbst gibst, dann ist das Liebe.

Wenn du zu den Ereignissen in deinem Leben zurückkehrst, in denen du glücklich warst, wirst du feststellen, dass es die Zeiten waren, in denen du Liebe geschenkt hast. Wenn du keine Liebe geschenkt hast, warst du nicht glücklich. Da die Liebe grenzenlos und somit auch nicht durch die Begrenzungen von Zeit und Raum gebunden ist, kannst du diese schmerzerfüllten oder leblosen Situationen jetzt heilen, indem du sie mit Liebe erfüllst.

Wir glauben meist, dass unser Schmerz, unser Hass und unser Groll gerechtfertigt waren. Das beweist nur, dass wir die damit verbundenen Seelenlektionen nicht gelernt haben und egobehaftete Glaubenssysteme aufrechterhalten, die äußerst schmerzhafte, selbstsabotierende Muster in Gang gesetzt haben, deren Auswirkungen wir noch heute spüren. Wir glauben, dass das, was geschehen ist, ungerecht und ungerechtfertigt war, aber die tieferen Ebenen unseres Bewusstseins offenbaren, dass wir diese Dinge benutzt haben, um uns zu trennen.

Wo andere Menschen uns schlecht behandelt haben, dort haben sie selbst eine schlechte Zeit durchgemacht. Wir können ihnen mit unserer Liebe helfen, denn wenn wir es nicht tun, übernehmen wir ihren Schmerz, ihre Schuld und ihre Muster. Weil wir uns geweigert haben, ihnen zu helfen, und die Situation benutzt haben, um uns zu trennen, müssen wir die Lektion jetzt auf sehr schmerzhafte Weise lernen.

Wir können unseren Schmerz und unsere Schuld sowie die mit ihnen verbundenen selbstsabotierenden Muster und Emotionen kompensieren, tragen sie aber trotzdem in uns. Um vergangene Situationen, in denen wir gelitten haben oder denen es schlicht an Liebe gemangelt hat, zu heilen, können wir uns fragen, welche Gabe wir für jeden der an der Situation beteiligten Menschen in uns getragen haben, und sie ihm zusammen mit unserer Liebe schenken. Wir können auch darum bitten, dass die LIEBE des HIMMELS in uns einströmen möge, und sie, wenn wir sie empfangen haben, in unserer Vorstellung in alle an der fraglichen Situation beteiligten Menschen einströmen lassen. So gelangen wir unbeschadet durch diese schmerzhaften oder leblosen Situationen hindurch. Wir können Liebe und Ganzheit auch in unsere gegenwärtige Situation hineintragen, um glücklich zu sein. In den Zeiten, in denen andere Menschen uns scheinbar besonders großen Schmerz zugefügt haben, haben auch sie besonders großen Schmerz gelitten, denn anderenfalls wären sie sich entweder ihres Mangels an Einfühlungsvermögen oder der Tatsache bewusst gewesen, dass ihr Handeln eine enorm negative Auswirkung auf uns hat. Wenn du ihren Schmerz, den zu heilen du auf einer Seelenebene versprochen hast, also nicht weitertragen willst, bringe ihnen die Liebe und die Vergebung, die euch beide befreien.

Beginne mit deiner jetzigen Beziehung und kehre mit dieser heilenden Übung dann auch in die Zeiten in deinem Leben zurück, die leidvoll für dich waren. Wenn der Prozess abgeschlossen ist, kehre in die Zeiten in deinem Leben zurück, die nicht glücklich waren, um ihnen das Glück zu bringen. Rufe dir dann deine früheren Beziehungen und schließlich deine Eltern ins Gedächtnis, um auch ihnen die Liebe zu bringen. Alle diese Beziehungen sind Ursache des Schmerzes und der Leblosigkeit, die du in der Gegenwart empfindest. Die Aufgabe mag dir zu groß erscheinen, aber du kannst sie ganz einfach in „mundgerechte" Stücke schneiden. Arbeite heute an deiner Beziehung oder zumindest einem Teil davon, und kümmere dich morgen um den Rest. Du kannst die schädlichen Muster auflösen, die du in dir trägst, und dir jetzt Glück schenken. Der ermächtigende Aspekt, der Liebe und Glück innewohnt, ist ihre große Anziehungskraft. Wenn du jetzt Liebe und Glück sowohl in deine gegenwärtige Beziehung als auch in deine vergangenen Beziehungen hineinträgst, mehrst du deine natürliche Freude und Überschwänglichkeit. Irgendwann lernst du, dass äußeres Glück flüchtig ist, dass die Liebe, die von innen kommt, dir jedoch unvergängliches Glück schenken kann. Das Schwert des Urteils trägt dagegen Leiden und Konflikt in deine Beziehung hinein. Dein Glück kommt von dir und nicht davon, wie dein Partner handelt. Es kommt dadurch, dass du Liebe bringst, wenn du deine Lebensaufgabe erfüllst und wenn du deine Bestimmung des großen Glücks und deine Identität als KIND GOTTES annimmst.

52

Wo wir nach Götzen greifen

Wir greifen nach einem Götzen, wenn es uns an Selbstliebe mangelt. Götzen sind unbewusste Fallen, die sich direkt vor unseren Augen verbergen. Es sind falsche Götter, von denen wir glauben, dass sie uns retten, uns glücklich machen und uns Sicherheit bringen können. Wir haben ihnen eine besondere, unwahre Stellung eingeräumt, damit sie uns Erfüllung bringen. Götzen sind äußere Dinge, von denen wir etwas bekommen wollen, das uns vervollständigen und uns Ganzheit bringen soll. Jede Spaltung unseres Bewusstseins, jeder Verlust unserer Verbundenheit und jeder Akt der Trennung lässt das Verlangen nach Götzen in uns aufkommen. Götzen sollen den Platz dessen einnehmen, was wirklich ist, aber sie können GOTT niemals ersetzen.

Unser Verlangen nach Götzen führt nicht zur Ganzheit, sondern zur Abhängigkeit. Jede Abhängigkeit kann zur Sucht werden und dazu führen, dass wir nach noch mehr Götzen streben. Jeder Schmerz, den du erleidest, zeigt, dass einer deiner Götzen zu Fall gebracht wurde, weil es dir nicht gelungen ist, seiner habhaft zu werden, oder weil er dir nicht genug ist, nachdem du ihn dir erfolgreich angeeignet hast. Vielleicht hast du auch versucht, ihn zu nehmen oder zu bekommen, und das hat zu einem zerschlagenen Traum oder sogar zu einem dunklen Götzen wie dem Götzen des Leidens geführt. Alle Götzen bringen Schmerz, Enttäuschung und Desillusionierung.

Es liegt in der Natur eines positiven Götzen, dass er uns auch dann nie genug ist, wenn es uns gelingt, seiner habhaft zu werden. Irgendwann hat auch er Herzensbruch und zerschlagene Träume zur Folge. Daraus entsteht Groll, und Groll stärkt das Ego. Wir streben auch deshalb nach Götzen, weil wir glauben, dass sie unseren Schmerz stillen können, aber Götzen und Schmerz bilden einen Teufelskreis, der spiralförmig abwärts führt. Götzen sorgen dafür, dass wir der Welt verhaftet bleiben. Sie bringen uns dazu, immer weiter außerhalb von uns in der Welt oder in unserer Beziehung zu suchen. Wir suchen nach einem fehlenden Anteil unserer selbst, der uns vervollständigen oder uns stärker machen soll. Weil wir so sehr in unserer Suche nach dem gefangen sind, wovon wir glauben, es könne uns Erfüllung bringen, entgeht uns die einfache Wahrheit, dass die Welt eine Illusion ist, die wir überschreiten sollen, während wir an Ganzheit und Selbstliebe gewinnen. Die Erkenntnis, dass die Welt eine Illusion ist, hebt uns auf eine höhere Bewusstseinsstufe und lässt uns schließlich in eine größere Wirklichkeit hinein erwachen. Alle Dinge, die wir zu Götzen gemacht haben, hätten wir auch ohne den damit verbundenen Schmerz und ohne die damit einhergehende Enttäuschung haben können, wenn wir nicht versucht hätten, sie in einen Gott zu verwandeln, um den Platz GOTTES einzunehmen. Es ist keine große Sache, das zu haben, was wir wollen. Wenn wir abhängig und verhaftet sind, glauben wir aber, dass wir es haben *müssen*, um glücklich zu sein. Dann führt das Haben zu Herzensbruch und Verlust.

Überall dort, wo du in deiner Beziehung gelitten hast oder nicht glücklich warst, trägst du einen oder mehrere Götzen ein und derselben Art in dir. Lebensbereiche, in denen Götzen oft dauerhaft zu Ernüchterung und Verzagtheit führen, sind Verliebtheit, Sex, Beziehungen, dein Partner, dein Körper, Besonderheit und das Ego. Andere Götzen, die in einer Beziehung großen Schaden anrichten können, sind Geld, Unabhängigkeit, Erfolg, Ruhm, Alkohol, Drogen, Essen, Gier und Konsum. Zu guter Letzt gibt es noch die dunkleren Götzen, zu denen Mangel, Herzensbruch, Rache, Schuld, Aufopferung, das Opfer, Grausamkeit, Leid, Krankheit, Tod, Kreuzigung, Beherrschung und Unterwerfung gehören. Alles kann in einen Götzen verwandelt werden.

Götzen zeigen, dass wir in die größte Falle getappt sind, die es im Leben und in Beziehungen gibt. Götzen machen uns glauben, dass das, was wir in Beziehungen oder im Leben bekommen, das ist, was uns glücklich macht. Alles, was wir außerhalb von uns bekommen wollen, bringt uns jedoch Schmerz und Enttäuschung ein. Das Glück, das wir in eine Beziehung einbringen, ist das, was uns glücklich macht. Was wir kontinuierlich geben, ist das, was länger als nur für den Augenblick anhält, was unvergänglich ist. Die Anziehungskraft, die den Beginn einer Beziehung prägt, benutzt unsere Götzen. Unsere Götzen sorgen dafür, dass wir uns zu einem anderen Menschen hingezogen fühlen. Sie machen etwas außerhalb von uns anziehend. Das Stadium der Verliebtheit führt zum Stadium des Machtkampfs, in dem wir unseren Partner dazu bringen wollen, unsere Bedürfnisse zu erfüllen und uns das zu geben, was wir wollen. Kontrolle und Kämpfe sind die Folge, denn wir wollen gewinnen und setzen unseren Partner ins Unrecht, weil er unsere Bedürfnisse nicht erfüllt. Dies führt zum Stadium der toten Zone, in dem wir Rückzug als List benutzen, um nicht zu verlieren. Rückzug bedeutet, dass wir uns selbst den Mut nehmen, wenn es um unsere Beziehung geht.

Statt enttäuscht zu sein, weil es unserem Partner an sexueller Energie oder an anderen Dingen mangelt, können wir sie selbst in unsere Beziehung einbringen. Wenn unser Partner sexuell verletzt wurde und deshalb gehemmt und schüchtern ist, können wir unsere sexuelle Energie und unsere sexuellen Gaben einbringen, um ihn zu heilen und zu begeistern. Wenn er krank ist, können wir ihm energetisch Stärke, Vitalität und Lebendigkeit schenken, um ihn zu nähren. Wir finden unser Glück, indem wir unsere Liebe schenken.

Denke darüber nach, wie viele unterschiedliche Götzen und wie viele Götzen von jeder Art du in dir trägst. Denke darüber nach, welche Auswirkung dies auf dein Leben und deine Beziehung hatte. Frage dich dann, wofür du diese Götzen benutzt hast. Auf einer bestimmten, tiefen Ebene weißt du, dass sie nicht funktioniert haben. Wenn du für deinen Schmerz, deinen Groll und die Götzen, die Ursache deines Schmerzes und deines Grolls sind, die volle Verantwortung übernehmen kannst, kannst du dich dafür entscheiden, sie loszulassen. Übergib alle Bereiche, in denen Aufregung, Schmerz oder Frustration herrschen, dem HIMMEL, damit er sie für dich aufheben kann. Der HIMMEL will dein Glück, das aber in der Wahrheit liegt und nicht in den Illusionen, die nur flüchtiges Glück bringen und dann zu künftigem Schmerz führen.

53

Angst heilen

Es gibt kein Problem ohne Angst. Angst lähmt uns. Das Ego ist aus Angst aufgebaut – aus den vielen Fehlern, in denen wir Ganzheit und Verbundenheit abgespalten haben und die Trennung benutzt haben, um unsere Identität zu erschaffen.

Angst wird durch Liebe und dadurch geheilt, dass wir den nächsten Schritt gehen. Liebe löst die Angst auf, die uns in der Erstarrung festgehalten hat. Da Angst stets eine Angst vor Verlust ist, glauben wir, etwas zu verlieren, das uns wichtig ist, wenn wir den nächsten Schritt gehen. Wir verlieren jedoch nur einen Teil unseres Egos und gewinnen Verbundenheit zurück. Wir haben Angst, mit dem nächsten Schritt nicht umgehen zu können, unzulänglich zu sein, und deshalb fürchten wir uns davor, ihn zu gehen. Angst ist jedoch eine Phantasievorstellung, eine Illusion darüber, dass uns etwas Negatives widerfahren könnte. Wir entscheiden, ob wir in diese Phantasievorstellung investieren wollen oder lieber in das Vertrauen, das eine positive Investition ist. Vertrauen ist eine Investition in den Erfolg, weil es die Macht des Geistes in eine positive Richtung lenkt. Dies bewirkt paradoxerweise, dass eine negative Situation sich positiv entwickelt und an einen Ort der Ganzheit und des Erfolges gelangt.

Wenn wir ein Problem haben und uns fürchten, dann entspricht die Zeitspanne, die wir brauchen, um das Problem zu überwinden, der Zeitspanne, die wir brauchen, um das nötige Selbstvertrauen zu gewinnen, das uns erlaubt, den nächsten Schritt zu gehen. Wenn die Angst aufgelöst wird oder wir ja zum nächsten Schritt sagen, kommt er ganz von selbst zu uns.

Unabhängig davon, worin das Problem in deiner Beziehung besteht, solltest du deshalb wissen, dass Angst an seiner Wurzel liegt. Angst ist ein Zeichen dafür, dass wir versuchen, etwas aus eigener Kraft zu schaffen. Wenn wir uns daran erinnern würden, WER mit uns geht, hätten wir keine Angst. Wisse also, dass der HIMMEL will, dass du in deiner Beziehung glücklich bist, und dass ER deshalb auch will, dass deine Beziehung erfolgreich ist. Der HIMMEL gibt dir die Gaben, die Gnade und die Wunder, damit dies geschehen kann. Gehe den nächsten Schritt in der Gewissheit, dass Engel deinen Weg bewachen und dass die STIMME FÜR GOTT so laut ist, wie du sie zu hören bereit bist, um erfolgreich den Weg voran zu finden. Der Satz, der in der Bibel am häufigsten zu finden ist, lautet: „Fürchte dich nicht."

54

Die Liebe oder das Ego

Diese Entscheidung musst du auf der Suche nach dem Glück in deiner Beziehung frühzeitig treffen. Willst du in die Liebe oder in dein Ego investieren? Die Frage mag dir albern vorkommen, aber du musst dich dennoch für eine Antwort entscheiden. Was ist dein Ziel? Willst du ein Leben aufbauen, das von Liebe erfüllt ist, oder ein Leben, das darauf ausgerichtet ist, Aufmerksamkeit zu erlangen, Bedürfnisse erfüllt zu bekommen und anderen Menschen zu zeigen, wie besonders du bist? Diese Wahl triffst du in jedem Augenblick neu. Wenn du abwehrst, kämpfst oder in eine andere Richtung gehst als dein Partner, stärkst du dein Ego, das eine Illusion ist. Es ist das, was dich von dir selbst, von den Menschen, die du liebst, vom Leben und vom HIMMEL trennt. Es ist auf Schmerz, Schuld und Ungerechtigkeit aufgebaut. Die Liebe fördert dagegen Erfolg und Nähe in deiner Beziehung und unterstützt dich außerdem darin, deine Lebensaufgabe und deine Bestimmung zu erfüllen.

Wenn du glücklich und in Frieden bist, dann investierst du in die Liebe. Alles andere ist eine Investition in das Ego. Wenn du Recht haben, etwas beweisen, Schuldgefühle erzeugen, deinen Partner kontrollieren oder ihn oder dich selbst angreifen willst, dann investierst du in dein Ego, das jedes negative Ereignis in deinem Leben geplant hat, weil es ihm eine Belohnung einbringt. Die Liebe macht das Leben reizvoll. Das Ego saugt die Kraft aus deinem Leben und plant sogar in diesem Augenblick deinen Tod. Die Liebe birgt alles in sich, was du willst. Das bedeutet jedoch, dass du dich ausdehnen, dass du über dein Ego hinaus zu deinem Partner hinreichen musst. Dein Ego will nicht, dass du erkennst, dass deine Emotionen von dir selbst kommen. Das Ego weist für alles jemand anderem die Schuld zu. Es übernimmt keine Verantwortung, sondern weist alle Schuld anderen Menschen zu, während es gleichzeitig alle Schuld auf sich nimmt. Es ist von Angriff und Selbstangriff erfüllt. Die Liebe ist der Weg in den HIMMEL, während das Ego der Weg zur Hölle ist. Was willst du? Wofür entscheidest du dich?

55

Das Beste in deinem Partner
hervorbringen

Wenn du das Beste in deinem Partner hervorbringst, bringst du das Beste in dir selbst hervor. Alles, was du hervorbringst, kannst du mit deinem Partner teilen. Das ist allerdings eine Kunst, wenn du das Gefühl hast, gerade selbst nicht dein bestes Ich zu sein. Der einzige Ort, an dem du anfangen kannst, ist jedoch genau der Ort, an dem du gerade bist. Mache dir darüber also keine Gedanken. Verpflichte dich, deine Urteile und deinen Groll aufzugeben, so gut es dir möglich ist, weil sie das verbreiten, was du bei deinem Partner als Sünde ansiehst. Was du als Sünde ansiehst, ist das, was du bei dir selbst als sündig betrachtest. Du verurteilst die Sünden deines Partners und benutzt sie, um das zu verbergen, was du für deine eigene Sünde hältst.

Es gibt jedoch einen Weg, der durch diesen Teufelskreis aus Schuld und Urteilen hindurchführt. Er besteht in Verbindung. Jedes Beziehungsproblem kann geheilt werden, wenn du über dein Ego hinausgehst, um dich mit deinem Partner zu verbinden. Damit wollen wir jetzt beginnen. Das Ego, das wir aufgebaut haben, ist vielen Selbstkonzepten entsprungen. Jedes Selbstkonzept ist auf Trennung, Schmerz, Schuld, Angst, Gefühlen von Ungerechtigkeit, Bedürfnissen, Einsamkeit, Schwäche, Selbstmitleid und schließlich Zorn oder Rückzug aufgebaut. Deshalb gleicht jedes Selbstkonzept einer Gummihülle, die uns umgibt. Manche dieser Gummihüllen sind aber hart wie ein Panzer, und umso mehr Selbstkonzepte wir aufbauen, die uns vermeintlich Sicherheit geben sollen, umso größer und unüberwindlicher wird der Panzer, den wir tragen. Der Schlüssel liegt darin, über unseren eigenen Panzer hinauszugehen und uns mit unserem Partner in seinem Panzer zu verbinden. Wir haben uns beim Aufbau unserer Identität natürlich zu einem rechtschaffenen Menschen gemacht. Dies ist ein Abwehrmechanismus, der verhindern soll, dass wir verletzt werden. Leider hält dies den Schmerz nicht von uns fern, sondern zieht ihn vielmehr an. Unser innerer Schmerz zieht äußeren Schmerz an, der dann durch unsere Abwehrmechanismen pflügt, um unseren inneren Schmerz zutage zu fördern. Unsere Abwehrmechanismen haben uns mit dem Schmerz eingeschlossen. Sie führen genau das herbei, was sie verhindern wollten.

Rufe dir nun ein Problem, eine Meinungsverschiedenheit oder ein gegensätzliches Verhalten zwischen dir und deinem Partner ins Gedächtnis. Die bestmögliche Form der Heilung ist Verbindung, das heißt, dass dein Weg und sein Weg sich zum bestmöglichen Weg vereinigen. Stelle dir vor, dass dein Partner auf der anderen Seite eines Abgrundes in seinem Panzer aus Selbstkonzepten vor dir steht. Bitte um die Hilfe des HIMMELS und stelle dir dann vor, dass du an einer Liane über den Abgrund schwingst und neben ihm landest. Verbindung geht über die Frage hinaus, wer Recht oder Unrecht hat. Sie geht auch über die Frage hinaus, wessen Weg der beste Weg ist. Das führt dazu, dass es dir viel leichter fällt, dich mit deinem Partner in seinem Panzer zu verbinden, statt darum zu kämpfen, dass ihr beide deinen Weg geht. Wenn du dich mit ihm verbindest, spürst du normalerweise ein Gefühl der Erhebung und des Friedens. Das hat zur Folge, dass er seine Position ändert und eine Bewegung auf eine höhere Beziehungsebene stattfindet, die zu diesem neuen Aspekt der Partnerschaft passt. Wenn du deinen Panzer verlassen hast, um dich mit ihm zu verbinden, verlässt auch er seinen Panzer, um gemeinsam mit dir einen neuen und besseren Weg zu finden, der euch das Gefühl gibt, gemeinsam erfolgreich zu sein.

Wenn der Prozess abgeschlossen ist, kannst du dir eine Situation ins Gedächtnis rufen, in der dein Partner sich von seiner schlimmsten Seite gezeigt hat. Er konnte sich nur deshalb so verhalten, weil du ihn verurteilt und es versäumt hast, ihm zu helfen. Du hegst einen Groll gegen ihn aufgrund seines damaligen Verhaltens, aber das kannst du ändern, indem du dich jetzt mit ihm verbindest. Du erlöst ihn und dich selbst, was zur Folge hat, dass es dir, deinem Partner und eurer Beziehung besser geht. Stelle dir vor, wie dein Partner in seiner schlimmsten Zeit gewesen ist. Wenn du es dir noch vorstellen kannst, tragt ihr es beide nach wie vor in euch. Schwinge erneut aus deinem Panzer heraus über den Abgrund zu deinem Partner in seinem Panzer hin. Gehe über die Frage von Sieg und Niederlage hinaus, um dich mit ihm zu verbinden. Dann könnt ihr beide das Gefühl von Frieden und Erhebung spüren, das Verbindung bringt.

Es findet wieder eine Bewegung statt, die euch beide zu einer neuen Seinsweise in der Beziehung führt. In seltenen Fällen kann es geschehen, dass nur für einen kurzen Augenblick eine Besserung eintritt, ehe sich eine neue dunkle Schicht zeigt, die unter dem Konflikt verborgen lag. Das ist gut, denn es gibt euch die Möglichkeit, gemeinsam an eurer Heilung zu arbeiten und in großen Schritten voranzugelangen. Schwinge auch über die Kluft dieser Emotion hinweg, um dich mit deinem Partner in seinem Panzer zu verbinden. Das hat zur Folge, dass du wiederum auf eine neue und höhere Ebene des Friedens und der Partnerschaft gelangst.

Wenn der Prozess abgeschlossen ist, kehre zu einer früheren Beziehung zurück, in der dein damaliger Partner sich von seiner schlimmsten Seite gezeigt hat. Wenn du ihm nicht hilfst, machst du daraus ein Thema, das du in deine jetzige Beziehung hineinträgst. Du kannst es deshalb ebenso gut jetzt heilen. Stelle dir vor, dass du aus deinem Panzer heraus über den Abgrund schwingst und dich ungeachtet dessen, wie abscheulich er sich damals verhalten hat, in seinem Panzer mit ihm verbindest. Du kannst dazu um die Hilfe des HIMMELS bitten. Schwinge dann mit seiner Gnade über den Abgrund, um dich mit deinem früheren Partner zu verbinden. Wenn du dich mit ihm verbindest, muss er sich nicht länger so verhalten, wie er es getan hat, weil eines seiner grundlegenden Bedürfnisse erfüllt wird. Dein veränderter Blick auf ihn befreit deine frühere Beziehung und übt eine ebenso befreiende Wirkung auf deine jetzige Beziehung aus.

Das neue Maß an Ganzheit in deiner früheren Beziehung ermächtigt dich selbst und deine jetzige Beziehung, sodass du zumindest teilweise dein heiliges Versprechen erfüllst, deinen Partner zu retten. Sobald du den Prozess mit deinem früheren Partner abgeschlossen hast, führe die Übung mit deinen Eltern einzeln und auch als Paar durch. Führe die Übung anschließend mit dem Menschen durch, der deiner Meinung nach den größten negativen Einfluss auf dein Leben hatte. Wenn du dich mit diesen Menschen verbindest, ermächtigst du dich selbst und sie, und dieses Selbstvertrauen trägst du zu deinem Partner. Du hast dein heiliges Versprechen, ihn zu retten, teilweise erfüllt, statt über ihn zu urteilen und ihn zu benutzen, um durch Trennung falsche Unabhängigkeit aufzubauen.

Wenn du diese Übung einmal im Monat durchführst, sorgst du dafür, dass sowohl dein Partner als auch deine Beziehung sich ständig weiterentwickeln. Du kannst sie von Zeit zu Zeit auch mit einem Menschen durchführen, der deine Hilfe besonders dringend braucht, da auch das deine Beziehung auf eine positive Weise voranbringt.

56

Kämpfen oder helfen?

Willst du mit deinem Partner kämpfen, oder willst du deinem Partner helfen? Es läuft wirklich auf diese Frage hinaus. Wenn du kämpfst, dann kämpfst du für dein Ego. Du magst das Gefühl haben, dass du einen Schritt vorangehst, weil du endlich für dich selbst eintrittst, und das ist vermutlich sogar wahr. Es ist jedoch nur ein halber Schritt, wenn du stattdessen für dich selbst, deinen Partner und deine Beziehung einen ganzen Schritt vorangehen könntest.

Ein Kampf rührt von Angst her und führt zu noch größerer Angst. Angst hindert dich daran, den nächsten Schritt zu gehen. Selbst wenn du den Kampf gewinnst, ist es nur eine Frage der Zeit, bis dein Partner dich seinerseits aus dem Hinterhalt überfällt oder sich an dir rächt, indem er sich zurückzieht. Der Weg, der dich voranbringt, besteht also in der Erkenntnis, dass dein Partner deine Hilfe braucht, wenn er ein bestimmtes Verhalten ausagiert. Das soll natürlich nicht bedeuten, dass du dich in irgendeiner Form missbrauchen lassen oder dich nicht verteidigen sollst, wenn du körperlich angegriffen wirst. Dennoch ist es wichtig zu wissen, dass – wie ein Blick in dein Unterbewusstsein dir zeigen würde – das Problem nur deshalb entstehen konnte, weil du dein geheimes Einverständnis dazu gegeben hast.

Du kannst mühelos Zugang zum Unterbewusstsein erlangen, indem du so tust, als hättest du gewollt, dass der Kampf stattfindet. Welchen Zweck erfüllt er für dich? Wofür benutzt du ihn? Wovor fürchtest du dich so sehr, dass du dich zurückhalten wolltest? Welche Schuld willst du tilgen? Wo willst du Recht haben? Wem außer deinem Partner willst du in diesem Kampf eine Niederlage beibringen? Was willst du mit diesem Kampf beweisen? An wem außer an deinem Partner willst du dich durch diesen Kampf rächen? Diese Fragen zeigen nur einen kleinen Ausschnitt deines Unterbewusstseins. Die Liste ließe sich beliebig fortsetzen. Wo hast du dich schwach gefühlt und deshalb deinerseits angegriffen, obwohl es aller Wahrscheinlichkeit nach natürlich so ausgesehen hat, als sei dein Partner derjenige, der den Kampf begonnen hat?

Zu einem Kampf gehören zwei. Wenn ein Partner sich schwach fühlt und Angst hat, ist es wenig hilfreich, ihn deinerseits anzugreifen. Es gibt einen besseren Weg, und er besteht darin, deinem Partner zu helfen. Wenn du deine gesamte Beziehung einmal näher betrachtest, wirst du rasch erkennen, wo du gekämpft hast, wo du geholfen hast und wo du dich hilflos gefühlt hast und nicht wusstest, was du tun kannst, um deinem Partner zu helfen. Immer wenn du das Gefühl hast, hilflos zu sein und nicht zu wissen, wie du deinem Partner helfen kannst, bitte um die Hilfe des HIMMELS. Bitte deinen Engel, Jesus, Buddha, Krishna oder Kuan Yin um Hilfe. Dann kannst du überlegen, was du tun könntest, um deinem Partner zu helfen. Dies ist ein wichtiger Punkt, wenn es darum geht, die Angst zu heilen, die zu einem Kampf führt. Wenn das Verhalten deines Partners keine Liebe ist, dann ist es Angst und ein Ruf nach Liebe. Wir alle brauchen Hilfe, aber wir haben erst dann den Mut, direkt darum zu bitten, wenn wir auf eine bestimmte Entwicklungsstufe gelangt sind. Früher oder später wird es jedoch für uns alle zu einer grundlegenden Notwendigkeit.

Gehe also der Frage auf den Grund, wo du dich auf Kämpfe einlässt. Das gilt auch für Kämpfe, die nicht laut ausgetragen werden. Wenn du dich bei einem Urteil, einem Angriff oder Angriffsgedanken, Aggression, Rückzug oder passiver Aggression ertappst, kannst du diese Dinge korrigieren, indem du erkennst, dass sie ein Fehler waren. Wenn du dich bei einem Fehler ertappt hast, kannst du ihn berichtigen. Denke darüber nach, ob du kämpfen willst, um deine Besonderheit zu verteidigen, oder ob du stattdessen deinem Partner helfen willst. Du kannst ihm einen besseren Weg aufzeigen und ihm die Liebe und Unterstützung schenken, die es ihm leicht macht, diesen Weg zu gehen. Jeder Mensch braucht Hilfe, und in dem Maße, in dem deine Beziehung in ihrer Entwicklung voranschreitet, gelingt es dir ganz von selbst immer besser, deinem Partner zu helfen. In dem Maße, in dem unsere eigene Heilung voranschreitet, kommen mit immer neuen Herausforderungen auch immer neue Lektionen darüber auf uns zu, wie wir unserem Partner helfen können.

Ein Kampf ist stets ein Kampf um Besonderheit, um unseren eigenen Weg und um Kontrolle. Das kann uns kein Glück bringen. Wenn unser Partner ausagiert, können wir über sein Verhalten hinwegsehen und ihm helfen.

Kehre vor deinem inneren Auge in die Zeit zurück, in der du die einfache Prüfung, deinem Partner zu helfen, nicht bestanden hast, weil du dich stattdessen für den Kampf entschieden hast. Triff jetzt eine neue Entscheidung. Wie würdest du heute auf deinen Partner eingehen, nachdem du nun weißt, was du weißt?

Willst du Teil der Lösung oder Teil des Problems sein? Willst du das Problem oder die Lösung? Willst du die Antwort oder das Problem?

57

Will ich Recht haben oder glücklich sein?

Dies ist eine wichtige Frage, die du dir im Laufe deiner Beziehung und deines Lebens immer wieder stellen solltest. Du kannst nicht Recht haben *und* glücklich sein. Diese beiden Dinge schließen einander aus. Jede Form von Selbstgerechtigkeit schließt deinen Partner aus. Glück fördert dagegen Zusammengehörigkeit. Glück ist offen für Liebe, Spaß und Nähe. Gehe der Frage nach, wie glücklich du in deinem Leben und in deiner Beziehung bist. Wenn du nicht glücklich bist, bist du aufgerufen, dich zu ändern, damit du Erfolg haben kannst. Es ist immer einfacher, den Fehler bei deinem Partner zu sehen und blind dafür zu sein, was du selbst tust und dass du insgeheim mit seinem Verhalten einverstanden bist. Wenn dein Partner ein bestimmtes Verhalten zeigt, tut er es nämlich stets mit deinem heimlichen Einverständnis. Das Unterbewusstsein liefert den Beweis.

Wenn du Heilung erlangen möchtest, besteht der erste Schritt darin, dich für das Glück anstelle des Rechthabens zu entscheiden. Der zweite Schritt besteht darin, dir Zugang zum Unterbewusstsein zu verschaffen. Tue so, als habest du gewollt, dass dein Partner so ist oder sich so verhält, wie er es getan hat. Was erlaubt es dir zu tun? Was brauchst du nicht zu tun? Was beweist sein Verhalten? Inwiefern dient es dir? Welche Ausrede liefert es dir? In welcher Form benutzt du es, um vor deiner Lebensaufgabe und deiner Bestimmung davonzulaufen? In welcher Form benutzt du es, um gegen den HIMMEL zu kämpfen, damit du die Welt und die falsche Identität aufrechterhalten kannst, die du erschaffen hast, um getrennt zu bleiben? Was beweisen deine Beziehung und dein Partner in Bezug auf deine Lebensaufgabe und deine Bestimmung? Was beweisen sie in Bezug auf den HIMMEL? Du könntest stattdessen glücklich sein. Was willst du? Was willst du wirklich? Entscheide dich von ganzem Herzen dafür!

58

Der Finger der Anklage

Wenn dein Partner scheinbar nicht der Partner ist, den du willst, ist er tatsächlich genau der Partner, den du brauchst. Inwiefern dient es dir, dass er so ist, wie er ist? Finde es intuitiv heraus, weil das Ego dich dazu bringt, darüber nachzudenken, während es gleichzeitig dein Denken steuert.

Wir benutzen einen Partner, der scheinbar nicht so ist, wie wir ihn uns wünschen, um jemand anderem die Schuld am Zustand unserer Beziehung zu geben. Gegen wen richtet sich dein Finger der Anklage, indem du deinen Partner als Werkzeug benutzt? Woran gibst du dem betreffenden Menschen die Schuld? Dieses Muster macht deinen Partner zu dem, was er in deinen Augen ist. Stelle dir vor, was er sein könnte, wenn du dem betreffenden Menschen diese Themen vergibst. Ist es nicht näher an dem, was du dir für deinen Partner und für dich selbst wünschst?

Du hast deinen Partner auf eine unwahre Weise benutzt. Du glaubtest, dass er dich durch sein Handeln missbraucht, während es in Wirklichkeit genau anders herum war. Wenn du dir selbst dafür vergibst, ist dein Partner dir eine große Hilfe darin, deine unverarbeiteten Themen aus der Vergangenheit zu klären. Wenn du in irgendeiner Form unglücklich bist, nimm dein Unglücklichsein einen Moment lang wahr und frage dich dann, wo der Ursprung dieses Gefühls liegt. Kehre zu diesem Ereignis zurück, lasse die dunkle Lektion des Egos los und bringe allen Menschen, die anwesend sind, deine Liebe, um ihnen zu helfen. Bitte um die Lektion des HIMMELS. Heiße dann die LIEBE des HIMMELS und die GÖTTLICHE PRÄSENZ willkommen, um allen an der Situation beteiligten Menschen ein Gefühl der Selbstliebe zu ermöglichen. Wenn der Prozess abgeschlossen ist, bringe die Liebe und das Licht mit in die Gegenwart und trage sie dann zurück zum Zeitpunkt deiner Empfängnis. Heilung ist stets die Heilung der Vergangenheit. Wenn die Wurzel geheilt ist, gibt dein Partner sein negatives Verhalten auf.

59

Schuld heilen

Ich habe vor kurzem mit einem jungen Mann gearbeitet, der mit über zwanzig Jahren noch nie eine Beziehung hatte. Als Grund gab er an, er sei so schüchtern, dass er nicht wisse, wie er eine Frau ansprechen könne. Ich gab ihm viele Hinweise, die ihm helfen sollten, seine Schüchternheit zu überwinden, hatte jedoch das Gefühl, dass das wirkliche Problem viel tiefer lag. Schließlich fanden wir heraus, dass Schuld die Ursache seines Problems war. Er fühlte sich schuldig, weil er in einem vergangenen Leben andere Menschen getötet und ihre Seelen geraubt hatte. Ob diese Aussage metaphorisch oder wörtlich gemeint war, ist irrelevant für die Heilung, denn die Schuld ist allzu real, ganz gleich, wem oder was wir sie zuschreiben. Zusammen mit der Emotion und dem Bild wird auch das Thema transformiert. Es ist so, als würden wir mit einem Traum arbeiten, um tiefere Muster zu heilen.

Nachdem ich ihm geholfen hatte, die Schuld loszulassen und die darunterliegende Angst zu heilen, konnte er seine verborgenen Gaben sehen und sich zu ihnen bekennen. Nachdem er alle Emotionen losgelassen hatte, konnte er die Gaben der Körpersprache und des großen Glücks annehmen. Die Gabe der Körpersprache erlaubte ihm, andere Menschen und insbesondere Frauen zu lesen. Nachdem er seine Gaben angenommen hatte, konnte er sich selbst vergeben und sich dazu verpflichten, andere Menschen, die ähnliche unbewusste Schuldgefühle in sich trugen, in ihrer Heilung zu unterstützen. Er wirkte vollkommen verändert. Ich fragte ihn, wie er sich jetzt fühle, und er erwiderte: „Hundertprozentig zuversichtlich!"

Ich habe oft Situationen wie diese erlebt, in denen eine Beziehung durch Schuld sabotiert wird. Ein Partner fühlt sich schuldig wegen etwas, das er getan hat, und hält sich daraufhin für so unwürdig, dass er sich von seinem Partner zurückzieht. Ich habe auch Kämpfe und Leblosigkeit erlebt, die von Kindheitsmustern der

Schuld herrührten, weil der betreffende Mensch es versäumt hatte, der Familie oder einem bestimmten Familienmitglied zu helfen. Sexuelle Schuld, die von Traumen oder Affären herrührt, kann ebenfalls eine selbstzerstörerische Energie entfalten und in manchen Fällen auch eine starke zerstörerische Wirkung auf die Beziehung haben, die in Form eines Angriffs auf den Partner zum Ausdruck kommen kann. Ein Angriff auf andere Menschen führt zu Schuld und Selbstangriff. Schuld führt zur Selbstbestrafung. Glaubst du, dass dein Partner dich für die Schuld, die du fühlst, angreifen oder beschuldigen würde? Wenn die Antwort ja lautet, so zeigt das nur, in welch hohem Maße du dich selbst angreifen würdest. Der HIMMEL, der die UNSCHULD SELBST ist, sieht deine Unschuld. Die Menschen, die GOTT als einen strafenden GOTT ansehen, haben ihre eigene Schuld und ihre eigene Verurteilung auf GOTT projiziert.

Schuld ist ein raffinierter Trick des Egos, den es benutzt, um Angst zu verbergen und an der Vergangenheit festzuhalten. Das Ego ist auf Schuld aufgebaut. Es will nicht, dass du dich befreist. Ein großer Teil der Schuld, die wir in uns tragen, ist uns noch nicht einmal bewusst, weil wir die Dinge, derentwegen wir uns schuldig fühlen, abgespalten und verdrängt haben. Unsere Urteile und unser Groll können uns helfen, die Schuld zu finden, die wir verborgen haben. Du kannst nur dann urteilen und verurteilen, wenn du dich selbst schuldig fühlst. Deine Schuld fordert, dass andere Menschen ebenso bestraft werden wie du selbst. Alle negativen Dinge, die dir widerfahren, stellen eine Form von Selbstangriff dar, um Schuld zu tilgen. Das gelingt ihnen jedoch nicht, sondern sorgt im Gegenteil lediglich dafür, dass du dich noch schlechter fühlst, was deine Schuld weiter verstärkt. Vergebung lässt deine verborgene Schuld los, während sie gleichzeitig andere Menschen befreit. Leidvolle Ereignisse tragen unter Verleugnung und Selbsttäuschung ebenfalls Schuld in sich. Wenn wir zum Opfer gemacht werden, versuchen wir, Schuld zu tilgen, vergrößern letzten Endes jedoch die Schuld und verstärken das Opfermuster. Wir alle machen Fehler, aber Schuld verstärkt sie und schreibt sie fest. Schuld bedeutet, dass du die Lektion nicht lernst, um das Muster loslassen zu können, sondern lediglich dich selbst und andere Menschen angreifst.

Rufe dir die drei gravierendsten Ereignisse ins Gedächtnis, derentwegen du dich schuldig fühlst.

1. _____

2. _____

3. _____

Wie wirken sie sich auf dein Leben und deine Beziehungen aus?

Rufe dir die drei gravierendsten Opfersituationen ins Gedächtnis, derentwegen du dich schuldig fühlst. Das Unterbewusstsein liefert den Beweis dafür, dass wir alle Schuld aus Opfersituationen in uns tragen. Wenn du dich wegen einer Sache schlecht fühlst, trägst du immer auch Schuldgefühle in dir. Das gilt selbst für die Situationen, in denen du einen Verlust erlitten hast.

1. _____
2. _____
3. _____

Wie groß ist deine Schuld aus diesen Ereignissen, erkennbar an den Emotionen, die du nach wie vor in dir trägst? In welcher Form wirken diese mit Schmerz und Schuld verknüpften Ereignisse sich jetzt auf dein Leben und deine Beziehungen aus? Wie groß ist das Maß an Familienschuld und Schuld aus alten Beziehungen, das du in dir trägst? Der größte Teil deiner Familienschuld ist verborgen. Das Unterbewusstsein zeigt jedoch, dass du für jede Situation, in der du darin versagt hast, deiner Familie zu helfen oder sie zu retten – wie dein Schmerz, deine Unabhängigkeit und deine Aufopferung beweisen –, ein hohes Maß an Familienschuld in dir trägst. Dies ist der größte Erzeuger von Schuld, und es ist eine Verschwörung. Wenn deine Familie nicht in Glück, Gesundheit und Fülle lebt, trägst du Familienschuld aus der Kindheit in dir. Diese Schuld ist mit der ödipalen Verschwörung, die Schuld wie eine Fontäne hervorsprudeln lässt, sowie mit Konkurrenz und sexuellen Themen verknüpft. Alle diese Dinge werden nahezu vollständig verdrängt. Die Folge ist ein entsetzlich hohes Maß an Schuld, die auf Illusionen basiert und dafür sorgt, dass du dich vor Sex, Nähe und Erfolg fürchtest.

Eine weitere Quelle von Schuld sind Geschichten der Schuld. Wir schreiben sie, weil sie uns eine Belohnung einbringen, die fast immer in einer Ausrede dafür besteht, unsere Lebensaufgabe nicht erfüllen zu müssen oder gegen GOTT kämpfen zu können. Es gibt Verschwörungen der Schuld, die es so aussehen lassen, als könne es uns niemals gelingen, uns von unserer Schuld zu befreien. Es gibt auch Götzen der Schuld, die uns dazu bringen, Schuld anzubeten, weil wir glauben, dass sie uns retten und uns Sicherheit geben kann. Schuld hat eine ausgesprochen zerstörerische Wirkung und ist eine Wurzel jedes Problems. Schuld zerstört Beziehungen. Sie greift an, errichtet Mauern und sorgt dafür, dass wir uns zurückziehen. Nun ist es an der Zeit, unsere Schuld ein für alle Mal loszulassen.

Anstelle von Schuld kannst du Verantwortung übernehmen, mit deren Hilfe du dann die Schuld dem HIMMEL übergeben kannst, um sie für dich aufzuheben. Willst du die Illusion der Schuld oder die Wahrheit?

Jede Emotion zeigt, dass es ein Missverständnis gegeben hat, und Schuld ist ein großes Missverständnis. Damit du Mangel, gesundheitliche Probleme oder unglückliche Gefühle aufgeben kannst, musst du deine Schuld aufgeben. Selbstgerechtigkeit, Urteile und Groll kompensieren Schuld. Sei dir sowohl der Schuld als auch ihrer Verstecke und Fallen bewusst, damit sie dich nicht gefangen nimmt. Wertschätze die Wahrheit. Sei kein Sklave des Egos, sondern stelle dich stattdessen in den Dienst des HIMMELS. Lasse heute die Schuld und ihre schlechten Gefühle los, damit du deinem Partner näher sein kannst. Unschuld, Selbstliebe und Selbstwert sind untrennbar miteinander verknüpft.

60

Rache heilen

Rache ist eine tief verborgene Dynamik, die bei jedem Problem am Werk ist. Das gilt auch für das Problem, das du gegenwärtig mit deinem Partner hast. Frage dich, an wem außer an deinem Partner du dich mithilfe dieses Problems rächen willst. Neben dem oder den betreffenden Menschen, bei denen es sich meist um einen Elternteil oder beide Eltern handelt, willst du dich immer auch an GOTT rächen. Jeder Ort, an dem wir unglücklich sind, birgt diese Dynamik in sich, die gegen mindestens einen Elternteil und gegen GOTT gerichtet ist. Dabei spielt es keine Rolle, ob deine Eltern bereits gestorben sind, weil die Beziehung in dir weiterlebt. Was zwischen dir, deinem Partner und deinen Eltern geschieht, das geschieht auch zwischen dir und GOTT.

Überall dort, wo du einen Herzensbruch erlitten hast, trägst du nun ein Muster der Rache in dir. Wenn du eine Geschichte des Herzensbruchs schreibst, fügst du mit jedem neuen Kapitel auch deiner Geschichte der Rache ein Kapitel hinzu. Verschwörungen des Herzensbruchs gehen stets mit Verschwörungen der Rache einher. Verschwörungen sind chronische Fallen des Egos, die es so aussehen lassen, als ob es keinen Ausweg aus dem Problem gäbe. Es ist auch möglich, dass du Götzen der Rache und des Herzensbruchs in dir trägst. In diesem Fall glaubst du, dass Götzen der Rache dich glücklich machen und dir Sicherheit geben können. Das kann natürlich nicht weiter von der Wahrheit entfernt sein.

Alles, was für den Zusammenhang zwischen Herzensbruch und Rache gilt, gilt gleichermaßen für die Opferhaltung. Alle Geschichten, Verschwörungen und Götzen des Opfers bergen Rache in sich.

Ein weiterer grundlegender Aspekt, der berücksichtigt werden muss, wenn es um Rache geht, ist die Beziehung zu deinen früheren Partnern, weil sie Teil der Beziehung zu deinem jetzigen Partner werden. Die Beziehung zu deinem jetzigen Partner birgt alle unverarbeiteten Themen der Vergangenheit in sich, damit sie geheilt werden können. Wenn du diese Themen mit deinem jetzigen Partner heilst, wird Schicht um Schicht auch die Vergangenheit geheilt. Die Funktionsweise des Unterbewusstseins sorgt dafür, dass diese Beziehungsmuster deine Beziehung ebenso beeinflussen wie deine unbewussten Muster aus Geschichten, Verschwörungen und Götzen. Möglicherweise trägst du sogar Muster der Rache in dir, die von einer Ahnenebene oder aus früheren Leben herrühren. Der Schlüssel, der dich auf eine neue Ebene der Partnerschaft befördert, ist Erkenntnis. Rufe dir Themen ins Gedächtnis, die mit deinen Eltern und früheren Beziehungen zu tun haben und möglicherweise Teil von Rachemustern aus der Vergangenheit sind, für die du deinen Partner jetzt bezahlen lässt. Wenn es diese Themen mit Menschen aus deiner Vergangenheit gegeben hat, dann gibt es sie auch mit deinem Partner, und du lässt deinen Partner für deine Vergangenheit bezahlen. Wozu ist ein Partner da, wenn nicht dazu, ihn für den Schmerz bezahlen zu lassen, den du in der Vergangenheit erlitten hast? Frage dich, wie viele Geschichten, Verschwörungen und Götzen der Rache du in dir trägst. Wie wirken sie sich auf deine Beziehung aus? Wenn es nicht das ist, was du willst, kannst du eine andere Entscheidung treffen, weil nur deine Investition in diese Illusionen sie am Leben erhält. Du benutzt Rache, um dich von Schmerz zu befreien, aber in Wirklichkeit erfüllt sie dein Leben mit noch mehr Schmerz. Du kannst alle diese Egomuster mit der Hilfe des HIMMELS loslassen.

Jedes Problem ist in Wirklichkeit ein vergangenes Problem. Wenn es also jetzt ein Problem zwischen dir und deinem Partner gibt, ist es tatsächlich ein Problem, das aus der Vergangenheit herrührt. Frage dich, wann das jetzige Problem mit deinem Partner begonnen hat. Kehre zu der betreffenden Situation zurück und heile sie, denn wenn sie nicht geheilt wird, verwandelt sie sich in ein Muster der Rache. Das hat zur Folge, dass wir die Muster verstärken, die wir bereits in uns tragen. Jede schmerzhafte Situation aus der Vergangenheit zeigt einen Ort, an dem wir das Ereignis als Ausrede benutzt haben, um uns zu verstecken und den nächsten Schritt nicht zu gehen. Das kannst du ändern, indem du dich fragst, welche Seelengabe du mitgebracht hast, um den an der Situation beteiligten Menschen und auch der Situation selbst zu helfen. Es ist eine Gabe, die die Situation transformieren würde. Worin hat sie bestanden? Wenn dir keine Gabe in den Sinn kommt, weil dein Ego es verhindert, dann schlussfolgere einfach, worin die Gabe besteht, die die Situation retten würde. Stelle dir vor, dass du diese Gabe öffnest und sie mit allen in der Situation anwesenden Menschen teilst. Frage dich dann, worin die Gabe des HIMMELS bestanden hat, die du mit allen an der Situation beteiligten Menschen teilen solltest. Bist du bereit, sie jetzt zu empfangen? Die Gabe des HIMMELS bringt das Wunder.

Du hast dich außerdem von einem Aspekt deiner Lebensaufgabe abgewandt, den du nun wieder willkommen heißen kannst. Frage dich, worin er bestanden hat. Teile ihn mit allen Menschen, die an der damaligen Situation beteiligt waren. Dadurch verändert sich die Situation vollkommen, sofern es nicht ein noch früheres Ereignis gibt, das zu ihr geführt hat. Du weißt, dass du an der endgültigen Wurzel angekommen bist, wenn du ein Gefühl tiefen Friedens empfindest. Wenn du dem Muster folgst, kann es dich bis in den Mutterleib oder sogar noch weiter auf die Ahnenebene oder in vergangene Leben, auf die astrale Ebene oder zum kollektiven Bewusstsein der Menschheit zurückführen. Bitte die GÖTTLICHE LIEBE und die GÖTTLICHE PRÄSENZ, in jeder Situation an deiner Seite zu sein. Gib jede dunkle Lektion auf, die du in den jeweiligen Situationen möglicherweise gelernt hast, und heiße an ihrer Stelle die Lektion willkommen, die der HIMMEL für dich vorgesehen hatte.

61

Die Schattenfiguren und Selbstkonzepte der Rache

Unsere Schattenfiguren sind Konflikte. Wir haben über uns selbst geurteilt und uns selbst verurteilt. Da wir den Selbstangriff nicht ertragen konnten, haben wir diesen Anteil jedoch abgespalten und vergraben, damit wir unser Denken über uns selbst nicht zu ändern brauchten. Dann hat das Ego, das versprochen hatte, zu unserer Rettung zu kommen, uns vorgeschlagen, diese Glaubenssätze auf unsere Umgebung zu projizieren. Es will sich unserer Schuld jedoch gar nicht entledigen, weil es zu einem großen Teil aus Schuld aufgebaut ist. Unsere Schuld erhält die Trennung aufrecht, die gleichbedeutend mit dem Ego ist, das aus Trennung besteht.

Wir haben es geschafft, unsere Schuld in uns einzuschließen und zu vergraben, sodass es nun viel schwieriger ist, sie zu finden und zu heilen. Wir konnten nur durch Unehrlichkeit projizieren, und unser Ego ist der Vater der Lügen. Wenn wir projizieren, geben wir anderen Menschen die Schuld an dem, wofür wir uns selbst verurteilt haben, aber zur großen Befriedigung des Egos erhalten wir unsere Schuld gleichzeitig aufrecht. Schattenfiguren tragen Selbsthass in sich. Das gilt ebenso für alle Selbstkonzepte, aber Selbstkonzepte tragen ein geringeres Maß an Schuld in sich als unsere Schattenfiguren. Unsere Unehrlichkeit dreht sich darum, dass wir anderen Menschen die Schuld an dem geben, was wir selbst getan zu haben glauben.

> „Die Welt zeigt nur eine uralte Wahrheit auf: Du wirst glauben, dass andere dir genau das antun, was du ihnen angetan zu haben glaubst. Lässt du dich erst einmal dahingehend irreführen, ihnen die Schuld zuzuweisen, dann siehst du die Ursache dessen, was sie tun, nicht mehr, weil

du *willst*, dass die Schuld auf ihnen liege. Wie kindisch ist das störrische Manöver, deine Unschuld dadurch zu bewahren, dass du Schuld nach außen abschiebst, sie aber niemals loslässt!"
Ein Kurs in Wundern, T-27.VIII.8:1-3

Das Ego benutzt Schattenfiguren, um Orte der Initiation zu verbergen. Wenn wir diese Pforten sähen und durch sie hindurchgingen, würden wir einen abgespaltenen Anteil unseres Bewusstseins wiedererlangen, unser Bewusstsein erhöhen, Heilung und ein neues Maß an Ganzheit erlangen. Unser Ego wurde in Unehrlichkeit erschaffen. Wir haben uns getrennt, anderen Menschen die Schuld an unserem Schmerz gegeben, ihn für ungerecht erklärt und klargemacht, dass wir das Recht hatten, um unseres eigenen Wohlergehens willen unabhängig zu werden. Wir verbergen die Tatsache, dass wir die Rettung hätten bringen können, wenn wir eine innere Gabe geöffnet hätten oder in das erweiterte Bewusstsein eingetreten wären, das die Gnade und die Wunder des HIMMELS willkommen geheißen hätte. Dabei werden wir niemals mit einer Situation konfrontiert, in der wir nicht über das Rüstzeug verfügen, das wir brauchen, um mit ihr umzugehen und sie zu transformieren.

Der Weg, der uns zum HIMMEL bringt, ist ein Weg der Heilung. Wir vergeben und erkennen, dass es nichts gab, was der Vergebung bedurft hätte. Es war nur ein Fehler, den wir benutzt haben, um Selbstkonzepte zu erschaffen, uns zu trennen, unabhängig zu sein, die Kontrolle zu erlangen und unseren Willen durchzusetzen. Wir hätten helfen können, aber wir haben das Ereignis stattdessen für unser Ego benutzt. Wenn wir die Situation heilen, stellen wir die Liebe in den Mittelpunkt. Das hat sowohl bei unserem Partner als auch in unserer Beziehung eine tiefgreifende Veränderung zur Folge. Wenn wir es nicht tun, sind die Ereignisse der Vergangenheit die Mauern des Egos, die unseren Partner ausschließen. Wir richten unsere tiefsten und dunkelsten Urteile auf unseren Partner. Es ist nur allzu bequem, unsere Schattenfiguren auf ihn zu projizieren. Wenn wir unseren Weg zurück zur Ganzheit finden, triumphiert die Liebe über die Trennung, der Frieden über den Kampf und die Verbindung über die Dualität.

Was uns an uns selbst nicht gefällt, das sehen wir lieber bei unserem Partner. Wir blicken auf unzählige Leben zurück, in denen wir uns vom EINSSEIN abgespalten haben. Dies ist unsere Rache an den Menschen in unserer Umgebung und auch unsere Rache an GOTT. Wir glaubten, GOTT besiegen zu können. Wir erkannten nicht, dass es auf das EINSSEIN keine Auswirkung haben würde, weil das EINSSEIN nicht geteilt werden kann. Es hatte keine Auswirkung auf GOTT, weil die Tatsache, dass wir eine Ausrede erfunden haben, um uns zu trennen und GOTT die Schuld daran zu geben, noch nicht einmal dem Geschrei eines kleinen Kindes gleichkommt, das wütend auf seine Eltern ist. Wenn die Eltern sich durch ein solches Verhalten schon nicht aus der Ruhe bringen lassen, wie viel weniger dann erst ein allliebender GOTT?

Der verdrängte Zorn und die verdränge Rache hatten jedoch eine Auswirkung auf uns. Wir glauben, unsere Trennung sei wirklich. Wir glauben, unser Ego sei wirklich. Wir glauben, wir seien aus dem HIMMEL hinausgeworfen worden, statt dass wir uns getrennt und diese Tatsache auf GOTT projiziert haben, DER schon von SEINEM WESEN der LIEBE und des EINSSEINS her keine Trennung hätte erzeugen können. Die LIEBE erschafft. Sie trennt nicht. Die LIEBE vereint, und die LIEBE birgt weder Urteil noch Verurteilung in sich. Wir können das, was GOTT geschaffen hat, nicht ändern – das EINSSEIN ist. Wir können es nur mit der Illusion der Trennung zudecken. Vergebung erlaubt uns, die Illusion aufzulösen und den Weg zurück zu der Erkenntnis zu finden, dass wir immer noch in der freudigen Ekstase des EINSSEINS weilen. Aller Schmerz und alle Trennung, die wir selbst und die ganze Menschheit erfahren haben, waren nur ein schlechter Traum. Trennung, Angriff, Schuldzuweisungen und sogar Selbstverurteilung sind eine Form von Rache. In *Ein Kurs in Wundern* heißt es: „Was ich sehe, ist eine Form von Rache." (Ü-I.22) Was wir sehen, ist das, was wir projiziert haben. Was wir projiziert haben, haben wir abgespalten, und als Folge davon haben wir unsere eigene Welt erschaffen, die das EINSSEIN angreift, das der HIMMEL ist. Dennoch ist es nur ein Traum.

Trennung und Projektion erschaffen Illusionen. Wir haben die Welt in den Farben unseres Zorns angestrichen und sehen, dass sie im Begriff ist, zurückzuschlagen. Unsere Trennung und die Angst, die Schuld und die Rache, die mit ihr einhergehen, sind die Illusion. Sie sind ein dunkler Traum. Vergebung verbindet uns mit unserem Partner und mit anderen Menschen. Wenn wir uns mit ihnen vereinigen, fallen unsere Träume von Rache fort, und die Liebe wächst. Wir wollen die Liebe finden, die uns dazu bringt, unsere Mauern einzureißen, und uns in Liebe und noch größerer Ganzheit mit unserem Partner verbinden. Die Gnade unserer Beziehung wird zu einer Pforte, die zum HIMMEL zurückführt.

62

Es gibt nur eine Beziehung

Die Wirklichkeit der Welt, die wir sehen, ist nicht die Wirklichkeit. Der Film *What the Bleep Do We Know!?* erklärt dies sehr gut aus dem Blickwinkel der Quantenphysik. Religionen wie der Hinduismus oder Buddhismus und Bücher wie *Ein Kurs in Wundern* erklären es aus einem spirituellen, mystischen Blickwinkel.

Die Mystik vertritt den Standpunkt, dass GOTT wirklich und alles andere Illusion ist. Wir leben in einer Welt der Trennung, aber unser größter Wunsch ist es, von neuem das EINSSEIN und die LIEBE zu verwirklichen, die GOTT ist. Der HIMMEL ist das Gewahrsein für diese Gotteserfahrung. Je mehr wir unseren Partner lieben, umso mehr können unsere Liebe zu ihm und seine Liebenswürdigkeit uns durch die zahllosen Formen der Trennung mit ihren Problemen und ihrem Schmerz hindurchführen. Anderenfalls halten uns Groll, Schuld und Urteile in der Trennung fest.

Es gibt zwischen dir und anderen Menschen nur eine Beziehung. Jede Beziehung zu einem anderen Menschen spiegelt deine Beziehung zu dir selbst ebenso wider wie deine Beziehung zu deinem Partner und deine Beziehung zu allen anderen Menschen, die wiederum deine Beziehung zu GOTT widerspiegeln. Vor allem das Verhalten deiner Eltern, deiner früheren Partner oder deines jetzigen Partners dir gegenüber zeigt einige der grundlegenden Themen, mit denen du es in deiner Beziehung zu GOTT zu tun hast. Ihr Verhalten dir gegenüber entspricht deinem eigenen Verhalten gegenüber dir selbst und gegenüber GOTT. Rufe dir einige Dinge ins Gedächtnis, die du anderen Menschen zur Last legst. Überprüfe nun, ob du genau diese Dinge nicht auch GOTT zur Last legst. Es mag noch angehen, dass du glaubst, jemand anderer habe dir etwas angetan oder habe etwas unterlassen, das er hätte tun sollen, aber du glaubst auch, dass GOTT so an dir gehandelt oder nicht gehandelt hat. Außerdem zeigt es, wie du dich in Wahrheit dir selbst gegenüber verhältst. Wenn du glaubst, GOTT habe dir etwas angetan oder etwas unterlassen, das ER hätte tun sollen, dann wäre GOTT nicht GOTT. Wenn GOTT nicht GOTT wäre, dann wäre der URGRUND DES SEINS einfach fort und auch wir wären verschwunden und hätten niemals existiert. Wenn GOTT also nach wie vor GOTT ist, bleiben nur wir als diejenigen übrig, die getan oder nicht getan haben können, wessen wir IHN bezichtigen, und das können wir einfach als unwahr loslassen. Wir haben uns Dinge vorenthalten und diese Tatsache IHM zur Last gelegt. Wir haben uns selbst angegriffen und gefoltert und es IHM zur Last gelegt.

Umgekehrt gilt, dass wir alles, was wir unserem Partner zur Last legen, auch uns selbst und GOTT zur Last legen. Wenn wir jemanden wahrhaftig aus der Verantwortung entließen, würden wir auch aufhören, uns selbst anzugreifen, und einen weiteren Schritt auf dem Weg der Heilung gehen. Wenn wir aufhören, GOTT anzugreifen, öffnet sich die Tür, hinter der SEINE Gnade und Wunder uns erwarten. Wenn du den Angriff auf deinen Partner aufgibst, fällt eine weitere Schicht aus Illusion, Angriff und Verschmelzung fort und bringt dich deinem Partner und der Wahrheit über seine Liebe und Schönheit einen Schritt näher.

Die Wahrheit über deinen Partner ist die Wahrheit über dich selbst. Ihr seid beide unschuldig. Auf der tiefsten Ebene seid ihr beide reines Licht, eins mit allem und eins mit GOTT. Dein Partner ist das Beste, was dir passieren kann, um zu deinem ursprünglichen Zustand des EINSSEINS zurückzugelangen. Die Liebe zu deinem Partner bringt dich durch jede Trennung hindurch. Es ist deine Entscheidung, deinen Partner und dich selbst in dieser Beziehung und im HIMMEL niemals aufzugeben. Du bist niemals aufgerufen, dich aufzuopfern. Das fordert nur dein Ego. Du bist jedoch aufgerufen, an deiner Heilung zu arbeiten und deinen Partner nicht mehr länger zu benutzen, um dich selbst schlecht zu behandeln.

Das Unterbewusstsein und das Unbewusste zeigen, dass du dich für alles, was du deinem Partner zur Last legst, selbst gekreuzigt hast. Wenn du ihm vergibst, vergibst du auch dir selbst und den Menschen aus deiner Vergangenheit für Dinge, die du deinem Partner und GOTT zur Last gelegt hast. Der HIMMEL arbeitet äußerst wirtschaftlich. Wenn du einem Menschen vergibst, vergibst du allen.

Wenn du deinen Partner schlecht behandelst, haben deine Kinder das Gefühl, dass du sie schlecht behandelst. Das gilt sogar dann, wenn sie selbst deinen Partner wegen seines Verhaltens schlecht behandeln wollen. Wenn du glaubst, dass dein Partner dich verraten hat, dann glaubst du, dass dich jemand verraten hat, der in der Vergangenheit eine wichtige Rolle in deinem Leben gespielt hat. Außerdem glaubst du, dass auch GOTT dich verraten hat. Das Unterbewusstsein offenbart jedoch etwas anderes. Du leugnest natürlich, dass du deinen Partner, dich selbst und GOTT verraten hast. Dabei kannst du deinen Partner oder andere Menschen schon allein durch das verraten haben, was du gedacht hast, auch wenn du es nicht ausagiert hast. Du hast deinen Partner aufgegeben. Du warst treulos und hast ihn und dich selbst den Wölfen zum Fraß vorgeworfen. Jeder derartige Verrat hält dich von der LIEBE GOTTES fern, weil er dem Ego die Planung der Ereignisse überlässt. Unter dem Gefühl, dass deine Eltern oder deine früheren Partner dich verraten haben, liegt die Schuld dafür verborgen, dass du sie verraten hast. Es gibt nur eine Beziehung. Du hast andere Menschen benutzt, um dich selbst wegzuwerfen, aber das gehörte zum Plan deines Egos.

Um dein Ego unter Kontrolle zu halten, ist es hilfreich, dir immer wieder bewusst zu machen, dass es nur eine Beziehung gibt. Was du über andere Menschen denkst und wie du dich ihnen gegenüber verhältst, entspricht deinem Denken und Verhalten dir selbst und den Menschen gegenüber, die du liebst.

63

Beherrschung und Unterwerfung

Beherrschung und Unterwerfung zählen zu den großen Fallen, die einer Beziehung rasch zum Verhängnis werden können. Ich habe eine Freundin, die erst kürzlich eine hässliche Scheidung durchgemacht hat. Beide Partner waren beruflich erfolgreich und hatten sehr gute Stellen. Da sie älter und erfahrener war, neigte sie jedoch dazu, ihn zu beherrschen. Ihre Beziehung hatte vier Jahre zuvor einen großen Entwicklungssprung geschafft, als ihm eine wesentlich bessere Stelle angeboten wurde, die ihm zudem viel Geld einbrachte. In ihrer ersten Ehe war meine Freundin jünger als ihr damaliger Mann, abhängiger und somit in der unterlegenen Position gewesen. Sie war wild entschlossen, dass ihr das nicht noch einmal passieren sollte. Deshalb hatte sie ihren zweiten Mann in die unterlegene Position gebracht.

Sie musste manchmal beruflich ins Ausland verreisen, und in dieser Zeit musste er sich um ihren Sohn und ihre Tochter aus erster Ehe kümmern. Er liebte die Kinder sehr und hatte kein Problem damit, bis das Thema von Beherrschung und Unterwerfung schließlich zunehmend an Bedeutung gewann. Bei einem Gespräch, das vor etwa sechs Monaten stattfand, hatte ich ihr erklärt, dass sie nicht auf die Zeichen achtete, dass er im Umgang mit ihr immer missmutiger wurde und dass sie ihn in seiner unterwürfigen Position gefangen hielt. Sie hörte sich meine Worte an, aber ihre Reaktion darauf war ein reines Lippenbekenntnis. Einige Monate später hatte sein Groll einen Siedepunkt erreicht und entlud sich in einer emotionalen Explosion. Er fing an, seinen Zorn an den Kindern auszulassen, um die Aufmerksamkeit seiner Partnerin zu erlangen, auch wenn er sich dafür hasste, dass er es tat. Er war einfach wütend und vollkommen verzweifelt. Sie entschied sich, darauf mit Verletztheit und gegenüber Freunden und Bekannten mit peinlicher Berührtheit zu reagieren. Sie hatte meine Warnung zwar nicht ignoriert, aber ihr Bedürfnis nach Beherrschung war trotz allem eine zu mächtige Kompensation, um die starken Emotionen und die Herabsetzung zu verbergen, die sie in ihrer ersten Ehe erlebt hatte. Nachdem sie ihren Mann nicht mehr beherrschen konnte, war sie jedoch gezwungen, alle Emotionen zu ertragen, denen sie zuvor aus dem Weg gegangen war. Sie hatte die Dinge zu lange zu weit getrieben.

Ebenbürtigkeit kann das wichtigste Thema in einer Beziehung sein. Sie kann weit über ein Verhältnis von 50:50 hinausgehen und bis auf 100:100 oder sogar noch höher steigen. Wenn sie missachtet wird, bricht allerdings die Hölle los. Wo es Ebenbürtigkeit gibt, dort kann es keine Aufopferung geben. Nähe lässt das Ego schmelzen. Du kannst dich unabhängig davon, auf welcher Seite der Gleichung du stehst, der Ebenbürtigkeit in deiner Beziehung verpflichten und sie auf ein Verhältnis von über 100:100 anheben. Das stärkt das Selbstvertrauen beider Partner, sodass sich die Angst auflöst und ein höheres Maß an Erfolg möglich wird.

Der wichtigste Aspekt besteht darin, die Ebenbürtigkeit wertzuschätzen. Das Ego hasst Ebenbürtigkeit. Es tut alles, was in seiner Macht steht, um derjenige zu sein, der beherrscht. Wenn es ihm nicht gelingt, gibt es sich allerdings auch damit zufrieden, die unterschätzte, geknechtete Rolle einzunehmen. Ebenbürtigkeit ist ein entscheidendes Element für eine erfolgreiche Beziehung. Wolle sie von ganzem Herzen, denn sie ist das, was deine Beziehung reizvoll macht.

64

Kein Sex!

Manche Beziehungen verkümmern, bis es keinen Sex mehr gibt. Ebenso gut kann es jedoch passieren, dass Wut, Rache, Schuld oder Angst einen Partner urplötzlich dazu bringen, sich der sexuellen Begegnung zu verweigern, was dem anderen Partner dann regelmäßig Anlass zur Klage gibt.

Alles, was in einer Beziehung geschieht, kann verändert werden, wenn du die volle Verantwortung für die Situation übernimmst und das Problem dann sofort in die Hände des HIMMELS legst, damit er es für dich aufheben kann.

Eine andere Möglichkeit besteht darin, das Unterbewusstsein und das Unbewusste einer genaueren Prüfung zu unterziehen, denn auf diesen Ebenen wurde eine geheime Absprache getroffen. Wenn du herausfinden kannst, wo dein Bewusstsein gemeinsam mit deinem Partner diese Situation erschafft, kannst du deine unabhängige Haltung in Bezug darauf ändern, was in deiner Beziehung geschieht. Wenn du die tieferen Ebenen deines Bewusstseins erkundest, tätest du gut daran, dich selbst leicht zu nehmen, die Antworten auf deine Fragen zu erraten und die erste Antwort zu nehmen, die dir in den Sinn kommt. Wenn du anfängst, über die Fragen nachzudenken, verfälscht dein Ego die Antworten oder verhindert, dass du überhaupt eine Antwort bekommst. Denke daran, dass es zwar so aussehen mag, als ob das Problem das Werk deines Partners wäre, dass es aber dein Ego ist, das dir diese Suppe eingebrockt hat, und dass ihm daran gelegen ist, dich in dieser Dürre festzuhalten. Das liefert dir die Ausrede, die du brauchst, um die Beziehung zu beenden, ohne die Lektionen zu lernen, die deine Seele darin für dich vorgesehen hatte.

Dies kann eine schamanische Prüfung sein, die du bestehen kannst, wenn du heldenhaft alles riskierst. Eine Meisterschaftsprüfung bestehst du damit jedoch nicht. Dies kann nur mithilfe von Gnade und Wundern geschehen. Bitte also um die Hilfe des HIMMELS. Bitte um Wunder. Stelle dir vor, dass der HIMMEL jeden

Schritt des Weges mit dir geht, wenn du dich daran machst, die Herausforderung dieser Lektion zu meistern. Angst ist eine der Hauptwurzeln jedes Problems. Wenn du die Hauptwurzel heilst, kann sich das gesamte Problem auflösen.

Wovor fürchtest du dich in dieser Situation?

Was passiert mit deiner Angst, wenn Kuan Yin, Buddha oder Jesus an deiner Seite sind?

Was, fürchtest du, würde geschehen, wenn du den nächsten Schritt gehst, den deine Angst verhindert?

Was wäre, wenn Kuan Yin neben dir ginge?

Mit welcher dunklen Sache, die mit Sex oder deinem Partner zu tun hat, glaubst du auf der nächsten Stufe nicht umgehen zu können?

Mit welcher positiven Sache, die mit Sex oder deinem Partner zu tun hat, glaubst du auf der nächsten Stufe nicht umgehen zu können?

Stelle dir vor, dass Buddha an deiner Seite ist. Könntet ihr gemeinsam mit diesen Themen umgehen?

Urteile, Groll und Angriffsgedanken, die Angst erzeugen, stellen einen weiteren wichtigen Aspekt jedes Problems dar. Frage dich, worüber du urteilst, wenn es um Sex geht, und wofür du ihn angreifst. Frage dich dann, worin dein Urteil und dein Angriff bestehen. Ist es das, was du willst, wenn du dir anschaust, welche Auswirkung es auf deine Beziehung hat?

Schuld ist eine weitere Hauptwurzel jedes Mangels und jedes Problems. Wenn du deine Schuld heilst, kann deine Unschuld deine sexuelle Beziehung wiederauferstehen lassen. Trägst du Schuld aus Seitensprüngen oder Phantasievorstellungen in dir? Trägst du Schuld aus früheren Beziehungen in dir?

Wie hoch ist das Maß an sexhemmender Schuld, das von anderen Orten herrührt, an denen es dir deiner Meinung nach an Integrität mangelt?

Schuld bringt dich zuerst dazu, etwas zu tun oder über jemanden oder etwas zu phantasieren. Dann geißelt sie dich bewusst oder unterbewusst für das, was du getan hast. Selbst bei Dingen, bei denen du glaubtest, keine Wahl zu haben, und dich deshalb anfangs nicht schuldig gefühlt hast – etwa bei einer Abtreibung –, richtet das Ego dich später mit Schuldgefühlen zugrunde, die es aus negativen Emotionen und Gefühlen der Ungerechtigkeit erzeugt. Schuld bedeutet, dass du dich durch Selbstangriff, negative Ereignisse oder Mangel bestrafst. Alle diese Dinge sind Aspekte selbstzerstörerischen Verhaltens. Wenn du anderen Menschen und dir selbst vergibst, fällt es dir leichter, deine Schuld loszulassen. Schuld, die du nicht loslässt, gibst du an deine Kinder weiter, und du lässt sie an deinem Partner, dir selbst und den Menschen in deiner Umgebung aus.

Machtkämpfe gehören ebenfalls zu den Hauptursachen jedes Problems. Wenn es ein Problem gibt, ist immer ein Machtkampf mit einem anderen Menschen im Gange. Frage dich, worum du mit deinem Partner kämpfst. Frage dich, worum du mit deinem Partner kämpfst, wenn es um Sex geht. Mit wem außer deinem Partner findet ein Kampf statt, der zu dem Problem mit deinem Partner geführt hat?

Jeder Kampf mit anderen Menschen ist ein Kampf, den du in dir selbst austrägst. Dein Gegner in diesem Kampf agiert die verborgene Seite deines inneren Konflikts aus. Worum geht es bei diesem Konflikt? Bei Fragen, zu denen dir nicht unmittelbar eine Antwort in den Sinn kommt, kannst du verweilen, um sie durch Schlussfolgerung zu beantworten. Worum geht es bei deinem Kampf mit GOTT, in dem du diesen Mangel als Waffe einsetzt? Dies ist der Autoritätskonflikt, bei dem es um die Frage geht, wer der Chef ist. Wer hat die Kontrolle? Wessen Weg soll eingeschlagen werden? Kein Sex ist eine Trumpfkarte, die einer der Partner zieht, um das Kommando zu übernehmen. Ist es das, was du willst? Was willst du?

Die letzte Dynamik ist Unabhängigkeit. Wir benutzen Ereignisse oder Mangel, um uns zu trennen. Das liefert uns die Ausrede, die wir brauchen, um uns zu entziehen, Recht zu haben in Bezug auf unsere Glaubenssätze, unseren eigenen Weg zu gehen, die Kontrolle wiederzuerlangen oder von unserer Opferrolle oder unserer Aufopferung abzurücken. In *Ein Kurs in Wundern* heißt es, dass Unabhängigkeit die verborgene Geschichte ist, die jedem Problem innewohnt.

Das Thema, das sich unter diesen grundlegenden Dynamiken verbirgt, ist Trennung. Das Ego ist das Prinzip der Trennung. Es erzeugt Illusionen und sorgt dafür, dass wir vor der Wahrheit der Liebe und des EINSSEINS zurückweichen. Der Weg der Liebe, den der HIMMEL uns anbietet, ist dagegen ein Weg, der eint.

Das Studium des Unterbewusstseins und meine Arbeit als Eheberater haben mir gezeigt, dass es bei jedem Problem, das mit Sex zu tun hat, eine geheime Absprache zwischen den Partnern gibt. Ich habe es immer als gewinnbringender empfunden, den Heilungsprozess mit dem Partner zu beginnen, der sich in Bezug auf Sex beschwerte, als mit den aufgereihten Abwehrmechanismen des anderen Partners, der es ablehnte oder nicht fähig war, Sex zu geben.

Erstens erkannte der Meckerer nie, dass seine Klage lediglich zeigte, was er selbst nicht gab. Viele protestierten, dass sie bereit seien, ihrem Partner jederzeit und überall Sex zu geben. Dabei begriffen sie nicht, dass Sex weit mehr ist als der rein körperliche Akt. Was sie suchten – ob Vergnügen, Trost oder das Gefühl, geliebt zu werden –, war genau die Energie, die sie zu geben aufgefordert waren, weil sie in der Gleichung der Beziehung fehlte. Wenn sie sexuelle Energie gaben, statt sich über einen Mangel an Sex zu beschweren, hatten sie eine große Chance, ihre sexuelle Beziehung wieder zu einer tragfähigen Brücke aufzubauen.

Zweitens lernte ich, die Tiefen der verborgenen Dynamiken auszuloten, um den Menschen zu helfen, ihren Anteil an der geheimen Absprache zu erkennen, die sie mit ihrem Partner getroffen hatten. Ich erarbeitete eine Reihe von Fragen. Zunächst bat ich die betreffenden Menschen, so zu tun, als wollten sie in einer Situation sein, in der es sexuelle Probleme oder gar keinen Sex gab. Aus welchem Grund wollten sie es? Es war natürlich klar, dass es nicht ihr bewusster Wunsch war. Sie sollten einfach so tun, als ob … Warum könntest du es wollen? Das Unterbewusstsein zeigt, dass nichts geschieht, ohne dass wir uns dafür entschieden haben. Das Ego will diesen Weg der Hinterfragung nicht zulassen, aber du bist nicht der Sklave deines Egos. Du hast die Wahl und kannst dich für das entscheiden, was du willst. Wenn deine Angst nicht zu groß ist, erlaubst du dir, einen Weg der Hinterfragung zu gehen, der dich zu einer neuen und befreienden Offenbarung führt.

Es ist wichtig zu wissen, dass wir alle das Beste tun, dessen wir fähig sind, und dennoch sind wir alle zu Besserem fähig. Wenn du deinen Partner wegen einer Sache beschuldigst, beschuldigt dein Ego dich, verbirgt diese Tatsache aber möglicherweise unter Rechtschaffenheit. Trotz der Schuld – ohne die es kein Problem gäbe – solltest du jedoch nicht auf den Versuch deines Egos hereinfallen, dich selbst oder einen anderen Menschen zu beschuldigen. Schuldzuweisungen sind lediglich ein Mittel zum Zweck, das Schuld verbergen soll, sodass es wesentlich schwieriger wird, sie zu finden und zu heilen. Schuld ist eine hässliche Illusion, die das Ego benutzt, um sich selbst am Leben zu erhalten. Sie ist dennoch nur eine Illusion, in die wir nicht investieren müssen. Wenn du dir in deiner Beziehung in jeder Hinsicht eine Strategie der Schuldlosigkeit zu eigen machen kannst, bist du auf einem guten Weg, dich aus den Klauen des Egos zu befreien und wahre Freiheit zu erfahren.

Warum könntest du dieses sexuelle Problem wollen? Welchem Zweck dient es? Gibt es eine Belohnung dafür, dass die Situation so ist, wie sie ist? Was erlaubt es dir zu tun? Was brauchst du nicht zu tun? In Bezug worauf bekommst du Recht? Was beweist du mit dieser Situation? Wen willst du kontrollieren, indem du dafür sorgst, dass er dich in dieser Form kontrolliert? Wo willst du dich selbst kontrollieren? Welche Ausrede gibt dir das Problem? Welches Bedürfnis willst du erfüllen, indem du dafür sorgst, dass dein Bedürfnis nach Sex nicht erfüllt wird? Ist es Aufmerksamkeit? Ist es Besonderheit? Ist es Unabhängigkeit? Dies sind die drei größten Bedürfnisse des Egos. Inwiefern ist dies die Wiederholung einer früheren Situation in deinem Leben, in der deine Bedürfnisse nicht erfüllt wurden? Diese Situation und der entsprechende Monat im Mutterleib sind die Wurzeln dieser karmischen Seelenlektion, die in deinem Bewusstsein verborgen liegt. Nun kannst du eine andere Entscheidung treffen, um dich zu befreien. Du brauchst dich nicht immer wieder für das zu entscheiden, was in deinem Unterbewusstsein verborgen liegt und dich einer glücklichen sexuellen Beziehung beraubt.

Rache ist eine weitere grundlegende Dynamik, die in einer solchen Situation stets eine Rolle spielt. Rache ist ein Muster, das mit jedem weiteren Herzensbruch wächst, bis dein Herz schließlich einmal zu oft gebrochen wurde. Rache kann als Angriff, aber auch als Rückzug, Selbstangriff oder Angriff von außen zum Ausdruck kommen. Wir verletzen uns selbst, um uns an einem anderen Menschen zu rächen. Da Angriff nicht vereinzelt ist, wie es in *Ein Kurs in Wundern* heißt, ist ein Angriff auf einen anderen Menschen immer gleichbedeutend damit, dass wir uns selbst und auch den Menschen angreifen, der uns am nächsten steht.

Auch jede Opfersituation ist eine Form von Angriff, den wir gegen einen anderen Menschen führen. Wir haben das Gefühl, auf der Verliererseite eines Machtkampfs zu stehen, und benutzen Rache als Werkzeug in dem erfolglosen Versuch, in der Situation ein Gleichgewicht herzustellen. Jede Form von sexueller Funktionsstörung kann somit eine Form von Angriff sein. Was durch Verletzungen entstanden ist, ist ebenfalls eine Form von Angriff und Rache. Angriff und Sex sind Sigmund Freud zufolge die Dinge, aus denen das Unbewusste hauptsächlich besteht. Was verdrängt wird, wird vergraben, weil wir unsere hohe, auf unseren Glaubenssätzen und Normen beruhende Meinung von uns selbst nicht aufgeben wollen. Unser Angriff auf andere Menschen und bestimmte Aspekte, die mit Sex zu tun haben, sind die Dinge, die uns am stärksten in Verlegenheit bringen, sodass wir unsere heimlichen Wünsche und Begierden vor uns selbst und vor anderen Menschen verbergen. Trotzdem haben sie eine Auswirkung auf uns. Wenn es in einer Beziehung also keinen Sex gibt, spielt fast immer Rache seitens beider Partner eine Rolle.

Jeder Partner trägt für gewöhnlich ein Muster in sich, das weit über die Beziehung hinausreicht. Was wir unserem Partner nicht geben, steht bildhaft für das, was wir GOTT nicht geben, und wo wir keinen Sex haben, beschuldigen wir GOTT dafür, dass ER uns in dieser Hinsicht nicht gegeben hat. Außerdem findet ein Kampf zwischen den Partnern darüber statt, dass wesentliche Bedürfnisse nicht erfüllt wurden. Wenn der Partner, der keinen Sex bekommt, intuitiv herausfindet, was sein Partner braucht, und es ihm gibt, kann eine Entwicklung stattfinden, die auf die nächste Stufe führt und dafür sorgt, dass er sich weniger zurückgesetzt fühlt. Eine Lektion, die mit Sex zu tun hat, ist lediglich eine weitere Seelenlektion, die wie alle anderen Seelenlektionen gelernt und überwunden werden kann.

Die nächste Übung ist hervorragend geeignet, um Seelenlektionen zu lernen, und weil das, was jetzt als Problem in Erscheinung tritt, nur die Frucht des Baums ist, wollen wir uns nun das gesamte Muster anschauen. Es haben zwar beide Partner das Problem, aber wenn ein Partner den Durchbruch schafft, profitieren beide davon und können die gesamte Beziehung voranbringen.

Wann hat die Rache begonnen, die sich nun in Form von Dürre in deinem Leben zeigt? Wenn du es wüsstest, dann war es vermutlich im Alter von _____?

Wenn du wüsstest, wer anwesend war, dann war es vermutlich _____.

Wenn du wüsstest, was geschehen ist, dann war es vermutlich _____.

Frage dich, welche dunklen Lektionen und Glaubenssysteme du dir zu dieser Zeit angeeignet hast.

Wie hat es sich auf dich ausgewirkt?

Wie hat es sich auf dein Sexleben ausgewirkt?

Bitte nun die Liebe, sich in dieser ursprünglichen Situation einzufinden. Lasse die dunkle Lektion und die damit verbundenen Glaubenssysteme los. Bitte die LIEBE und die PRÄSENZ des HIMMELS, sich in der Situation einzufinden. Worin besteht die Seelenlektion, die du dem Willen des HIMMELS zufolge lernen solltest? Du kannst diese Seelenprüfung nun bestehen und ein höheres Maß an Ganzheit und Glück erlangen. Bringe die Energie der gelernten Lektion mit in die Gegenwart. Frage dich, worin das Ereignis bestanden hat, das diesem Ereignis vorangegangen ist. Wie alt warst du? Wer war bei dir? Was ist geschehen? Wiederhole die obige Übung. Fahre fort, bis du im entsprechenden Monat im Mutterleib ankommst. Wenn das Kindheitstrauma beispielsweise im Alter von sieben Jahren geschehen ist, hat das Trauma im Mutterleib im siebten Monat im Mutterleib stattgefunden. Wiederhole die erste Übung noch einmal. Bitte die Liebe darum, sich einzufinden, lasse die dunkle Lektion und die mit ihr verbundenen Glaubenssätze los, und bitte dann die GÖTTLICHE LIEBE und die GÖTTLICHE PRÄSENZ darum, sich in der Situation einzufinden. Das macht es leicht, die dunkle Lektion und die Glaubenssysteme des Egos aufzugeben und darum zu bitten, dass die Lektion des HIMMELS zu dir kommen möge. Bringe zum Schluss die Energie und die Gaben dieser Seelenlektion mit zurück in die Gegenwart. Wenn alle Wurzeln in diesem Leben geheilt sind, sende die gelernte Lektion und die Liebe aus jedem geheilten Ereignis zurück zum Zeitpunkt deiner Empfängnis und darüber hinaus in deinen Ahnenbaum hinein. Sende sie anschließend auch durch deine vergangenen Leben, bis sie die kollektive Ebene erreichen und dort ihre positive Wirkung entfalten.

Jedes Problem ist eine Klage darüber, dass ein bestimmtes Bedürfnis nicht erfüllt wurde. Der Weg, der durch das Problem hindurchführt, besteht paradoxerweise darin, deinem Partner die Erfüllung genau des Bedürfnisses zum Geschenk zu machen, das du von ihm erfüllt haben wolltest. Das kann sehr leicht sein, wenn du dazu bereit bist. Die Übung wird in zwei Abschnitten durchgeführt. Weil es sich um ein chronisches Problem handelt, stelle dir vor, dass dein Partner fünfhundert Schritte von dir entfernt steht, und frage ihn: „Was brauchtest du von mir, das ich dir nicht gegeben habe?" Lasse das, was dir als Antwort in den Sinn kommt, in deinen Partner einströmen. Du trägst die Gabe in dir. Öffne sie und erfülle ihn damit.

Wie viele Schritte kann dein Partner näher kommen? Frage erneut: „Was brauchst du von mir, das ich dir nicht gegeben habe?" Lasse auch diese Gabe in ihn einströmen. Wie viele Schritte kann er nun näher kommen? Frage erneut: „Was brauchst du von mir, das ich dir nicht gegeben habe?" Lasse auch diese Gabe in ihn einströmen. Frage nun: „Was brauchst du von mir, das ich dir nicht in ausreichendem Maße gegeben habe?" Lasse die Gabe in ihn einströmen. Wiederhole die Frage immer wieder, bis dein Partner dir so nahe ist, dass du ihn umarmen kannst.

Die Übung ist nun zur Hälfte abgeschlossen. Der zweite Teil beginnt wie der erste Teil, indem du dir vorstellst, dass dein Partner fünfhundert Schritte von dir entfernt ist und du ihn fragst: „Was brauchst du von mir, das ich dir nicht gegeben habe?" Nehmen wir an, dass die Antwort lautet: „Vertrauen." Schenke ihm Vertrauen. Das hat zur Folge, dass er hundert Schritte näher kommen kann und nun noch vierhundert Schritte von dir entfernt ist. Stelle dir jetzt vor, dass er eine Maske trägt, die wie dein Partner aussieht. Demaskiere ihn. Wer kommt unter der Maske zum Vorschein? Nehmen wir an, dass es deine Mutter ist. Frage sie: „Was brauchst du von mir, das ich dir nicht gegeben habe?" Nehmen wir an, dass die Antwort lautet: „Unschuld." Lasse Unschuld in deine Mutter einströmen. Wie viele Schritte kann deine Mutter nun näher kommen? Nehmen wir an, dass es hundertfünfzig Schritte sind, sodass sie jetzt noch zweihundertfünfzig Schritte von dir entfernt ist. Demaskiere sie. Unter der Maske kommt dein Vater zum Vorschein. Frage ihn: „Was brauchst du von mir, das ich dir nicht gegeben habe?" Die Antwort, die du hörst, lautet: „Selbsterfüllung." Öffne also auch diese innere Gabe und lasse sie in ihn einströmen.

Dein Vater kann hundert Schritte näher kommen, sodass er noch hundertfünfzig Schritte von dir entfernt ist. Du demaskierst ihn, und ein früherer Partner kommt zum Vorschein. Du fragst ihn, was er braucht, und hörst die Antwort: „Natürlichkeit." Lasse diese Gabe also in ihn einströmen. Daraufhin kann er hundert Schritte näher kommen. Nun ist er noch fünfzig Schritte von dir entfernt. Als du ihn demaskierst, siehst du deine Schwester. Frage sie, was sie braucht. Die

Antwort lautet: „Vergebung." Nachdem du Vergebung zu ihr hingeströmt hast, kann sie zwanzig Schritte näher kommen. Jetzt bist du noch dreißig Schritte entfernt. Du demaskierst sie und siehst dich selbst. Nun fragst du dich, was du von dir gebraucht, dir aber nicht gegeben hast, und du hörst die Worte: „Selbstliebe." Schenke dir Selbstliebe und komme anschließend zwanzig Schritte näher, sodass du jetzt noch zehn Schritte entfernt bist. Als du dich selbst demaskierst, siehst du GOTT. Frage GOTT: „Was brauchst du von mir, das ich dir nicht gegeben habe?" Und GOTT antwortet: „Dich!" Gib GOTT also dich selbst. Dann kann ER die letzten zehn Schritte kommen und dich umarmen.

Die letzte Übung ist sehr hilfreich, um dich von deinen eigenen Klagen zu befreien. Sie lässt dich auch erkennen, dass jede Beziehung aus vielen Beziehungen besteht und dass es in Wirklichkeit nur eine Beziehung gibt. Wenn du Heilung mit einem Menschen erlangst, gehst du mit allen Menschen einen Schritt voran. Diese Übung hilft dir auch, die Verantwortung für deine Situation zu übernehmen und es auf eine Weise zu tun, die dir die Möglichkeit gibt, etwas daran zu ändern.

Aufopferung

Viele Menschen geben Sex auf, weil er ihnen keinen Spaß mehr macht, sondern scheinbar nur noch Mühe bedeutet. Erschöpfung, Zeitmangel und fehlende Lust können hier eine Rolle spielen. Es kann den Anschein haben, als sei Sex nur noch eine Frage der Pflicht, bei der das Verlangen auf der Strecke geblieben ist. Gefühle der Leblosigkeit sind die Folge. Es kann auch eine sexuelle Dysfunktion im Spiel sein. Trotz allem, was dich in Bezug auf Sex scheinbar zurückwirft, kann dies eine wunderbare Gelegenheit sein, ihm seine grundlegenden Wurzeln als Instrument der Liebe und der Heilung zurückzugeben. Der Mangel an sexuellem Verlangen kann nun zu einem Mittel werden, an dem du deine sexuelle Heilung bemisst. Heilung ist grundsätzlich hilfreich, aber sexuelle Heilung kann eine tiefgreifende Veränderung bewirken, weil Sex ein Spiegel sowohl deines Lebens als auch deiner Beziehung ist. Vielleicht bist du auch an einem Punkt angelangt, an dem du Sex überschritten hast, aber dann gibt es keine Leblosigkeit, sondern nur ein Gefühl der Leichtigkeit und einen Sinn für Humor, wenn es um Sex geht. Wenn du Sex aufgegeben hast, gibt es eine einfache und wirksame Möglichkeit, dein Leben und deine Beziehung zu ändern.

Der erste Schritt zur Beseitigung sexueller Leblosigkeit besteht darin, jedes Gefühl von „ich müsste" oder „ich sollte" aufzugeben. Müssen und Sollen sind Erwartungen, die Forderungen verbergen. Eine Forderung ist eine Kompensation für Bedürfnisse. Ein Bedürfnis nach Sex zeigt ein gespaltenes Bewusstsein, das Sex gleichzeitig will und nicht will, weil es fürchtet, seine Unabhängigkeit zu verlieren. Um der Angst vor dem Verlust ihrer Unabhängigkeit aus dem Weg zu gehen, wird Sex bei manchen Menschen zu einer Formsache – zu einem rein mechanischen Akt. Diesen Konflikt zwischen dem Verlangen nach Sex und der gleichzeitigen Ablehnung von Sex projizieren wir als Forderungen und Zwang nach außen, sodass wir dem Sex die Leichtigkeit rauben, die sein wahres Wesen ist. Achte darauf, ob du in deinem inneren Dialog die Worte „ich müsste" verwendest. Ändere sie in „ich möchte" oder „ich wähle". Lasse deine Erwartungen los und setze dir stattdessen Ziele, die dich und deinen Partner zum Sex einladen.

Ändere anschließend jedes Gefühl von „ich sollte" ebenfalls in „ich möchte", „ich wähle" oder „ich entscheide mich für". Das Gefühl, etwas tun zu sollen, ist eine Rolle, und Rollen lassen nicht zu, dass wir empfangen oder genießen. Jede Rolle gleicht einer Gummihülle, die uns umgibt und uns umso unfähiger macht, etwas zu fühlen, je mehr Rollen wir anhäufen. Manchmal ist Sex auch so stark beschädigt oder von einem derart hohen Maß an Leblosigkeit geprägt, dass wir den Gedanken an Sex ganz loslassen und ihn stattdessen als Gelegenheit betrachten sollten, unseren Partner zu lieben. Umarme deinen Partner ganz einfach und liebkose ihn. Nach spätestens zehn Minuten ist eure sexuelle Energie entweder entfacht, oder ihr schlaft voller Wohlbehagen in den Armen des jeweils anderen ein.

Verpflichtung heilt Leblosigkeit. Verpflichtung ist die Entscheidung, dich rückhaltlos zu geben. Du kannst dich dir selbst, dem Leben, deinem Partner, deiner Beziehung, Sex, Liebe und Nähe verpflichten. Selbsteinbeziehung ist eine weitere Möglichkeit, Sex rasch mit neuem Leben zu erfüllen. Beziehe dich selbst ein. Beziehe dich selbst in dein Leben ein. Das Ego will, dass du dich blind auf Sex einlässt, den Versuchungen erliegst und ihn dann als enttäuschend und leblos aufgibst, weil er von den Abwehrmechanismen und der Aufopferung von Rollen, Regeln und Pflichten geprägt ist. Das Ego will nicht, dass Sex und die ihm innewohnende Fähigkeit zur Transformation ihre Intaktheit im Leben der Menschen zurückerlangen, weil es die bestehende Situation aufrechterhalten will. Es will weder Liebe noch Verbindung oder Nähe, denn diese Dinge würden bedeuten, dass es sich selbst verliert – zusammen mit dem Schmerz, der Angst, der Schuld, der Ungerechtigkeit und der Trennung, aus der es aufgebaut ist. Das Ego entsteht aus der Trennung heraus, und Leblosigkeit rührt vom Rückzug der Trennung her. Leblosigkeit und das Ego gehen Hand in Hand.

Eine weitere Ursache für Leblosigkeit ist Depression. Sex ist zwar ein wunderbares Gegenmittel gegen Depression, lässt aber häufig keine Nähe zu anderen Menschen zu, sobald eine Depression eingetreten ist. Eine Depression rührt von den vielen Verlusten her, die wir persönlich, in unseren Beziehungen oder in beruflicher Hinsicht erlitten und nicht vollkommen überwunden, losgelassen und betrauert haben. Es ist wichtig, eine Bestandsaufnahme aller Beziehungen im Hinblick darauf zu machen, wie sehr wir jeder Beziehung verhaftet sind. Wir können einer Beziehung negativ durch Groll oder positiv durch Anziehung verhaftet sein.

Es ist hilfreich, zu jeder Beziehung zurückzukehren und dich intuitiv zu fragen, zu wie viel Prozent du an der betreffenden Beziehung festhältst. Tue es jetzt, bevor du die Übung fortsetzt. Beginne mit deinen Eltern. Addiere die Zahlen. Schließe auch deinen jetzigen Partner in diese Addition ein. Addiere dann alle Herzensbrüche und sexuellen Traumen, jede Verletzung und jeden Groll. Jede Erinnerung, die du noch an ein Ereignis hast, zeigt dir, dass es noch eine Anhaftung gibt, die losgelassen werden muss. Addiere die Prozentzahlen, die dir für jedes dieser Ereignisse in den Sinn kommen. Auf welche Summe kommst du?

Jede Zahl über hundert zeigt dir, wo du für echten Kontakt nicht verfügbar bist. Der Eimer deiner Beziehung ist übervoll. Jede Zahl, die über hundert liegt, erzeugt eine negative Energie in deiner Beziehung. Wenn die Gesamtsumme also 785 beträgt, liegt der negative Einfluss auf deine Beziehung bei 685. Das ist ausgesprochen schlecht für deine Beziehung und für dich selbst. Wenn du alle diese Anhaftungen loslässt, indem du deinen Beziehungeimer leerst, ermutigst du deinen Partner, dies auch mit seinem Beziehungeimer zu tun. Leere den Eimer vollständig aus, damit du für deinen Partner verfügbar bist und echten Kontakt zu ihm aufbauen kannst, statt in der Vergangenheit zu leben.

Verschlossene Türen sind ebenfalls ein Aspekt, der Offenheit, Verfügbarkeit und Nähe blockiert. Du kannst dir die Frage stellen, wie viele Türen du vor deiner Mutter, deinem Vater, deinen Geschwistern, anderen Familienmitgliedern, früheren Partnern, GOTT und deinem jetzigen Partner verschlossen hast. Jede Tür, die zwischen dir und einem anderen Menschen steht, steht auch zwischen dir und deinem jetzigen Partner. Nun kannst du alle Türen mit großer Entschlossenheit öffnen. Du kannst eine Heerschar von Engeln bitten, dir dabei behilflich zu sein. Die Engel stehen stets auf der Seite von Liebe und Heilung. Frage dich dann, wie viele Schritte du dich von den betreffenden Menschen zurückgezogen hast. Der fehlende Kontakt wirkt sich jetzt negativ auf deine Beziehung aus. Bitte die Engel darum, den Kontakt und die Nähe zu diesen Menschen unabhängig davon wiederherzustellen, wie viele Schritte du dich von ihnen entfernt hattest. Frage dich zum Schluss, zu wie viel Prozent du dich selbst und die betreffenden

Menschen weggeworfen hast. Da dies ebenfalls ein wichtiges Element ist, wenn es um Sex und Nähe geht, heiße den Prozentsatz wieder willkommen, den du weggeworfen hattest. Frage dich anschließend, wie viele Türen du vor dir selbst, dem Leben, Sex, Nähe, Beziehungen und der wahren Liebe verschlossen hattest. Öffne sie alle mithilfe der Engel.

Frage dich, wie viele Schritte du dich in jedem der obigen Bereiche zurückgezogen hast. Bitte darum, dass die Verbindung wiederhergestellt werden möge. Frage dich zum Schluss, zu wie viel Prozent du jeden dieser Bereiche weggeworfen hast: dich selbst, Sex, das Leben, Beziehungen, Nähe. Ergänze die Liste nach Belieben, und heiße dann alle diese Bereiche wieder willkommen. Aufopferung rührt von Rollen, Regeln und Pflichten her. Aufopferung tut die richtigen Dinge, aber aus dem falschen Grund. Sie ist politisch korrekt, aber nicht authentisch. Wenn du dich aufopferst, machst du Sex zur Routine und praktizierst ihn aus einer Rolle heraus, statt dich selbst zu geben und neue Wege zu finden, um auf deinen Partner zuzugehen und mit ihm in Kontakt zu kommen. Wenn du dich beim Sex zur Selbsthingabe entscheidest, wird das, was bisher eine Pflicht war, zu einem Beitrag und zu einem Akt der Großzügigkeit und des Willkommens. Das schenkt dir Erfüllung im Geben und dadurch, dass es die Türen zum Vergnügen, zur Nähe und zum Empfangen öffnet.

Die ödipale Verschwörung

Der ödipale Komplex ist eine Verschwörung, die das Ego erzeugt, um zu verhindern, dass Sex zu einem Instrument der Liebe, der Heilung und der Verbundenheit wird. Die ödipale Verschwörung wird auf einer Ahnenebene als mangelnde Verbundenheit und damit als Konkurrenz weitergegeben. Konkurrenz ist ebenfalls eine Hauptursache von Leblosigkeit, weil wir uns von unserem Partner zurückziehen, um nicht zu verlieren. Vielleicht versuchen wir auch, ihn zu beherrschen, was seine Begeisterung allerdings in Grenzen halten dürfte. Konkurrenz ist der Versuch, gegen einen anderen Menschen zu gewinnen, um unser Ego zu erhöhen und uns eine bessere Einstellung zu uns selbst zu ermöglichen. Wir wollen zeigen, dass wir überlegen sind, und deshalb urteilen wir über andere Menschen und stellen sie unter uns, um Gefühle der Unzulänglichkeit und der Minderwertigkeit zu kompensieren.

Alle Menschen müssen das Stadium der toten Zone durchqueren und sich den zahlreichen Herausforderungen stellen, die in der Kindheit mit Rollen und der ödipalen Verschwörung begonnen haben. Die Tatsache, dass wir über unsere Eltern urteilen und uns von ihnen trennen, führt dazu, dass wir neben anderen Rollen auch die Rolle der Aufopferung annehmen. Als Kind scheinen uns diese Rollen eine Persönlichkeit zu geben, verwandeln sich später jedoch in Gefühle der Leblosigkeit und in die Unfähigkeit, Dinge zu genießen. Dennoch sind Rollen nur eine Tarnung für den noch lebloseren Aspekt der ödipalen Verschwörung. Die ödipale Verschwörung ist ein rein unterbewusstes Muster. Sie ist ein chronisches Problem, aus dem es scheinbar keinen Ausweg gibt. Die ödipale Verschwörung hat zur Folge, dass die sexuelle Energie nicht der Liebe untergeordnet wird.

Ein hohes Maß an Konkurrenz in unserer Ursprungsfamilie hat dazu geführt, dass Sex und Liebe voneinander getrennt wurden. Sex wird letztendlich zum größten Teil verdrängt, zum Teil aber auch übersteigert und ausagiert. Die schlimmsten Fälle zeigen sich in Form von Inzest, Vergewaltigung oder anderen Formen sexuellen Missbrauchs. Übersteigerter oder verdrängter Sex erzeugt Schuld, die sowohl ihn als auch uns selbst kontrollieren soll. Wenn wir heranwachsen, werden sexuelle Gefühle gegenüber Eltern oder Geschwistern größtenteils verdrängt. Wir verdrängen alle möglichen Muster und Illusionen wie beispielsweise die Schattenfiguren des Versagers, des Waisenkindes, des Diebs, des Mörders und des Verräters. Wir geben uns Phantasievorstellungen von Sex und Aggression hin. Statt diese Dinge einfach aufzugeben, vergraben wir sie jedoch im Unterbewusstsein, sodass Muster entstehen, die diese dunklen Glaubenssätze über uns wirklich erscheinen lassen.

Wenn wir sexuelle Phantasievorstellungen und sexuelle Gefühle gegenüber unseren Eltern und Geschwistern in uns vergraben haben, projizieren wir diese unverarbeiteten Themen später auf unseren Partner. Die Folge ist Widerstand, der bis zu Gefühlen des Ekels gehen kann, sodass wir es nicht ertragen, wenn unser Partner uns berührt, weil es Sex mit einem Familienmitglied gleichkäme. Das hat zur Folge, dass wir uns von unserem Partner zurückziehen, weil wir lieber Leblosigkeit als Ekel empfinden wollen. Die ödipale Verschwörung führt auch zu Affären und Dreiecksbeziehungen, in denen sie einen klassischen Madonna-Huren-Komplex erzeugt. Wir lassen unserer Sexualität und unseren Phantasievorstellungen freien Lauf, während wir gegenüber unserem Partner eine „heilige" Energie bewahren.

Wenn wir zur toten Zone gelangen, sind wir bereit, nahezu alles zu tun, um aus unserer Leblosigkeit auszubrechen. Das schließt beispielsweise Affären und Tabubrüche ein, die sogar so weit gehen können, dass wir unser ganzes Leben auf den Kopf stellen, um der Leblosigkeit zu entfliehen. Wenn wir unsere Verbundenheit und Authentizität wiederherstellen, indem wir unsere Rollen und die ödipale Verschwörung heilen, dann bringen wir jedoch auch den Kontakt und den Reiz in unser Leben zurück. Jeder Ort in unserer Kindheit, an dem Trennung stattgefunden hat, war der Ursprung von Rollen und der Nährboden für ödipale Verdrängung oder ödipales Fehlverhalten. Einfache Übungen der Verbundenheit werden zu dem Weg, der es uns ermöglicht, Rollen, Konkurrenz und die ödipale Verschwörung zu heilen.

Die folgende Partnerübung ist hervorragend geeignet, um die durch negative Erfahrungen verlorene Verbundenheit wiederherzustellen. Rufe dir die drei schlimmsten Erfahrungen oder chronischen Probleme in deiner Beziehung ins Gedächtnis. Stelle dir vor, dass dein inneres Licht sich mit dem inneren Licht deines Partners verbindet und ausgehend von seinem Licht dann zu dir zurückkehrt. Nimm wahr, was geschieht und welche Auswirkungen es auf die Situation hat. Wenn du die Übung fortsetzt, dauert es nicht lange, bis zunächst in deinen Emotionen, Einstellungen und Neigungen und dann auch in der Situation selbst eine Veränderung eintritt. Wiederhole diesen Prozess der Verbindung mindestens zehn Mal. Dies löst nicht nur Schmerz, Groll und Trennung auf, sondern auch die negativen Muster, die diese Dinge in deinem Leben in Gang gesetzt haben. Wenn der Prozess abgeschlossen ist, frage dich, wann die ödipale Verschwörung in deinem Leben entstanden ist. Kehre in diese Zeit zurück. Stelle dir vor, dass dein Licht sich mit dem Licht aller an der Situation beteiligten Menschen verbindet und von ihnen ausgehend dann zu dir zurückkehrt. Manchmal kannst du diese Übung fortsetzen, bis sich alles in Licht verwandelt hat. Wenn du den Prozess mindestens zehn Mal wiederholt hast, frage dich, worin die zweitschlimmste Situation besteht, die zur Entstehung der ödipalen Verschwörung geführt hat. Wenn du dir deiner Sache sicher bist, kannst du um die Hilfe des HIMMELS bitten und die Übung anschließend auch für deinen Partner durchführen.

Die folgende kurze Übung kann ebenfalls eine Schicht der ödipalen Verschwörung heilen. Stelle dir vor, dass du zusammen mit deinem Partner, deinen Eltern und deinen Kindern im ödipalen Sumpf feststeckst. Wie tief seid ihr im Morast eingesunken? Bitte um die Hilfe des HIMMELS und stelle dir vor, dass Engel zu jedem von euch kommen, die euch mit ihren Schwingen umhüllen und dann gemeinsam mit euch im Sumpf versinken. Du stellst fest, dass du, eingehüllt von den Schwingen der Engel, noch atmen kannst, und du sinkst durch den Sumpf nach unten, bis du in einen neuen, ursprünglicheren Bereich deines Bewusstseins gelangst. Wie sieht es dort aus, und wie fühlt es sich an? Welche Auswirkung hat er auf dein Leben?

Frage dich, wie viele ödipale Drehbücher und ödipale Verschwörungen du in dir trägst und welche Auswirkung sie auf dein Leben haben. Stelle dann die entscheidende Frage, wofür du sie benutzt hast. Wenn du bereit bist, sie endlich aufzugeben, bitte um die Hilfe des HIMMELS und lasse sie los. Frage dich dann, wie alt das Selbst ist, das diese Geschichten und Verschwörungen geschrieben hat. Bitte die Engel, sich an deiner Seite einzufinden und das verwundete Selbst zu lieben, das diese Drehbücher geschrieben hat, bis es heranwächst, dein jetziges Alter erreicht und wieder mit dir verschmelzen kann. Es verbindet durchtrennte Drähte in deinem Herzen, deinem Geist und deinem Körper wieder neu und bringt dir dadurch in allen diesen Bereichen ein höheres Maß an Erfolg.

Frage dich dann, wie viele Geschichten und Verschwörungen der Sexlosigkeit du in dir trägst. Wie haben sie sich auf dein Leben ausgewirkt? Frage dich, wofür du diese Geschichten und Verschwörungen benutzt hast. Wenn du bereit bist, lasse sie als den schlechten Handel los, der sie sind. Frage dich anschließend, wie alt das Selbst ist, das diese Geschichten und Verschwörungen schreibt. Rufe die Engel herbei und bitte sie, dieses Selbst zu lieben, bis es heranwächst und wieder mit dir verschmelzen kann, um durchtrennte Drähte in deinem Herzen, deinem Geist und deinem Körper wieder neu zu verbinden.

Das gespaltene Bewusstsein

Immer dann, wenn wir glauben, etwas haben zu wollen, es aber nicht haben, ist unser Bewusstsein gespalten. Der Anteil, der es haben will, ist das bewusste Selbst. Das Unterbewusstsein, das in diesem Fall anscheinend über die größere Macht verfügt, will es nicht haben. Das liegt daran, dass das Ego seine Unabhängigkeit und seine Trennung aufgeben müsste, wenn du bekommen würdest, was du willst, und infolgedessen deine Verbundenheit zurückerlangen würdest. Es gibt viele Mittel und Wege, ein gespaltenes Bewusstsein zu integrieren, aber die nachfolgende Übung spricht mich besonders an. Die Realität stellt sich so dar, dass ein Teil von dir Sex will, du ihn aber nicht hast. Wie groß ist der prozentuale Anteil, der keinen Sex will, was durch die Tatsache belegt wird, dass du ihn nicht hast? Was übrig bleibt, ist der Anteil, der tatsächlich Sex will. Nehmen wir einmal an, dass ein Anteil von neunzig Prozent keinen Sex will und ein Anteil von zehn Prozent ihn will. Stelle dir die einfache Frage: „Was will ich?" Die Antwort lautet natürlich: „Sex!" Frage dich dann, wie groß die prozentuale Spaltung jetzt ist. Nehmen wir an, dass die intuitive Antwort 80:20 lautet. Du gehst also in die richtige Richtung. Frage dich erneut: „Was will ich?" Die Antwort lautet: „Mehr Sex!" Überprüfe wieder, wie groß die prozentuale Spaltung jetzt ist. Nehmen wir an, dass sie bei 70:30 steht. Wenn du in kleinen Schritten von nur einem oder fünf Prozent vorankommst, bist du auf deinen Widerstand gestoßen. Diese Angst wird durch die Macht deines bewussten Denkens geklärt. Frage dich: „Was will ich?" Wenn du bei hundert Prozent angekommen bist, stelle dir vor, wie sie sich auf dein jetziges Leben auswirken werden. Alles, was du von ganzem Herzen willst, ist eine ausgemachte Sache.

Groll an der Wurzel des Problems heilen

Groll liegt an der Wurzel jedes Problems. Wenn der Groll vergeben wird, löst sich das Problem auf. Frage dich, wenn du es wüsstest, wer die Person ist, gegen die du den Groll hegst, der die Dürre in deinem Leben verursacht. Frage dich, worum es bei diesem Groll geht. Stelle dir dann vor, dass die betreffende Person vor dir steht. Frage dich, wie viele Menschen sie zum Opfer gemacht und sie dadurch dazu gebracht haben, sich dir gegenüber so zu verhalten, wie sie es getan hat. Stelle dir vor, dass diese Menschen hinter deiner Person stehen. Frage dich dann, wie viele Menschen sich gegenüber den Menschen negativ verhalten haben, deren Verletzungen groß genug waren, um deine Person zu verletzen. Stelle dir vor, dass sie in der dritten Reihe vor dir stehen. Du hast vermutlich erkannt, dass du Teil eines Netzwerks bist, das immer weiter zurückreicht. Damit ist die Sache jedoch noch nicht abgeschlossen.

Frage dich, wie viele Menschen du wegen der Dinge zum Opfer gemacht hast, die dir angetan wurden. Da die Person, die dich zum Opfer gemacht hat, und die Menschen, die sie zum Opfer gemacht haben, vor dir stehen, stelle dir vor, dass die Menschen, die du zum Opfer gemacht hast, hinter dir stehen. Frage dich, wie vielen Menschen du in Bezug auf Sex geschadet hast. Drehe dich um und stelle dir vor, dass diese Menschen vor dir stehen. Wie vielen Menschen haben sie ihrerseits geschadet? Stelle dir vor, dass diese Menschen in der zweiten Reihe hinter ihnen stehen. Wie vielen Menschen haben sie geschadet wegen der Dinge, die du über die Menschen, denen du selbst geschadet hast, an sie weitergegeben hast?

Du bist nun in der einzigartigen Lage, das gesamte Netzwerk zu befreien und zu erheben. Nimm dazu zuerst die Gabe der Vergebung auf einer ganz neuen Ebene an. Nimm dann deine Seelengabe der Erlösung an und empfange diese Wundergabe vom HIMMEL. Teile diese Gaben mit der Person, die dich deiner Meinung nach verletzt hat. Erfülle sie mit diesen Gaben. Gehe dann gemeinsam mit ihr zu den Menschen, die sie ihrer Meinung nach verletzt haben, und teile deine machtvollen Gaben auch mit ihnen. Nimm dann wahr, dass die Gaben durch das gesamte Netzwerk weitergegeben werden, bis alle Menschen befreit sind. Drehe dich um. Betrachte die Menschen, die du verletzt hast. Erbitte ihre Vergebung, und teile die Gaben der Vergebung und der Erlösung mit ihnen. Wenn sie befreit sind, gehe gemeinsam mit ihnen zu den Menschen, denen sie geschadet haben, und teile deine Wundergaben auch mit diesen Menschen. Wenn sie befreit sind, stelle dir vor, dass die Gaben durch das gesamte Netzwerk weitergegeben werden und alle Menschen befreien.

Der Anteil deines Bewusstseins

Wenn du keinen Sex hast, hat ein bestimmter Anteil deines Bewusstseins diesen Mangel zu einem bestimmten Zweck erzeugt. Nun ist es an der Zeit, mit dem Anteil zu kommunizieren, der dich in der Dürre festhält. Entspanne dich. Bitte den betreffenden Anteil deines Bewusstseins, in den Vordergrund zu treten. Frage ihn, wie er heißt, weil er möglicherweise einen anderen Namen hat als du. Frage ihn, wie groß der Prozentsatz ist, den er in deinem Bewusstsein einnimmt. Frage ihn anschließend, welchen Zweck er verfolgt. Wenn die Antwort keinen Sinn ergibt, frage ihn, welchem Zweck dieser Zweck dient. Du kannst diese Frage immer wieder stellen, bis sich der Zweck offenbart, dem dein Mangel an Sex dient. Nehmen wir an, dass dieser Anteil deines Bewusstseins dich vor Verletzungen schützen möchte, weil du in jeder sexuellen Beziehung, die du bisher hattest, tief verletzt worden bist. Frage diesen Selbstanteil dann, wie alt er ist. Häufig handelt es sich dabei um ein Kind, das nicht weiß, wie es helfen kann. Frage es, ob es Hilfe benötigt. Nehmen wir an, dass es Billy heißt und drei Jahre alt ist. Sein Anteil an deinem Bewusstsein beträgt dreißig Prozent, und es ist seit deinem dritten Lebensjahr ein Teil von dir.

Bitte diesen Selbstanteil darum, zusammen mit dir ein Experiment durchzuführen, bei dem er entscheiden kann, wie er seine Aufgabe am besten erfüllen und dich davor bewahren kann, verletzt zu werden. Frage ihn, wie die Dinge in drei Monaten aussehen werden, wenn er sich weiterhin so verhält, wie er es bisher getan hat. Frage ihn dann, wie die Dinge in sechs Monaten aussehen werden, wenn er weiterhin tut, was er bisher getan hat. Frage zuletzt, wie die Dinge in einem Jahr aussehen werden, wenn er seinen jetzigen Weg weitergeht. Gib ihm ein wenig Zeit, darüber nachzudenken, und bitte ihn anschließend, den zweiten Teil des Experiments durchzuführen. Bitte ihn darum, mit dir zu verschmelzen. Ein geeintes Bewusstsein ist von einem weit höheren Maß an Frieden erfüllt, besitzt weit mehr Selbstvertrauen, ist weniger in Konflikten gefangen und damit weniger anfällig dafür, verletzt zu werden. Und wo immer du bist, dort ist auch er und somit weit eher in der Lage, dir zu helfen und seinen Zweck zu erfüllen. Frage dich, wie die Dinge angesichts der neu gewonnenen Ganzheit in drei Monaten aussehen werden. Frage dich dann, wie die Dinge in sechs Monaten aussehen werden. Frage dich zuletzt, wie die Dinge mit dieser neu gewonnenen Ganzheit in einem Jahr aussehen werden. Normalerweise unterscheiden beide Szenarien sich ganz erheblich voneinander. Wenn du Billy nun bittest, zwischen seinem bisherigen Verhalten und der Ganzheit zu wählen, kann er durch seine Entscheidung für die Ganzheit seinen Zweck tatsächlich erfüllen. Wir hätten uns jederzeit für die Ganzheit entscheiden können. Du kannst Billy nun bitten, sich auch mit den restlichen Anteilen deines Bewusstseins zu verbinden und den neu gewonnenen Erfolg zu genießen.

Eine Integrationsübung mithilfe des Körpers

Diese Integrationsübung ist einfach durchzuführen und sehr effektiv darin, Aspekte unseres gespaltenen Bewusstseins zu heilen. Lege einfach eine Hand auf den Bereich deines Körpers, der keinen Sex will, und die andere Hand auf den Bereich, der Sex will. Achte darauf, dass deine Hände deinen Körper berühren, und bewege sie zusammen mit der Energie der jeweiligen Eigenschaft dorthin, wo sie sich miteinander verbinden wollen. Lege beide Hände übereinander, sodass die beiden gegensätzlichen Energien zu neuer Ganzheit verschmelzen können. Bevor du beginnst, kannst du alle Energien, die keinen Sex wollen, unter der entsprechenden Hand zusammenziehen, und ebenso alle Energien, die Sex wollen, unter der anderen Hand konzentrieren. Wenn durch den Akt der Integration neue Ganzheit entstanden ist, kannst du eine Hand auf die sexuelle Energie legen, die du durch Traumen und Herzensbrüche verloren hast, und sie mit der Hand zusammenführen, unter der du die integrierte Energie konzentriert hast. Wenn Emotionen in dir hochkommen, während du die Übung durchführst, integriere sie zuerst, denn auch wenn sie in dir verborgen waren, haben sie dich natürlich zurückgehalten. Jede Form von Heilung hat mit Ganzheit und mit Integration zu tun. Dies ist eine direkte Integrationsübung, in der die unvereinbaren Anteile zu neuer Ganzheit zusammengefügt werden. Die nachfolgenden Beispiele sind machtvolle Anteile, die du integrieren kannst: das Opfer, der Täter, Hartherzigkeit, Geiz, Sex als Vergnügen, Sex zur Befriedigung des eigenen Stolzes, Sex als Angriff, Aufopferung, Dissoziation, Rollen, Regeln und Pflichten, Kontrolle, Unwürdigkeit, Hass, Selbsthass, Herzensbruch, Rache, Schuld, Wertlosigkeit, Prüderie, Wollust, sexuelle Verdrängung, sexuelle Übertreibung, sexuelle Erwartungen, sexuelle Bedürftigkeit, Depression, Unabhängigkeit, Gehemmtheit, Tabubrüche, sexuelle Scham, Demütigung, Selbstkasteiung, der große Krieg zwischen Sex und Kein-Sex, Angst, Gefühle der Unzulänglichkeit, Zynismus, Bitterkeit, zerschlagene Träume, Anhaftungen, sexuelle Phantasievorstellungen, sexueller Missbrauch, alle sexuellen Verschwörungen, die ödipalen Geschichten und Verschwörungen, Götzen des Sex, Wutausbrüche, falsche Geisteshaltung, Widerborstigkeit, passive Aggression, Angst vor Veränderung, sexueller Groll, körperlicher und emotionaler Schmerz in Zusammenhang mit Sex, unterbewusste Botschaften in Bezug auf Sex sowie Machtkämpfe in Bezug auf Sex, sexueller Mangel, Selbstangriff, unverarbeitete Themen mit den Eltern, Themen aus vergangenen Leben, die sich negativ auf unser Sexleben auswirken, Themen auf der Ahnenebene, die sich negativ auf unser Sexleben auswirken, kollektive Themen, die sich negativ auf unser Sexleben auswirken, astrale Angriffe, dämonische Besessenheit, toxische Wunden aus astralen Angriffen, Glaube an den Körper als die eigene Identität, Glaube an den Tod, Pervertiertheit, Nehmen, Bekommen, Leblosigkeit, Konkurrenz, Schwelgen, sexuelle Schattenfiguren wie der Räuber oder die schwarze Witwe, sexuelle Verwünschungen, negative Glaubenssätze über Sex, Schattenfiguren des Versagers, des Waisenkindes, des Diebs, des Mörders, des Verräters oder des Rebellen, Rückzug, sexuelle Gaben, positive sexuelle Erfahrungen, negative sexuelle Erfahrungen, Festhalten an früheren Partnern, die sexuell begabt waren oder ein gewisses gutes Aussehen hatten, Widerstand gegen Sex, schmerzhafte Bilder in Zusammenhang mit Sex als Kind, Jugendlicher, junger oder reifer Erwachsener. Alle diese Dinge können mit deinen eigenen Gaben und den Gaben des HIMMELS wie Natürlichkeit und Unschuld, Wunder, Ganzheit, Liebe und GÖTTLICHER LIEBE integriert werden. Diese Integrationsübung bringt dir ein hohes Maß an Ganzheit, Selbstvertrauen und dem Frieden, der das Fundament von Liebe, Freude, Gesundheit und Fülle ist.

Du kannst mit diesem Kapitel natürlich nicht nur Sex, sondern auch andere Themen klären. Es könnte ebenso gut „Keine Gesundheit!", „Kein Geld!" oder „Keine Liebe!" heißen, und du kannst es benutzen, um alle diese Themen zu heilen.

65

Dich deinem Partner hingeben, als er es am dringendsten brauchte

Ich bin einmal einer sehr mutigen Frau begegnet, die auf dem Gebiet emotionaler Heilung arbeitete und ihre Arbeit nicht nur als Beruf, sondern auch als eine Lebensart betrachtete. Einmal hörte ich sie sagen, dass sie sich mit jedem Menschen in jeder Form von Schmerz verbinden würde, nur nicht mit ihrem Mann, weil sein Schmerz für sie zu überwältigend sei. Jahre später tat sie natürlich genau das.

Du kennst deinen Partner gut. Bist du bereit, ihm durch eine Übung zu helfen, die gleichzeitig auch dich selbst und deine Beziehung voranbringen kann? Es ist eine Übung der Hingabe, in der du, statt getrennt zu bleiben, bereit bist, die Distanz zwischen dir und deinem Partner zu überwinden, damit du dich mit ihm verbinden kannst. Im ersten Schritt der Übung gibst du dich dir selbst hin. Nimm dir dazu ein wenig Zeit und spüre nach, wie du dich fühlst und was du fühlst. Dehne dich dann zu dem alten Ereignis hin aus, bei dem dein Partner gelitten hat und dich am dringendsten brauchte. Fühle und erfahre so viel, wie es dir möglich ist. Wenn es dir nicht gelingt, stelle dir vor, dass du es fühlst und erfährst. Dann stellt sich die echte Erfahrung meist rasch ein. Wahrscheinlich kehrst du in die Vergangenheit zurück, möglicherweise sogar in eine Zeit, die vor deiner ersten Begegnung mit deinem Partner liegt. Bewege dich immer weiter auf das Ereignis zu. Wenn die Distanz in etwa der Entfernung zum nächsten Zimmer entspricht, nähere dich langsam deinem Partner. Körperliche Distanz ist weniger wichtig als emotionale Distanz. Spüre dich zu ihm hin, bis es keine Distanz mehr gibt. Verbinde dich mit ihm, denn in der Verbundenheit, die daraus entsteht, fallen Abwehrmechanismen und Leiden fort. Verbinde dich von Geist zu Geist, von Herz zu Herz und von Licht zu Licht. Weil du dich in seiner tiefsten

Not mit ihm verbunden hast, kann sich alles ändern, vor allem eine chronische Trennung, die du aus irgendeinem Grund nicht überbrücken konntest. Selbst extrem negatives Verhalten seitens deines Partners spielt hier keine Rolle, denn es war durch Schmerz und Trennung begründet. Die Tatsache, dass du dich an diesem Ort mit deinem Partner verbunden und dich ihm dadurch hingegeben hast, bedeutet, dass er nun über einen zweiten Geist, ein zweites Herz und ein zweites Licht verfügt. Alles ändert sich, wenn du dich mit ihm verbindest, wenn du alles änderst, als er dich am dringendsten brauchte. Wenn du diese Übung einmal pro Woche durchführst, kann sie dir ein höheres Maß an Verständnis und Mitgefühl bringen. Je häufiger du es tust, umso mehr fühlt dein Partner sich verstanden. Die Verbundenheit in deiner Beziehung wächst, und diese Orte besitzen nicht mehr die Macht, deine Beziehung zugrunde zu richten.

Die Risse zwischen dir und früheren Partnern heilen

Deine früheren Partner sind die Stützräder, die dich für den langen Weg zu deinem jetzigen Partner bereit machen. Wenn du mit ehemaligen Partnern eine Bruchlandung hingelegt hast, wirkt sich das nicht nur auf dich selbst, sondern auch auf deine jetzige Beziehung aus. Es heißt, dass es noch immer eine ungelernte Lektion gibt, die du jetzt dringend lernen musst. Du kannst diese Lektion lernen, indem du die Urteile und den Groll aufgibst, die dich in der Trennung festhalten, und die Verbundenheit mit deinem früheren Partner wiederherstellst, sodass du dich vollständig fühlst und für die Liebe und den Lernprozess dankbar bist.

Stelle dir vor, dass du auf einer Seite des Tals in deinem Wohnturm stehst und dein früherer Partner auf der anderen Seite des Tals in seinem Wohnturm steht. Ein Seil ist von deinem Balkon über das Tal bis zu seinem Balkon gespannt. Rufe dir alle Gedanken, Worte und Taten deines früheren Partners ins Gedächtnis, die ihn für dich unattraktiv gemacht haben. Alle diese Dinge sind im Augenblick unwichtig. Das Ego hat sie nur als Ausreden benutzt, um sich zu trennen. Wichtig ist in diesem Augenblick, dass du die Verbundenheit mit deinem früheren Partner wiederherstellst, damit ihr Verlust keine negative Auswirkung auf deine jetzige Beziehung hat. Stelle dir vor, dass du dich durch alle Gedanken, alle Emotionen, alle Urteile und allen Groll hindurch mit deinem früheren Partner verbindest, um zu ihm zu gelangen. Du willst nicht, dass die Vergangenheit dich in deiner jetzigen Beziehung beschwert und zurückhält.

Denke an die Liebe, die du anfangs für deinen früheren Partner empfunden hast, und gehe durch die Ausreden hindurch, die Unabhängigkeit und die Trennung zwischen euch aufrechterhalten sollen. Gehe durch alle noch vorhandenen

Emotionen und allen noch vorhandenen Schmerz hindurch, während du dich in das Reich all dessen begibst, was dein früherer Partner dir zur Last gelegt hat, um sich zu trennen und unabhängig zu sein. Stelle dir vor, dass du dich vom Balkon deines Wohnturms über das Tal hinweg zum Balkon seines Wohnturms hinüberschwingst. Wenn du ihn erreicht hast, kannst du dich von Geist zu Geist, von Herz zu Herz und schließlich von Licht zu Licht mit ihm verbinden, sodass die Vergangenheit ruhen kann und Verbundenheit alles ist, was in der Gegenwart übrigbleibt. Das lässt Gefühle der Freundschaft und einer gemeinsamen, miteinander geteilten Vergangenheit zu. Führe diese Übung jeden Tag mehrmals mit früheren Partnern durch. Bitte den Erzengel Michael, diesen Akt der Verbindung wahr und wirklich zu machen. Wenn du die Übung mit allen wichtigen früheren Beziehungen durchgeführt hast, frage dich, zu wie viel Prozent du dich befreit hast und wie groß die Segnungen sind, die nun deines Weges kommen können. Wenn du das Gefühl hast, dass noch mehr Befreiung möglich ist, kannst du die Übung deinem jetzigen Partner zuliebe ein zweites oder auch ein drittes Mal durchführen.

Dein Licht leuchten lassen und das chronische Problem deines Partners

Rufe dir das größte Problem deines Partners ins Gedächtnis. Es ist ein Problem, bei dem du dich hilflos fühlst und glaubst, nichts zu seiner Lösung beitragen zu können. Manchmal führen genau dieses Problem und das Gefühl des Versagens, das es in uns aufsteigen lässt, dazu, dass die Beziehung zerbricht. Das chronische Problem deines Partners ist immer ein Hilferuf, und zwar unabhängig davon, welche Form es annimmt oder ob es vielleicht sogar eine Form von Angriff ist. Jemand, der angreift, ist in einem Teufelskreis aus Angriff und Selbstangriff gefangen. Angriff und Selbstangriff gehen stets Hand in Hand, auch wenn ein Aspekt möglicherweise weniger offen zutage tritt. Dein Partner erwartet, dass du ihn deinerseits angreifst, und wenn du es nicht tust, ist er dir dankbar, weil er ein schlechtes Gewissen hat.

Neben der Möglichkeit, keinen Gegenangriff zu führen oder sogar Liebe in ihn einströmen zu lassen, während er dich angreift, hast du noch ein weiteres Mittel an der Hand, um ihm zu helfen. Für jedes chronische Problem, das dein Partner hat, hast du die passende Seelengabe mitgebracht, um es zu heilen. Sie ist sehr wahrscheinlich gut verborgen, denn obwohl wir unserem Partner helfen wollen, wenn er in einem Problem feststeckt, erkennen wir die Gabe nicht als für uns verfügbar, wenn wir darauf aus sind, unser Ego aufzubauen oder zu verteidigen. Es fällt dir anscheinend schwer, die Gabe zu öffnen und dein Licht leuchten zu lassen, weil ein Problem dich dazu gebracht hat, dich an einem Ort zu verstecken und zurückzuziehen, an dem du hättest vortreten können, statt Opfer zu sein. Hättest du es getan, wärest du nicht zum Opfer geworden, sondern hättest stattdessen genau die Gabe hervorgebracht, die deinen Partner gerettet hätte. Deine Gabe und dein Licht werden immer noch gebraucht, und auf einer bestimmten

Ebene soll das chronische Problem deines Partners dich dazu anspornen, dieses Mal dein Licht leuchten zu lassen und die richtige Entscheidung zu treffen. Sind die Liebe zu deinem Partner und dein Wunsch, ihm zu helfen, stark genug, damit du vortrittst und dein Licht leuchten lässt? Sind sie stark genug, damit du deine Gabe öffnest und sie mit deinem Partner teilst?

Frage dich, wann du zurück- statt vorgetreten bist. Wenn du es wüsstest, wie alt warst du damals und wer war bei dir? Welches Ereignis hast du als Ausrede benutzt, um dich zu verstecken? Ist es das, was du willst? Damals war deine Angst davor, dein Licht leuchten zu lassen, größer als dein Wunsch, einem anderen Menschen zu helfen. Ist deine Liebe jetzt stärker als deine Angst? Würdest du nun alle Türen wieder öffnen, die du damals vor dir selbst und deiner Gabe verschlossen hast? Würdest du vortreten, um dein Licht dort leuchten zu lassen, wo du dich damals zurückgezogen hast? Würdest du den Prozentsatz deiner selbst wieder willkommen heißen, den du dort weggeworfen hast? Stelle dir vor, dass du deine Gabe nun öffnest und dich dazu bekennst, dein Licht leuchten zu lassen. Teile diese Dinge mit allen an der damaligen Situation beteiligten Menschen und bringe die Gabe und deine Anziehungskraft anschließend mit zurück in die Gegenwart, um sie mit deinem Partner zu teilen. Teile die Gabe mit ihm und segne ihn, während du dein Licht leuchten lässt.

68

Das Problem mit
chronischen Problemen

Das Problem mit chronischen Problemen besteht darin, dass sie fast immer tief im Unbewussten verwurzelt sind. Diese Ebene des Unbewussten verbirgt unsere tiefste Negativität und unseren größten Widerstand. Sie ist die Wurzel unserer Schwelgereien und der Tatsache, dass wir der Welt verhaftet sind. Sie verbirgt unsere Wutausbrüche, unsere falsche Geisteshaltung und unseren Kampf gegen GOTT. Alle diese Dinge werden verborgen und kompensiert. Wir kämpfen gegen GOTT, weil wir uns vor IHM fürchten. Wir sind nicht bereit, das vermeintliche „Glück" aufzugeben, das wir uns von unseren Götzen erhoffen, von den Dingen, die wir in der Welt außerhalb von uns bekommen wollen.

Das Problem mit chronischen Problemen besteht darin, dass wir uns auf den tiefsten Ebenen des Bewusstseins und in heimlicher Absprache mit dem Ego für sie entscheiden. Wir benutzen unsere chronischen Probleme für einen bestimmten Zweck, und das gilt auch für die chronischen Probleme, die wir mit unserem Partner haben. Wir wollen uns nicht ändern, und unter unserer Negativität und Widerborstigkeit liegt eine Angst vor Veränderung verborgen. Wenn wir wollen, dass unsere Beziehung sich in eine positive Richtung entwickelt, müssen wir uns jedoch ändern, und auch unser Partner muss sich ändern. Wenn wir bei uns anfangen, profitieren unser Partner und unsere Beziehung ganz von selbst, was zur Folge hat, dass auch sie sich ändern. Im Unterbewusstsein und im Unbewussten liegen alle unsere Fehler und schlechten Investitionen verborgen, mit denen wir chronische Probleme zu Ausreden gemacht haben, um der Welt verhaftet zu bleiben, damit unsere Bedürfnisse erfüllt werden.

Ich habe mit einigen Menschen gearbeitet, die eine äußerst positive Ausstrahlung hatten und fähig waren, anderen Menschen etwas zu vermitteln oder ihnen zu helfen. Ihre Motivation, mit mir zu arbeiten, rührte daher, dass sie schwer erkrankt waren und leben wollten, aber sobald wir auf diese tiefen Bewusstseinsebenen gelangten, wurde das Fortkommen ausgesprochen mühsam. Da ihr Widerstand und ihr Bedürfnis nach Kontrolle ausgesprochen groß waren und sie unbedingt gewinnen wollten, brachte ihr Autoritätskonflikt sie sogar dazu, ihre Heilungsarbeit zu sabotieren. Das hat sie letztlich das Leben gekostet. Tatsächlich fand ihr Kampf mit GOTT statt, aber ich war der nächste Mittler und verkörperte jede Autoritätsperson in ihrem Leben.

Wir begreifen nicht, dass unsere chronischen Probleme ein Finger der Anklage sind, den wir auf GOTT richten. Wir begreifen nicht, dass unsere chronischen Probleme die größten Wutausbrüche der Welt sind. Das schließt sogar unsere „Maschen" ein, bei denen es sich um zu einer Kunst erhobene Wutausbrüche handelt. Wir haben es mit falscher Geisteshaltung, Angst vor Veränderung, der Schattenfigur des Rebellen und dem Autoritätskonflikt mit GOTT zu tun. Wir haben es mit Götzen, Schmerz, Groll und dem Ego zu tun, in das wir unser ganzes Leben lang investiert haben. Diese Investition besteht darin, dass wir uns vom Licht abwenden und gegen GOTT – und damit gegen die LIEBE – kämpfen.

Der erste Schritt zur Heilung eines chronischen Problems besteht darin, dass wir herausfinden, worin das Problem besteht. Wenn du also ein chronisches Problem hast, denke darüber nach, mit welcher der oben genannten Dynamiken du dich am stärksten identifizierst. Übernimm die volle Verantwortung für das Problem und für die Dynamik, die ihm zugrunde liegt. Übergib beide dann sofort dem HIMMEL, damit er sie für dich aufheben kann. Es ist nicht der WILLE des HIMMELS, dass du in irgendeiner Form leidest oder in einem chronischen Problem gefangen bist. Es ist auch nicht dein wahrer Wille, und wenn du die heimlichen Absichten deines Egos aufgibst, kannst du über die Orte hinausgelangen, an denen du aufgehalten wirst. Du brauchst dir um dein Ego wirklich keine Sorgen zu machen, denn es hat noch erheblich mehr Karma zur Verfügung, das es einsetzen kann, um dich von einer glücklichen Beziehung und vom HIMMEL auf Erden fernzuhalten. Das Ego will jedoch nicht verlieren und tut alles, was in seiner Macht steht, um die bestehende Situation aufrechtzuerhalten. Es ist an der Zeit, deine falsche Loyalität dem Ego gegenüber aufzugeben. Es bringt dir keine Loyalität entgegen, weil es nur daran denkt, was es selbst glücklich macht, nicht aber daran, was dich und deinen Partner glücklich macht.

69

Dich mit deinen Eltern und deinem Partner verbinden, wenn sie sich von ihrer schlimmsten Seite zeigen

Diese Übung kann Muster des Opfers, der Rache und des Versagens auflösen, die jetzt einen störenden Einfluss auf die Beziehung zu deinem Partner haben. Alle Muster und alle Vorfälle, die nicht vergeben, geheilt und zur Ganzheit gebracht werden, treten später als Problem zwischen dir und deinem Partner oder zwischen dir, deinem Partner und deinen Kindern in Erscheinung. Dies kannst du ändern, indem du deinem Partner jetzt gibst. Das Unterbewusstsein zeigt, dass wir diese Ereignisse zu einem bestimmten Zweck benutzt haben – meist, um unabhängig zu sein, unserer Lebensaufgabe aus dem Weg zu gehen oder unser Licht nicht leuchten lassen zu müssen. Bei diesen Ereignissen, die offenkundig ein Hilferuf unseres Partners waren, haben wir jedoch auch Muster des Opfers, des Herzensbruchs, der Rache, der Schuld und des Versagens in Gang gesetzt. Wenn wir unserem Partner helfen, heilen wir den Bereich unseres Bewusstseins, den er für uns ausagiert hat. Wenn wir ihm helfen, statt über ihn zu urteilen, helfen wir uns selbst. Wenn wir ihm nicht helfen, übernehmen wir durch Urteile und Verschmelzung seine Verletzungen und agieren sie entweder aus oder verbergen diese Glaubenssätze unter Kompensation und positiven Rollen. Wir bestrafen uns für diese Glaubenssätze, obwohl wir ein hohes Maß an Energie darauf verwenden, sie und die Verhaltensweisen zu kompensieren, die sie entstehen lassen. Alles, was sich in unserer Welt zeigt, ist Teil unserer Glaubenssätze und unseres Karmas. Der Inhalt unserer Welt spiegelt den Inhalt unserer Seele wider.

Nachfolgend möchte ich dir einen Weg aufzeigen, wie du deinem Partner helfen kannst. Statt das Verhalten deines Partners abzulehnen und zu verurteilen, mache dir bewusst, dass es ein Hilferuf ist. Akzeptiere dann, wie er sich verhalten hat oder verhält, statt über ihn zu urteilen. Wenn du seinem Verhalten Widerstand leistest, erhältst du es am Leben. Dies ist deine Chance, darüber hinaus zu gelangen. Statt ihm Widerstand zu leisten, wenn er sich von seiner schlimmsten Seite zeigt, stelle dir vor, dass du deine Position und deine Identität aufgibst und dich über jeden trennenden Abgrund hinweg in seiner Not mit ihm verbindest, während du dem Respekt zollst, was er sagt oder tut. Verbinde dich mit ihm von Herz zu Herz, von Geist zu Geist und von Licht zu Licht. Nimm vor deinem inneren Auge wahr, wie dein Partner sich jetzt fühlt und wie er sich verhält. Nur jemand, der sich entsetzlich verloren fühlt, kann so negativ handeln, wie er es getan hat. Dein Geist ermächtigt euch beide. Dein Herz löst sowohl deinen Widerstand ihm gegenüber als auch seinen Widerstand und sein Leiden auf. Dein Licht durchschneidet jede Illusion. Wiederhole die Übung anschließend mit deinem Vater, deiner Mutter und schließlich mit beiden Elternteilen als Paar. Führe die Übung zum Schluss noch einmal mit deinem Partner durch und konzentriere dich diesmal nicht auf ein Ereignis, sondern auf die schlimmste Zeit, die ihr als Paar durchlebt hat. Dies ist eine Entscheidung für die Partnerschaft in Zeiten des Leidens, die alles entscheidend dafür ist, ob der Vorfall euch voneinander entfernt oder einander näherbringt.

Wenn du die Übung mit deiner Mutter, mit deinem Vater und mit deinem Partner durchgeführt hast, kommen dir möglicherweise noch weitere Vorfälle in den Sinn, die du ignoriert oder sogar verdrängt hattest. Es ist hilfreich, diese Übung eine Woche lang jeden Tag durchzuführen, um ihre heilende Wirkung sowohl für dich als auch für deinen Partner auf ein Höchstmaß zu steigern. Möglicherweise kommen dir sogar Vorfälle mit früheren Partnern in den Sinn, die du benutzt hast, um unabhängig zu werden, die aber dennoch ein Hilferuf waren. Wenn du dich in der oben beschriebenen Weise mit ihnen verbindest, kannst du die Seelengabe mit ihnen teilen, die für sie bestimmt war, damit du die ungelernte Lektion nicht in deine jetzige Beziehung hineintragen musst, wo sie zwischen dir und deinem Partner steht.

70

„Ich habe Recht!", schrie sie

Diese Worte schleuderte eine Frau, die mir nahe stand, einer anderen Person ins Gesicht, die mir ebenfalls nahe stand. Ich versuchte ihr zu erklären, dass die andere Person ein Teil unserer Mannschaft war und unsere Hilfe brauchte, aber sie blieb hart. Als ich ihr deutlich machen wollte, dass das, was sie über die andere Person sagte, in Wirklichkeit vergrabene Glaubenssätze über sie selbst waren, schrie sie wieder: „Ich habe Recht!" Dann wandte sie sich ihrem Mann zu und griff ihn an, weil er sie nicht unterstützte. Er hatte entgegen aller Wahrscheinlichkeit gehofft, dass es mir gelingen würde, die Wut seiner Frau zu besänftigen. Sie ließ mir keinen Raum, sie zu erreichen oder überhaupt mit ihr zu kommunizieren. Ich wusste, dass ihre Selbstgerechtigkeit eine Tarnung und eine Kompensation für das Gefühl des Versagens war, das sie gegenüber unserer gemeinsamen Freundin empfand. Sie fochten einen erbitterten Kampf aus und achteten mich beide nicht genug, um ihre Selbstgerechtigkeit aufzugeben und meinen Rat anzunehmen, der ihnen einen besseren Weg gezeigt hätte.

Ich kannte die Mütter beider Frauen und wusste, dass die Beziehung zwischen Mutter und Tochter sich in beiden Fällen extrem schwierig gestaltet hatte. Beide Frauen übertrugen ihre unverarbeiteten Themen ebenso wie ihren Schmerz und ihre Schuld dafür, dass sie ihre Mutter nicht gerettet hatten, auf ihre Beziehung. Beide fingen an, Eigenschaften auszuagieren, die ihre Mütter besessen hatten. Das war ein sehr sicheres Zeichen dafür, dass sie ihren Müttern nicht vergeben und auch die Seelengaben nicht geöffnet hatten, die sie mitgebracht hatten, um ihre Mütter zu befreien. Dies war ein dramatischer Zwischenfall während eines Besuchs, der normalerweise ausgesprochen friedlich verlief. Ich warf also einen genaueren Blick auf die Speicher alter Schuld und alten Schmerzes, die ich in mir trug, und auf mögliche Bereiche in meiner Kindheit, die ich noch nicht verarbeitet hatte. Der Zwischenfall war wegen des Gekreisches und der emotionalen

Wutausbrüche also sehr aufwühlend, gleichzeitig aber auch hilfreich für mich. Ich verpflichtete mich, die Übung der einhundert Akte der Vergebung zehn Tage lang täglich mit meiner eigenen Mutter durchzuführen und meine beiden Freundinnen darin einzuschließen.

Mache dir bewusst, dass die felsenfeste Überzeugung, Recht zu haben, und jedes Gefühl der Rechtschaffenheit immer ein Abwehrmechanismus ist, der Schuld verbirgt. Suche nach diesen Orten der Rechtschaffenheit in Zusammenhang mit deinem Partner, denn dort hast du es mit einem großen, tief verborgenen Speicher der Schuld und des Schmerzes zu tun, den du aus deiner Kindheit in dir trägst. Wenn du Kindheitswurzeln heilst, entwickelst du dich hinreichend weiter, um dafür zu sorgen, dass keine Konflikte zwischen dir und deinem Partner entstehen. Das hat zur Folge, dass du zum nächsten Schritt weitergehen kannst. Frage dich, wie viele Ereignisse mit deinem Vater, deiner Mutter und beiden Elternteilen als Paar du noch nicht verarbeitet hast. Kehre zu jedem dieser Ereignisse zurück. Verbinde dich mit ihnen von Herz zu Herz, von Geist zu Geist und von Licht zu Licht. Frage dich dann, welche Seelengaben du mitgebracht hast, um deinen Vater, deine Mutter und beide Elternteile als Paar zu retten. Öffne die Gaben und teile sie mit ihnen. Frage dich dann, welche Gaben der HIMMEL bereitgehalten hat, um deine Eltern und ihre Beziehung vor sich selbst zu retten. Empfange diese Gaben und teile sie mit deinen Eltern. Nimm wahr, wie die Situation sich jetzt anfühlt und wie sie sich für dich darstellt. Bringe diese Gaben mit zurück in die Gegenwart. Verbinde dich mit deinem Partner von Herz zu Herz, von Geist zu Geist und von Licht zu Licht. Teile dann deine Seelengaben und die Gaben des HIMMELS auch mit ihm.

71

Was Schuld bewirkt

Rufe dir einige der größten Probleme ins Gedächtnis, die du mit deinem Partner hast. Denke einen Moment lang darüber nach. Was kosten sie dich in Bezug auf Frieden und Glück? Wie haben sie sich auf die Beziehung zu deinem Partner ausgewirkt? Wie haben sie sich auf die Beziehung zu deinen Kindern ausgewirkt? Was kosten sie dich in Bezug auf die Familie, in der du aufgewachsen bist? Wie wirken diese Probleme sich auf deine Arbeit und auf deine Arbeitsgemeinschaft aus? Welche Auswirkungen haben sie auf deine Gesundheit? Wie wirken sie sich auf deine finanzielle Situation aus? Welche Auswirkungen haben diese Probleme auf deinen Erfolg? Wie wirken sie sich auf dein Sexleben aus?

Eine grundlegende Dynamik jedes Problems ist Schuld. Sie ist an der Entstehung des Problems oder des Mangels beteiligt, den du benutzt, um dich für diese Schuld zu bestrafen. Frage dich mithilfe deiner Intuition bei jedem Problem, wofür du dich selbst bestrafst.

Es ist wahr, dass du Schuld in dir trägst, aber die Schuld selbst ist nicht wahr. Sie ist ein Trick, den das Ego benutzt, um seine eigene Macht zu vergrößern. Schuld erhält die Trennung aufrecht und verstärkt sie durch ein höheres Maß an Selbstbestrafung, sodass ein Teufelskreis in Gang gesetzt wird, der spiralförmig abwärts führt. Schuld ist ein Weg, der sowohl Angriff als auch Selbstangriff nach sich zieht. Schuld bewirkt, dass wir uns selbst angreifen, und weil Angriff nicht vereinzelt ist, greifen wir nicht nur uns, sondern auch andere Menschen an. Schuld kann eine endlose Abwärtsspirale in Gang setzen, die mit dem Tod endet. Schuld ist nicht wahr. Sie ist eine Illusion, die benutzt wird, um keine Verantwortung übernehmen oder uns nicht ändern zu müssen. Sie wird benutzt, um uns in dem Glauben festzuhalten, dass sie uns vor schlimmeren Dingen als Selbstbestrafung beschützt, aber nichts ist schlimmer als Selbstbestrafung. Schuld hält uns gefangen.

Nimm dir ein wenig Zeit, um darüber nachzudenken oder intuitiv herauszufinden, für welche Schuld du dich mit deinen Problemen bestrafst und deiner Beziehung damit Grenzen auferlegst. Denke darüber nach, welche Auswirkungen es auf deine Kinder und auf deine Familie hat. Schuld ist eine Form von Besonderheit, die das Ego für sich nutzt. Es führt das herbei, was in deinen Opferereignissen geschieht, benutzt diese Ereignisse und sorgt dafür, dass es bei allen Fehlern, die du machst, immer nur um dich geht. Besonderheit, die darauf beruht, dass du versagst oder zum Opfer gemacht wirst, ist eine Form von Konkurrenz, die von einem dunklen Glanz umgeben ist. Jeder Mensch ist in vollem Umfang verantwortlich, aber niemand ist wahrhaft schuldig. Schuld verstärkt den Fehler.

Schuld garantiert, dass die Lektion nicht gelernt wird, und das garantiert die Stärke und die Unversehrtheit deines Egos. Schuld ist ganz einfach eine Lektion, die du nicht gelernt hast, eine Prüfung, die du nicht bestanden hast, und das Ego lenkt dich von der Lektion ab, indem es dafür sorgt, dass du dich für deine Schuld geißelst. Schuld ist ein dunkler Glanz. Sie ist der Schmerz, den du auf Geheiß deines Egos zahlen sollst, und sie lässt dich und deine Beziehung schrumpfen. Deine Schuld bestraft nicht nur dich selbst, sondern auch deinen Partner entweder durch deinen Rückzug und deine Abwesenheit oder durch deine Aggression, die daher rührt, dass du deine Schuld auf ihn projizierst. Schuld ist eine heiße Kartoffel, die wir so rasch wie möglich weitergeben wollen. Das Ego verspricht, dich von deiner Schuld zu befreien, indem es sie projiziert, hält aber in Wirklichkeit an ihr fest, während es trotzdem einen anderen Menschen bestraft, als ob er tatsächlich der schuldige Übeltäter sei.

Es kann leicht passieren, dass wir diese Schuldenlast bei unserem Partner abladen. Wir bestrafen unseren Partner für jedes unverarbeitete Ereignis aus unseren früheren Beziehungen und aus der Vergangenheit unserer jetzigen Beziehung. Und obwohl wir alle möglichen Geschichten darüber erzählen, dass es die Schuld eines früheren Partners oder unseres jetzigen Partners war, weil er dies oder das getan oder nicht für uns getan hat, ist es dennoch unser Drehbuch. Wir haben es benutzt, um unabhängig zu werden. Das Unterbewusstsein zeigt, dass es unser Fehler war. Das bedeutet, dass wir unseren Partner also jetzt für die Fehler bestrafen, die wir in der Vergangenheit gemacht haben. Da er uns liebt, hat er es jedoch verdient. Um unseren Angriff aufzugeben, müssen wir auch unsere Schuld aufgeben und uns für die Liebe und die GÖTTLICHE LIEBE öffnen. Wir müssen den dunklen Glanz loslassen. Wir müssen die Glaubenssätze loslassen, die wir übernommen haben, als wir die Lektionen des Egos anstelle der Lektionen des HIMMELS gelernt haben.

Gib alle Schuld als Illusion auf, und bitte stattdessen um Selbstliebe und Unschuld für dich und deinen Partner sowie um die Lektion des HIMMELS. Deine Unschuld erlaubt es dem Glück, zu dir zu kommen, und das ist der WILLE des HIMMELS für dich. Schmerz und Mangel sind der Plan deines Egos für sein eigenes Glück, den es auf deine Kosten verwirklichen will. Verpflichte dich der Unschuld aller. Wenn du deine Schuld und die Klage gegen dich vor den OBERSTEN GERICHTSHOF bringen würdest, würde der HEILIGE GEIST die Klage abschmettern. Schmettere die Klage, die du gegen dich erhoben hast, also selbst ab. Es ist das Ego, das durch deine Schuld gewinnen kann, und sie ist nicht die Wahrheit. Sie ist nur eine Illusion, die das Ego benutzt, um sich selbst am Leben zu erhalten.

Das neurotische Verhalten
deines Partners

Wenn dein Partner ausagiert, überreagiert, überempfindlich oder abwehrend ist, kann man sein Verhalten durchaus als neurotisch bezeichnen. Sobald dein Partner dieses Verhalten an den Tag legt, schleichen alle in seiner Umgebung wie auf rohen Eiern um ihn herum. Für einen Menschen, der in seinem neurotischen Verhalten gefangen ist, ist es äußerst schwierig, sich selbst zu sehen oder sich der Wirkung bewusst zu werden, die er auf andere Menschen hat. Deine Aufgabe in dieser Situation besteht darin, deinen Partner in seinem Heilungsprozess zu unterstützen. Du magst es für unmöglich halten, ihn zu ändern, aber dazu ist der HIMMEL da. Wenn du dir einige Prinzipien der Heilung ins Gedächtnis rufst, kannst du deine Einstellung dazu ändern und hast nicht mehr das Gefühl, dass du das Opfer des Verhaltens deines Partners bist.

Das erste Prinzip, das du dir bewusst machen solltest, ist, dass die jetzige Situation von einer früheren Situation in diesem Leben herrührt. Die frühere Situation beinhaltet alle Emotionen, die du jetzt durchlebst, wie etwa Hilflosigkeit oder das Gefühl, dich in einer aussichtslosen Lage zu befinden. Du stellst dich der Situation noch einmal mit der Möglichkeit, sie jetzt zu heilen, die Lektion endlich zu lernen und das Muster aufzulösen. Es zeigt, dass du jemanden aus der Vergangenheit beschuldigst, sich so verhalten zu haben, wie dein Partner es jetzt tut. Das ist gut, denn es gibt dir die Möglichkeit, nicht nur deinen Partner und den betreffenden Menschen aus der Vergangenheit, sondern auch dich selbst zu heilen.

Das Unterbewusstsein offenbart, dass es in der früheren Situation deine Aufgabe gewesen wäre, dem betreffenden Menschen zu helfen und ihn zu heilen. Weil du ihn damals nicht geheilt hast, stehst du jetzt erneut vor dieser Lektion, die nun womöglich sogar zu einer Prüfung geworden ist, weil du sie beim ersten Mal nicht gelernt hast. Wenn du glaubst, einer Situation ausgeliefert oder sogar ihr Opfer zu sein, dann benutzt du sie als Ausrede. Das Unterbewusstsein zeigt, dass alles ganz genau so ist, wie du es haben wolltest, damit du das tun kannst, was du willst. Wir verbergen alle diese Dinge, ebenso wie unsere Gedanken, Emotionen und Beweggründe, unser Verhalten und das, was wir wirklich tun, unter einem enorm hohen Maß an Verleugnung vor uns selbst, weil wir uns im bestmöglichen Licht sehen wollen. Daraus sind das Unterbewusstsein und das Unbewusste entstanden.

Auf der tiefsten unbewussten Ebene rührt alles, was uns im Leben widerfahren ist, von unseren verborgenen Entscheidungen für die Dinge her, von denen wir glaubten, sie könnten uns glücklich machen. Diese Dinge haben nahezu immer mit Trennung und Unabhängigkeit zu tun. Was unser Partner ausagiert, ist nur das, was wir von uns selbst glauben. Unsere Wahrnehmung rührt von unseren Selbstkonzepten her, die wir häufig auf einer Seelenebene in dieses Leben mitbringen. Das ist der Grund, warum wir in der Welt immer nur uns selbst sehen und warum Vergebung tatsächlich Selbstvergebung ist.

Kehren wir zu dem zurück, was chronische Probleme heilt. Selbst unsere größten Anstrengungen können chronische Probleme nicht heilen. Sie werden geheilt, weil wir uns an die Macht DESJENIGEN erinnern, DER stets mit uns ist, und an die unermessliche Macht der Gaben, die uns von GOTT gegeben sind. Wenn wir diese Gaben von ganzem Herzen annehmen, können wir sie mit unserem Partner teilen. Wir können sie auch mit den Menschen in unserer Kindheit teilen, deren Verhalten dem unseres Partners ähnlich war. Wenn wir es tun, wird das, was wir geben, uns gegeben. Es ist nicht GOTTES WILLE, dass es keinen Ausweg gibt. Heilung ist SEIN WILLE.

Ein Gebet kann an dieser Stelle eine tiefgreifende Veränderung bewirken. Wenn wir beten, halten wir Zwiesprache mit GOTT und verweilen in SEINER PRÄSENZ. Das mehrt Selbstliebe und Unschuld, und damit heilt es uns. Wir können unseren Partner und auch die Menschen aus unserer Vergangenheit, mit denen das Muster begonnen hat, in diese Gemeinschaft einbeziehen, was bedeutet, dass alle daran beteiligten Menschen geheilt werden.

73

Es ist zu groß! Es ist zu viel!

Dieses Gefühl haben wir, wenn Themen oder Probleme mit unserem Partner uns zu erdrücken scheinen. Wir fühlen uns hilflos, vielleicht auch im Recht und wütend, und wir wissen nicht, was wir tun sollen. Möglicherweise denken wir sogar darüber nach, ganz aufzugeben. Sicher ist in jedem Fall, dass die Situation der Heilung bedarf. Es gibt noch mehr Dinge zu lernen und noch mehr darüber ans Licht zu bringen, was wir getan und was wir vor uns selbst verborgen haben. Es gibt noch mehr, was wir verstehen, und noch mehr, was wir vergeben müssen, angefangen bei uns selbst. Das gilt für jede Form von Schmerz und jede Form von Aufregung.

Wir haben zu Beginn dieses Buches bereits über die unterbewussten Dynamiken gesprochen, die zu der Situation geführt haben, in der du dich jetzt mit deinem Partner befindest. Auch die Aspekte des Unbewussten – unsere tiefste Negativität und unsere Verbindung zur astralen Ebene – haben wir angesprochen. Nun gilt es eine weitere tiefe Ebene zu ergründen. Die unterbewussten Dynamiken verhindern, dass wir das Stadium der Einheit auf der Ebene der radikalen Abhängigkeit erreichen, das die Zielgerade auf dem Rückweg zum HIMMEL auf Erden ist, weil sie unsere tiefe Negativität und unsere falsche Geisteshaltung verbergen. Darunter liegt jedoch ein noch tieferer und dunklerer Aspekt des Egos verborgen, der chronische Probleme, unser tiefstes Elend und unsere tiefste Trostlosigkeit festschreibt.

Das Stadium der Einheit ist von vielen seltenen und machtvollen Seelengaben sowie von den Wundergaben GOTTES erfüllt. Der Einfluss des alten Treueeides, den wir dem Ego geleistet haben, kann uns jedoch auch hier immer noch dazu bringen, uns von dem abzuwenden, was uns im Stadium der Einheit angeboten wird – Gaben, die uns in die Lage versetzen, unsere tiefsten chronischen Probleme mit uns selbst und unserem Partner zu heilen. Eine noch tiefere Ebene liegt unter hässlichem, unbewusstem Angriff und dem mutwilligen unbewussten Manifest des Starrsinns, der falschen Geisteshaltung und der Negativität des Egos verborgen. Diese Ebene wird natürlich zutiefst verleugnet und unter allen anderen Schichten vergraben. Was sich unter dieser Ebene verbirgt (und manchmal nicht einmal verborgen wird), ist unsere *Schadenfreude*. *Schadenfreude* ist die hämische Freude, die wir über das Unglück eines anderen Menschen empfinden. Sie wird – vor allem von positiven oder spirituellen Menschen – in besonders hohem Maße verleugnet. *Schadenfreude* ist die Wurzel chronischer Themen, an denen sich nie etwas zu verändern scheint. Denke darüber nach und fühle, ob du in Bezug auf einen anderen Menschen insgeheim ein inneres Fest feierst.

Der „sündige" Wunsch, den deine *Schadenfreude* gegen einen anderen Menschen richtet, kann dich und deinen Partner als chronisches Thema heimsuchen. Chronische Themen können jedoch auch von einem chronischen Kindheitsthema herrühren, das nie geklärt wurde. Was ist, wenn deine *Schadenfreude* die Wurzel des Leidens ist, das du in der Kindheit durchlebt hast? Hinzu kommen die unterbewussten Dynamiken, die es dir erlaubt haben, vor deiner Lebensaufgabe und deiner Bestimmung davonzulaufen. Hinzu kommt – neben allen anderen Dynamiken – auch die unbewusste Negativität, die es dir erlaubt hat, GOTT und SEINE LIEBE abzuwehren. Hinzu kommt nicht zuletzt natürlich auch das hämische Vergnügen daran, andere Menschen leiden und zu Fall kommen zu sehen.

Wo wir noch Spuren des Egos in uns tragen, dort tragen wir auch noch Spuren der Konkurrenz in uns. Wir leugnen, dass wir dunkle Wünsche wie die *Schadenfreude* am Unglück anderer Menschen in uns tragen, die eine starke karmische Wirkung entfalten, wie unsere chronischen Themen beweisen. Nun haben wir die Möglichkeit, diese Schicht zu heilen und uns von den hässlichen Dingen zu befreien, die wir sowohl uns selbst als auch anderen Menschen wünschen. Wir können es tun, indem wir uns daran erinnern, WER mit uns geht. Wir können uns daran erinnern, WER wir als ein KIND GOTTES sind. Wir können uns daran erinnern, dass uns die Gaben GOTTES gegeben wurden, um uns und die Menschen in unserer Umgebung zu befreien. Überprüfe alle chronischen Themen in deinem Leben auf *Schadenfreude*. Entscheide dich dafür, sie jetzt loszulassen. Überlasse es dem HIMMEL, dich restlos von dieser toxischen Energie zu befreien. Nimm dann die Wundergaben an, die GOTT dir für jede chronische Situation in deinem Leben geben möchte.

Die entgegengesetzten Enden des Raums

Stelle dir vor, dass dein Partner am anderen Ende des Raums steht. Wenn er für solche Übungen offen ist, kannst du ihn sogar tatsächlich bitten, sich dorthin zu stellen. Schaue ihn an und frage dich, welcher große Unterschied zwischen ihm und dir besteht. Das ist der Punkt, an dem sein Verhalten dazu führen kann und ganz gewiss auch schon dazu geführt hat, dass du einen Groll gegen ihn hegst. Nimm den Unterschied zwischen euch in Bezug auf diese Eigenschaft wahr und stelle dir dann vor, dass du am anderen Ende des Raums stehst. Stelle dir vor, dass du diese Eigenschaft verurteilt, abgespalten, verdrängt und dann auf deinen Partner projiziert hast.

Die Welt ist der Spiegel deiner Seele. Sie spiegelt den Anteil von dir wider, den du verurteilt, vergraben und nach außen auf die Welt projiziert hast. Frage dich, wann du es getan hast. Fühlt er sich alt oder sogar uralt an? Fühle dich in ihn ein. Wenn er sich alt anfühlt, hast du diesen Anteil in der Kindheit abgespalten. Du hast diese Eigenschaft verurteilt, zurückgewiesen und abgespalten, weil du glaubtest, in deiner Familie damit nicht überleben zu können.

Vielleicht hat auch ein Elternteil oder Geschwister diese Eigenschaft verkörpert, und du hast dich davon unter Druck gesetzt gefühlt. Wenn diese Eigenschaft während deiner Zeit im Mutterleib ausagiert wurde, hast du sie auf dich selbst bezogen und als deinen eigenen Glauben über dich selbst angenommen, denn während unserer Zeit im Mutterleib nehmen wir starke Gefühle der Menschen in unserer Umgebung als unsere eigenen Gefühle an. Selbst wenn es sich dabei vordergründig um die Emotionen eines anderen Menschen handelt, ist es trotzdem eine ungelernte Lektion für uns, die weiter zurückreicht bis an einen Ort, an dem wir einen Anteil von uns auf einer Seelenebene abgespalten haben.

Ungeachtet der äußeren Erscheinung spiegelt *alles* dein eigenes Bewusstsein und deinen Wunsch danach wider, dass jemand diese Eigenschaft ausagiert, damit du frei sein kannst und die Schuld nicht zu fühlen brauchst. Das ist eine Strategie des Egos, um die Schuld auf jemand anderen zu projizieren und sie gleichzeitig aufrechtzuerhalten. Das Ego benutzt Schuld, um seine eigene Macht zu stärken. Es tut scheinbar das, was uns hilft, aber in Wirklichkeit hilft es nur sich selbst. Auf der tiefsten Ebene ist das, was wir heute in der Welt sehen, das, was in uralten Zeiten nach außen projiziert wurde, und diese Projektion hat noch immer Bestand. Unsere Ursprungsfamilie, unsere jetzige Familie und unsere früheren Partner spiegeln uns wichtige Seelenanteile, die wir durch Vergebung und Integration in diesem Leben zurückgewinnen wollten. Diese Übung kann dazu beitragen.

Wenn du dich nun also mit dieser Eigenschaft am anderen Ende des Raums stehen siehst, neige dich dir langsam zu. Vielleicht siehst du dich als verzweifeltes Kind oder sogar als ungeborenes Baby, das zu überleben versucht. Gleichzeitig siehst du, wo du dich für eine Rolle, einen Abwehrmechanismus oder eine Kompensation entschieden hast, um diese Eigenschaft zu verbergen. Lehne dich in diese Eigenschaft hinein. Nimm sie an. Wenn du sie annimmst, wird sie losgelassen und ins richtige Verhältnis gerückt, damit dein Leben weitergehen kann. Vergib dann dir selbst ebenso wie ihr und deinem verborgenen Glaubenssystem, das sie in deiner Welt festgehalten hat. Wenn du es nicht tust, muss dein Partner sie weiterhin für dich ausagieren.

Entschuldige dich bei deinem Partner, den du dazu gebracht hast, die betreffende Eigenschaft für deine falsche Unschuld auszuagieren. Entschuldige dich bei dir selbst dafür, dass du dir das angetan hast. Segne dich, deinen Partner und diese Eigenschaft. Integriere sie wieder in dein höheres Bewusstsein hinein, sodass neue Integrität, Frieden und Ganzheit entstehen.

Verpflichte dich der Ganzheit und der Wahrheit dieser Ganzheit, in der es weder Schuld noch Angst oder ein gespaltenes Bewusstsein, sondern nur Unschuld gibt. Gehe auf einen anderen Menschen zu, der diese Eigenschaft ebenfalls zu besitzen scheint, um ihm eine helfende Hand zu reichen. Teile die neugefundene Energie der Ganzheit mit ihm, denn wenn du ihm hilfst, hilfst du dir selbst, und ihr gelangt beide in einen neuen Fluss. Stelle dir dann vor, dass du einen Schritt auf deinen Partner zugehst. Wiederhole den Prozess, bis du schließlich alle Unterschiede geheilt hast, die sich zuerst als Groll, dann als Urteil und schließlich einfach als Unterschied zwischen dir und deinem Partner gezeigt haben. Bediene dich dazu der Gaben deines Partners, die anders oder stärker als deine eigenen Gaben sind, bis du beim letzten Schritt in deinem Partner schließlich dich selbst umarmen kannst, weil er dir alles gezeigt hat.

Was Angst bewirkt

Angst gehört zu den Grundthemen, denen wir uns im Leben stellen müssen, wenn wir in unserer persönlichen Entwicklung vorankommen wollen. Wenn wir unsere Angst klären würden, würden wir gleichzeitig jedes Problem klären, das wir haben. Angst ist das, was dich bei deinem Partner zurückhält. Du fühlst diese Angst häufig gar nicht. Sie wird dissoziiert und verleugnet. Sie liegt unter Problemen und Schmerz verborgen. Sie ist unsichtbar. Erkenne dennoch, dass es kein Problem gibt, das nicht von Angst regiert wird. Es gibt unterbewusste Angst, unbewusste Angst, astrale Angst, kollektive Angst und natürlich bewusste Angst.

Angst lähmt uns, und wir haben das Gefühl, uns nicht bewegen zu können. Angst engt uns ein und schränkt uns ein. Wir können nicht in ständiger Angst leben. Angst verwandelt sich in Entsetzen und schaltet unser Denken aus. Wir sind vor Angst erstarrt. Wir sind das Kaninchen, das der Schlange ins Auge blickt. Angst löst einen Kampf- oder Fluchtreflex in uns aus.

Unser Geist, von GOTT geschaffen, ist in seinem umfassenden EINSSEIN ein Spiegel GOTTES, aber wir haben diese Tatsache ausgeblendet. Jeder Akt der Trennung hat unser Bewusstsein gespalten. Diese Spaltung erzeugt Konflikt, und der Konflikt erzeugt Angst. Jede Seite unseres gespaltenen Bewusstseins will etwas anderes und hält die jeweils andere Seite zurück, weil sie fürchtet, zurückgelassen zu werden und ihre Bedürfnisse nicht erfüllt zu bekommen. Trennung und sogar der Wunsch nach Trennung erzeugen Angst, Dualität und eine Welt, die von Illusionen erfüllt ist. Integration bringt dagegen Frieden, Selbstvertrauen und Integrität zurück. Integration bringt alle Verletzungen, alle Herzensbrüche und alles, was wir nicht annehmen konnten, in einer neuen Ganzheit zusammen.

Angst ist eine dunkle Phantasievorstellung von der Zukunft. Wir vertreiben Angst nicht durch naive Verleugnung, sondern durch Heilung, Vertrauen und

Liebe. Manchmal kann es hilfreich sein, sich ein wenig näher mit den Wurzeln einer Sprache zu befassen. In diesem Fall rührt das moderne englische Wort *heal* (heilen) von einer frühen Wurzel her, die gleichzeitig Ursprung der Worte *whole* (ganz oder heil) und *holy* (heilig) ist. Heilung heißt, alle Teile aufzusammeln, verlorene oder durcheinander geratene Stücke durch Integration wieder zusammenzufügen. Ein geheilter Mensch oder ein geheilter Zustand kennt keine Trennung.

Heilung hat zur Folge, dass unser Mut wächst, und *courage*, das englische Wort für Mut, stammt natürlich von der alten lateinischen Wurzel *cor* (Herz) ab. Mut ist der Seinszustand in deinem Herzen, der in Liebe und Vertrauen fließt. Wenn alle Trennung sich durch Heilung auflöst, werden Vertrauen und Liebe wiederhergestellt. Mut ist dann unser natürlicher Seinszustand, und das Problem, das uns vermeintlich behindert oder angegriffen hat, löst sich auf. Vertrauen heilt Angst. Vergebung heilt Angst. Liebe heilt Angst.

Angst ist eine Projektion unserer dunklen Glaubenssätze, die aus Angst entstanden sind. Alle Glaubenssätze sind Glaubenssätze über uns selbst. Sie trennen uns von uns selbst, von unseren Gaben, unserem Partner und der Welt. Urteile erzeugen Angst, weil Urteile angreifen und trennen. Urteile sorgen dafür, dass wir uns aufopfern, denn alles, worüber wir urteilen, halten wir auch für wirklich. Wir machen es zu einer illusionären Wirklichkeit, zu einem Glaubenssatz über uns selbst, den wir auf die Welt und häufig auf unseren Partner projizieren. Urteile trennen uns, und alles, was uns trennt, führt zu Angst. Wenn wir über unseren Partner urteilen, erklären wir: „Ich bin nicht so. Ich bin besser, weil ich überlegen bin. Er ist nicht so gut wie ich. Ich würde das niemals tun. Ich wäre niemals so wie er." Und schon vergessen wir das Gesetz der Wahrnehmung, dem zufolge wir alles, was wir in einem anderen Menschen sehen, über uns selbst glauben. Damit wir etwas in einem anderen Menschen wiedererkennen können, müssen wir es zuerst in uns selbst erkannt haben. Urteile erzeugen Angst und verwehren uns in ihrer Rechtschaffenheit die Möglichkeit, anderen Menschen zu helfen.

Hilfsbereitschaft heilt Angst und erzeugt neuen Fluss. Sie stellt die Bereitschaft wieder her und heilt Unwillen, Widerstand und den Eigensinn, der mit unserem Urteil und unserer Angst einhergeht, wenn wir uns trennen.

Alles, was uns mit anderen Menschen verbindet, heilt Angst. Das Gewahrsein für die GEGENWART GOTTES heilt Angst. *Ein Kurs in Wundern* ermahnt uns immer wieder, daran zu denken, WER mit uns geht, weil es Angst heilt.

Trennung bringt Verlust, aber wir waren bereit, diesen Preis zu zahlen, um unser Ego mit seiner Kontrolle und Unabhängigkeit aufbauen zu können. Verlust und Angst gehen stets Hand in Hand. Sie sind untrennbar miteinander verbunden. Eine Depression bedeutet, dass wir einen Verlust nicht überwunden haben, aber jede Depression wird von Ängsten genährt. Unsere Angst vor Verlust ist so groß, dass wir Angst haben, neu zu beginnen. Wir haben Angst davor, uns zu ändern. Aller Widerstand beruht auf Angst. Wir haben Angst, etwas zu verlieren. Aller Widerstand, alle Probleme und alle äußeren Hindernisse spiegeln unsere Angst wider. Wir haben Angst vor der Liebe, weil wir Angst haben, das Selbst zu verlieren, das wir aus Schmerz und Trennung heraus geschaffen haben. Das hat zur Folge, dass wir uns auch davor fürchten, unserem Partner zu nahe zu kommen. Wir bekommen Angst vor der Liebe. Das ist der Zweck der Liebe: das falsche Selbst aufzulösen und unser SELBST zu finden. Und das ist der Zweck unseres Partners und unserer Beziehung: die Mauern des Urteils, die uns trennen, mithilfe der Liebe und mithilfe der Vergebung aufzulösen, die auf einer ganz neuen Ebene der Partnerschaft einlädt und willkommen heißt.

Verbundenheit kann Angst ebenfalls heilen. Sie verbindet uns dort wieder neu, wo wir uns von uns selbst und von anderen Menschen getrennt haben. Verbundenheit ist gleichbedeutend mit Liebe und mühelosem Erfolg. Franklin D. Roosevelt hat einmal gesagt: „Wir haben nichts zu fürchten außer der Furcht selbst." Wenn wir Angst vor der Angst bekommen, sind wir gleichsam erstarrt. Wir gehen nicht weiter. Wir stecken fest oder versuchen, unsere Angst zu kompensieren. Wir tun Dinge, die uns nur scheinbar voranbringen, uns aber in keinster Weise dienlich sind. Sie halten uns lediglich auf und bringen uns schließlich zu unserer ursprünglichen Angst und zu dem Problem zurück, das sie erzeugt hat. Wenn wir Angst haben, strengen wir uns zu sehr an. Wir investieren in starre Glaubenssysteme, die andere Menschen verurteilen und beschuldigen, weil sie unseren Glauben nicht teilen. Das führt zu starrem Fundamentalismus, der Idealismus ohne Menschlichkeit oder Spiritualität ist. Starrheit, die fordert, dass etwas auf eine ganz bestimmte Weise zu geschehen hat, zeugt von Angst. Kontrolle – das Verlangen, dass alles auf unsere Weise zu geschehen hat – zeugt ebenfalls von Kompensation und von Forderungen, die Angst kompensieren.

Erwartungen und Perfektionismus zeugen von Angst. Jeder Versuch, uns anderen Menschen aufzudrängen, zeugt von Angst. Auseinandersetzungen und Leblosigkeit in unseren Beziehungen erzeugen Angst, rühren aber auch von Angst vor dem nächsten Schritt her. Die tote Zone verbirgt unsere Angst vor Nähe und Erfolg ebenso wie Angst vor unserer Lebensaufgabe und unserer Bestimmung. Der Versuch, nett und normal zu sein, verbirgt Angst vor dem Unbewussten ebenso wie Angst davor, ausgeschlossen zu sein. Angst bedeutet, dass wir versuchen, die Zukunft in der Gegenwart zu meistern. Weil wir dazu nicht in der Lage sind, haben wir Angst. Wir projizieren dunkle Ereignisse aus der Vergangenheit mit ihrem Schmerz und ihrer Schuld in unsere Zukunft, was dazu führt, dass wir uns vor ihr fürchten.

Angst rührt von Unabhängigkeit und dem Versuch her, alles aus eigener Kraft zu schaffen. Zentriertheit bedeutet dagegen, frei von Angst zu sein. Wir können uns immer mehr zentrieren und damit immer mehr von Frieden erfüllt sein. Je mehr wir in Frieden sind, umso weniger Angst haben wir. Je mehr wir in Frieden sind, umso mehr Liebe, Freundschaft, Fülle, Gesundheit und Erfolg können wir erfahren. Zentriertheit bedeutet, dass wir die Gnade und die Führung und die Wunder des HIMMELS besitzen, die uns in Wirklichkeit bereits gegeben wurden.

Angst rührt von unseren Urteilen und Angriffsgedanken her. Wenn wir angreifen, erwarten wir einen Gegenangriff, und deshalb haben wir begründeterweise Angst. Wie jede Emotion beginnt auch Angst in unserem eigenen Bewusstsein. Sie ist keine äußere Sache, die ein Gefühl in uns hervorruft. Angst macht uns klein. Wenn wir diese Kleinheit fühlen, handeln wir klein. Wir investieren in Schwäche und schreiben Geschichten und Verschwörungen der Kleinheit. Vielleicht schlagen wir auch den entgegengesetzten Weg ein und kompensieren durch Selbstüberhöhung, Vermessenheit, Prahlerei, Angriffslust oder tyrannisches Benehmen, um unsere Angst zu maskieren. Wenn wir Angst haben, ergreifen wir die Flucht oder beginnen einen Kampf und versuchen, andere Menschen zu beherrschen.

Angst hindert uns daran, uns anderen Menschen zu öffnen. Wenn wir uns dafür entscheiden, andere Menschen zu lieben, mit ihnen zu teilen und ihnen unser Herz zu öffnen, löst sich die Angst jedoch auf. Kommunikation und Verbindung lassen unsere Angst ebenso schmelzen. Erinnere dich daran, dass Angst eine der Hauptwurzeln jedes Problems ist und uns dazu bringt, Probleme zu erzeugen, damit wir den nächsten Schritt nicht gehen und uns unseren Gefühlen der Unzulänglichkeit nicht stellen müssen. Es gibt jedoch immer einen Weg. Wenn wir darum bitten, durch die Augen Christi schauen zu dürfen, können wir unseren Partner oder unser Problem mit Liebe betrachten. Wir können erkennen, wo wir dazu aufgerufen sind, Hilfe zu leisten. Wir können uns daran erinnern, WER mit uns geht. Wir können die Situation so akzeptieren, wie sie ist, und über den Ort hinausgehen, an dem wir festgesteckt haben. Wir können uns in unserem Christus-Bewusstsein mit anderen Menschen verbinden und die Verbundenheit spüren, die daher rührt, dass wir ein Licht sind. Wenn wir Verständnis in eine Situation tragen und erkennen, dass das, was wir falsch verstanden und dessentwegen wir uns getrennt haben, ein großer Fehler war, wird die Verbundenheit wiederhergestellt. Wir erkennen, dass wir nur das, was wir selbst getan haben, nach außen auf den Menschen projiziert haben, von dem wir glaubten, er habe uns Unrecht getan.

Seit unserem Fall aus dem Einssein haben wir einen Hang zur Trennung, was zur Folge hat, dass wir auch einen Hang zur Angst haben. Dies verbirgt die Unabhängigkeit, nach der wir in jedem Problem und in jedem trennenden Ereignis suchen. Das Ego ist auf Angst, Schuld, Groll und Konkurrenz aufgebaut. Es verspricht zwar, uns von diesen Dingen zu befreien, tut es jedoch nur in sehr geringem Maße, weil es darauf aufgebaut ist. Unsere Trennung rührt von einem Gefühl der Ungerechtigkeit her. Unser Glaube an die Ungerechtigkeit macht uns Angst, die wir wiederum als Ausrede benutzen, um zu kontrollieren und uns zu trennen. Alle Glaubenssätze sind Selbstkonzepte und gleichen kleinen Schubladen der Getrenntheit, die ihr eigenes miniaturhaftes Glaubenssystem enthalten. Wenn wir einem anderen Menschen helfen, öffnen sich diese Schubladen und lassen ein höheres Maß an Fluss und Ganzheit nicht nur für uns, sondern auch für den Menschen zu, dem wir geholfen haben. Der Faden der Verbundenheit, der zwischen uns entsteht, löst die Angst auf.

Denke über alle diese Dynamiken der Angst nach, denn Angst ist unsere größte Ausrede dafür, uns nicht weiterzuentwickeln und uns nicht mit anderen Menschen zu verbinden.

Bitte darum, alle Angst – auch die verborgene Angst – zu sehen, die das Problem zwischen dir und deinem Partner erzeugt. Dann kannst du sie mithilfe der folgenden Prinzipien heilen.

1. Verbinde dich mit deinem Partner von Licht zu Licht. Stelle dir dann vor, dass das Problem zwischen euch steht, und verbinde dich noch einmal mit ihm von Licht zu Licht. Wiederhole diesen Prozess immer dann, wenn du an dein Problem oder an deinen Partner denkst.
2. Akzeptiere deinen Partner, das Problem und jeden Aspekt der Situation so, wie sie sind. Akzeptanz bringt dich paradoxerweise über den Ort hinaus, an dem du gelähmt bist.
3. Gib deinem Partner. Gib anderen Menschen, damit du in deiner Entwicklung voranschreiten kannst, aber gib insbesondere deinem Partner. Geben heilt Angst. Geben bringt dich voran.
4. Segenswünsche, die das Gegenteil von Urteilen sind, tragen dazu bei, Angst zu heilen. Segne deinen Partner. Segne dich selbst und das Glaubenssystem, das zu der Angst und dem Problem geführt hat.
5. Vergib deinem Partner, dir selbst und der Situation. Vergebung heilt Angst.

6. Lasse alle Anhaftungen los, weil sie Bedürfnisse sind, die Angst erzeugen. Lasse die Vergangenheit und die Emotionen der Vergangenheit los. Lasse Erwartungen und Forderungen los. Lasse deine Regeln und „deinen Weg" los, weil du jedes Mal, wenn du es tust, in einem neuen Fluss des Erfolges vorangebracht wirst.

7. Trage Glauben und Vertrauen in die Situation hinein. Vertraue dir selbst, deinem Partner und der Situation. Paradoxerweise entwickeln sich die Dinge dadurch in eine positive Richtung. Vertraue auf GOTT.

8. Integriere dein gespaltenes Bewusstsein. Integriere deinen Standpunkt mit dem Standpunkt deines Partners zu neuer Integrität, neuer Ganzheit und neuen Flitterwochen in deiner Beziehung, bis du vor dem nächsten Problem oder der nächsten Bewusstseinsspaltung stehst.

9. Kommunikation heilt Angst und überbrückt Gegensätze. Echte, authentische Kommunikation führt zur Integration.

10. Gib dich deinem Partner hin. Das bedeutet nicht unbedingt, dass du einer Meinung mit ihm bist, aber es bedeutet, dass du bereit bist, deinen eigenen Standpunkt aufzugeben. Schwinge dich zu ihm hinüber und verbinde dich mit ihm von Geist zu Geist und von Herz zu Herz.

11. Gib dich uneingeschränkt hin. Verpflichtung heilt Angst. Jedes Mal, wenn du dich deinem Partner, deiner Arbeit, dir selbst, der Wahrheit und deiner Beziehung uneingeschränkt hingibst, wird ein Konflikt aus der Vergangenheit integriert.

12. Bereitschaft heilt Angst. Sie löst den Widerstand ebenso auf wie die Angst vor Verlust, die Angst vor der Zukunft, die Angst vor Veränderung und die Angst vor dem nächsten Schritt.

13. Gehe den nächsten Schritt. Die Angst vor dem nächsten Schritt ist ein ganz wesentlicher Bestandteil jedes Problems. Vielleicht hast du Angst, mit dem Problem nicht umgehen zu können. Wenn du den nächsten Schritt gehst, wirst du jedoch feststellen, dass das Selbstvertrauen und die Antworten, die du für den nächsten Schritt brauchst, dich dort erwarten.

14. Wenn du dir in Erinnerung rufst, WER mit dir geht, gibt es keine Angst und kein Problem.

15. Übernimm die Verantwortung für deine Angst. Übergib sie dann sofort dem HIMMEL, damit er sie aufheben kann.

16. Öffne deine Seelengaben, die du für jede Situation mitgebracht hast. Alle Probleme verbergen eine Angst vor deinen Gaben. Je größer das Problem ist, umso größer ist auch die Gabe.

17. Empfange die Liebe, die Gnade und die Wunder des HIMMELS für jedes Problem, das du hast. Der HIMMEL schenkt dir jeden Tag eine Schatztruhe. Erlaube dir, sie zu empfangen, denn sie löst deine Angst und die Probleme auf, die dich von deinem Partner getrennt gehalten haben.

18. Sei selbstverantwortlich. Erkenne, dass die Situation mit deinem Partner in Wirklichkeit so ist, wie du es entschieden hast. Wofür benutzt du diese Situation? Wenn der unterbewusste Aspekt, der die Situation herbeigeführt hat, nicht das ist, was du willst, triff eine andere Entscheidung. Entscheide dich für Liebe und Heilung.

19. „Ich lege die Zukunft in GOTTES HAND." (*Ein Kurs in Wundern*, Ü-I.194) Dies heilt alle Angst, und es löst alle Dunkelheit aus der Vergangenheit und alle Sorgen über die Zukunft auf.

20. „Es gibt nichts zu fürchten." (*Ein Kurs in Wundern*, Ü-I.48) Dies bringt den Gedanken an GOTT in Spaltungen hinein, die auf tiefen unbewussten Ebenen liegen. Wenn du diese Worte der Kraft wiederholst, steigt das Gewahrsein GOTTES aus der Tiefe des Bewusstseins zur Oberfläche, und als Folge davon löst sich das Problem auf.

21. Überlasse es dem HIMMEL, sich um dein Leben, deine Beziehung und deine Lebensaufgabe zu kümmern. Ruhe in den HÄNDEN GOTTES.

22. Bete. Wenn wir beten, verbringen wir Zeit mit GOTT. In dieser Zwiesprache wird alles, was du brauchst, transformiert, während sich die Angst auflöst. GOTT ist GÖTTLICHE LIEBE und Macht. Die Verbindung mit GOTT erinnert dich daran, dass du die Liebe und die Macht für alles besitzt, was du brauchst, weil es dir bereits gegeben wurde. GOTT weiß, was du brauchst. Es besteht keine Notwendigkeit, IHN zu bitten. Du kannst ganz einfach in SEINER PRÄSENZ verweilen.

76

Urteil

Urteile können eine Beziehung zerstören. Sie sind das Hauptwerkzeug des Egos, wenn es darum geht, Trennung zu erzeugen und aufrechtzuerhalten. Trennung ist der Ort, der allen Schmerz, alles Unglück und alle Unzufriedenheit in sich birgt. Verbindung ist dagegen der Ort, an dem Liebe, Verbundenheit, Mühelosigkeit und Fluss zu finden sind. Neue Ebenen der Trennung, die dir zeigen, wo dein Bewusstsein gespalten und in Konflikten gefangen ist, treten als Probleme zwischen dir und deinem Partner zutage. Wenn du unaufhörlich weiter an deiner Heilung arbeitest, lässt du dich davon jedoch nicht zum Opfer machen, sondern erlangst vielmehr ein immer höheres Maß an Nähe zu deinem Partner. Du erlangst ein höheres Maß an Gegenseitigkeit, Ebenbürtigkeit und Effektivität.

Wenn du nicht unaufhörlich an deiner Heilung arbeitest, treibt die Trennung einen Keil zwischen dich und deinen Partner. Dann wirst du rechthaberisch, glaubst, dass dein Partner im Unrecht oder sogar ein schlechter Mensch ist, während du selbst im Recht und ein guter Mensch bist. Wenn das der Fall ist, hast du dich nicht zur Partnerschaft und zu dem bekannt, worum es dabei geht. Wenn du dein Urteil von deinem Partner fortnimmst, findest du Frieden und wirst Zeuge einer Transformation. Einzig und allein dein Urteil hält dich, deinen Partner und die Situation gefangen. Dein Urteil versperrt dir den Zugang zur Inspiration, hält dich in der Aufopferung fest und bringt den Fluss zum Stillstand.

Ein Kurs in Wundern stellt eine psychologische und spirituelle Tatsache fest: „Vom Urteil kommt alles Leiden der Welt." Dein gesamtes Leiden rührt also von deinem Urteil her. *Ein Kurs in Wundern* bietet eine wunderbare Übung der Vergebung an, um Urteile zu heilen. Du kannst sie zuerst mit einem schmerzhaften Ereignis aus der Vergangenheit durchführen. Stelle dir vor, dass du dich in dieser Situation befindest. Entspanne dich, soweit es dir möglich ist, und beobachte einfach, was geschieht. Du brauchst nichts zu tun. Wenn es etwas zu tun gibt, wird es durch den HIMMEL getan. Du bist nur Zeuge der Szene und lässt alle Urteile los, die du über andere Menschen, dich selbst, die Situation und GOTT gefällt hast. Wenn du deine Urteile aufgibst, kann sich die Situation endlich zu Frieden und Ganzheit hin entwickeln. Wenn du dein Urteil loslässt, verblassen Schmerz, Angst und Schuld, und die Trennung zwischen dir und anderen Menschen löst sich auf. Wenn du das Gefühl hast, dass der Prozess abgeschlossen und die Situation von Frieden erfüllt ist, wende deine Aufmerksamkeit wieder deinem Partner zu. Frage dich, wofür du ihn vor allem anderen verurteilst. Beobachte ihn, ohne etwas zu tun, und lasse dabei langsam das Urteil los, mit dem du ihn ins Unrecht gesetzt hast. Wenn du tiefer gehst, erkennst du, dass du dieses Urteil auch über einen Menschen aus der Vergangenheit gefällt hast. Lasse es weiter los. Wenn du noch tiefer gehst, findest du den Ort, an dem du dich selbst verurteilt und dich schuldig gefühlt hast.

Wenn du das Urteil immer weiter loslässt, findest du Frieden und Unschuld. Das hat zur Folge, dass du auch deinen Partner als unschuldig siehst. Manchmal geschieht dies sehr rasch, und du gelangst in einem neuen Fluss voran. Wiederhole diese Übung jeden Tag, um deine Vergangenheit und deinen Partner zu heilen.

77

Chronisches Problem

Ein chronisches Problem vermittelt dir ein Gefühl der Ohnmacht, wenn es darum geht, etwas zu ändern. Bei jedem Problem gibt es jedoch Aspekte, die geheilt werden können, und das setzt einen tiefgreifenden Prozess der Veränderung in Gang. Wenn du beispielsweise ein chronisches Problem mit deinem Partner hast, frage dich, wer außer deinem Partner das Problem herbeigeführt hat. Wenn du dem betreffenden Menschen vergibst, der in Wirklichkeit ein Symbol all dessen ist, was dich zurückhält, gelangt das Problem zu einer Lösung voran.

Willst du das Problem oder die Lösung? Wenn du dir diese Frage immer wieder mit großer Entschlossenheit stellst, bringt sie dich voran.

Bei einem chronischen Problem sind naturgemäß viele Schichten der Verleugnung am Werk. Du kannst diese Schichten der Verleugnung und Dissoziation mit folgenden Worten der Kraft aus *Ein Kurs in Wundern* auflösen, bis du erkennst, worin das Problem besteht: „Ich bin entschlossen, zu sehen." (Ü-I.20) Wenn du sie mit großer Bestimmtheit sprichst und um die Hilfe des HIMMELS bittest, lösen sich die ersten Schichten der Illusion auf. Der HIMMEL will, dass wir in unseren Beziehungen erfolgreich sind, denn sie sind ein grundlegender Aspekt unseres Glücks. Alle Beziehungen bedürfen der Heilung, damit die Partner nach dem Stadium der Verliebtheit einander näher kommen können. Denke daran, dass die frühe Wurzel des Wortes *heal* (heilen) bedeutet, alle verstreuten und fehlenden Teile wieder zusammenzufügen. Aus dieser frühen Quelle ist auch das Wort *whole* (ganz oder heil) hervorgegangen. Ganzheit ist die Folge dieser Integration, in der alle Trennung aufgehoben ist. Das dritte Wort ist *holy* (heilig), das die Eigenschaft der Ganzheit beschreibt.

Nach dem Stadium der Verliebtheit zeigt das Stadium des Machtkampfs uns also die Unterschiede, die wir überbrücken müssen, um neue Ganzheit und neue Liebe zu finden.

Auf einer unterbewussten Ebene strebt ein Anteil unseres Bewusstseins nach einer Belohnung für das Ego, die uns aus einem bestimmten Grund wichtiger ist als unser eigener Erfolg. Eine einfache Möglichkeit, dies herauszufinden, besteht darin, dich zu fragen, wofür du die Probleme in deiner Beziehung benutzt. Wenn dir die Antwort in den Sinn kommt, frage dich, ob es das ist, was du willst, oder ob du stattdessen Liebe und Erfolg in deiner Beziehung erfahren willst.

Wenn die letzten Überreste dieses irrigen Plans beseitigt sind, ist deine Beziehung nur noch von Erfolg und Liebe erfüllt. Auf meine Frage, wozu sie die Probleme in ihrer Beziehung benutzen, antworten die meisten Menschen, dass sie sie benutzen, um sich zu verstecken, um vor ihrer Lebensaufgabe davonzulaufen oder um nicht vortreten und ihr Licht leuchten lassen zu müssen. Willst du zwischen dir und deinem Partner einen Teufelskreis aus Angriff und Selbstangriff in Gang setzen? Willst du deine eigene Schuld auf deinen Partner projizieren und ihn als die Ursache deiner Verletztheit betrachten? Willst du ein Leben leben, das von Rache geprägt ist, obwohl du weißt, dass es in eine Sackgasse führt und deine eigenen Herzensbrüche zur Folge hat, oder willst du diesen Teufelskreis aus Herzensbruch und Rache durchbrechen? Willst du glücklich sein, oder willst du Recht haben? Der Wunsch, Recht zu haben, ist ebenfalls eine häufige Antwort auf die Frage, wozu Menschen das chronische Problem in ihrer Beziehung benutzen. Der Wunsch, Recht zu haben, ist eine Kompensation für Schuld und das Gefühl, im Unrecht zu sein.

Wenn du keine Antwort erhältst, bemühst du dich vermutlich zu sehr und bist zu sehr im Denken gefangen. Es zeigt, dass du dich davor fürchtest, die Antwort zu hören, und dass das Ego dich fest im Griff hat. Trotzdem bestimmst du über deinen Geist. Du entscheidest, ob du deinem Ego oder deinem höheren Bewusstsein dienen willst. Du kannst nicht beiden zugleich dienen. Wenn du deinem Ego gedient hast, bist du einem hohen Maß an Selbsttäuschung erlegen. Das Unterbewusstsein bezeugt diese Tatsache, denn es ist gut viermal größer als die Ebene unseres bewussten Denkens. So viel haben wir vor uns selbst verborgen.

Nun wollen wir uns mit dem Unbewussten befassen, bei dem wir es mit anderen Schichten der Verleugnung im Hinblick auf verborgene Themen zu tun haben. Es gibt ein Stadium tief im Unbewussten, das ich als das Stadium der Einheit bezeichne, weil es große Seelengaben hervorbringt und äußerst rare und machtvolle Gaben empfängt. Hier finden wir auch die Gnade und die Wunder des HIMMELS, die uns helfen, zuerst unseren Geist und danach die Welt zu einen. Auf dieser Ebene wird unsere Verleugnung durch starke Abwehrmechanismen in Form von Kompensationen untermauert, bei denen wir genau entgegengesetzt zu der äußerst negativen Einstellung handeln, die sich darunter verbirgt. Nach außen hin wollen wir allem Anschein nach, dass das chronische Problem gelöst wird. Wir tun sogar vermeintlich hilfreiche Dinge, die dazu beitragen sollen. Wir kaufen ein hilfreiches Buch oder wenden uns an einen Heiler. Wenn wir diese Schicht des Widerstandes jedoch nicht anerkennen und uns mit ihr befassen, bleiben wir chronisch stecken.

Wähle nun eine oder zwei Zahlen zwischen eins und zehn. Es ist hilfreich, dir diese Zahl(en) aufzuschreiben oder sie einige Male laut auszusprechen, denn so hinderst du dein Ego daran, die Kontrolle zu übernehmen, während dir die Antworten in den Sinn kommen. Wir wollen zunächst an der Verleugnung in diesem Stadium arbeiten, indem wir die folgende Lektion aus *Ein Kurs in Wundern* mehrmals laut aussprechen: „Ich bin entschlossen, die Dinge anders zu sehen." (Ü-I.21) Es ist hilfreich, an einem Ende eines Raums zu beginnen und bei jeder Wiederholung des Satzes einen Schritt zu gehen, bis du ein Gefühl tiefen Friedens erreicht hast, auch wenn es bedeutet, dass du den Raum mehrmals durchqueren musst. „Ich bin entschlossen, die Dinge anders zu sehen. Ich bin entschlossen, meinen Partner anders zu sehen. Ich bin entschlossen, die Dinge anders zu sehen. Ich bin entschlossen, meinen Partner anders zu sehen." Wiederhole die Sätze, bis du ein tiefes Gefühl der Hoffnung, des Friedens und sogar der Freude spürst. Wenn sich in deiner Wahrnehmung und in deinem Gefühl für die Situation und für deinen Partner nur wenig verändert, hast du es definitiv mit verborgenen Belohnungen und mit einem verborgenen Zweck zu tun, der erfüllt wird, wenn die Situation so bleibt, wie sie ist. Sollte dies der Fall sein, denke ein paar Tage darüber nach, inwiefern die Tatsache, dass du nicht weiterkommst, genau das ist, was du willst. Wenn sich nichts verändert, hast du es nicht nur mit Widerstand, sondern mit mutwilligem Widerstand gegen einen besseren Weg zu tun.

Kommen wir nun zur Bedeutung der Zahlen, die du gewählt hast. Jede Zahl steht für einen Schritt in diesem Stadium, den du in die falsche Richtung gegangen bist. Lies den nachstehenden Text zu den entsprechenden Zahlen und meditiere darüber, bis du durch alle Abwehrmechanismen hindurchgelangt und jeden Starrsinn akzeptiert hast. Akzeptanz erlaubt dir, von dort weiterzugehen, wo dein Widerstand dich festgehalten hat.

Dynamiken des Widerstandes im Stadium der Einheit:
1. Elend, tiefste Niedergeschlagenheit, Trostlosigkeit, Zusammenbruch, tiefste Einsamkeit oder Entfremdung, die du benutzt hast, um GOTT anzuklagen, weil er ein schlechter GOTT ist und dich verlassen hat. Denke daran, dass du

dich auf der unbewussten Ebene befindest, auf der du es mit mindestens vier grundlegenden Schichten der Verleugnung zu tun hast.

2. Das Problem mit deinem Partner ist Ausdruck deines Wutausbruchs, weil du nicht bekommen hast, was du wolltest. Es kann auch einen Wutausbruch in der Beziehung zu deinem Partner zeigen. Ein Problem ist eine Klage, weil jemand sich nicht um dich gekümmert und deine Bedürfnisse nicht erfüllt hat. Der Glaube, dass ein anderer Mensch die Pflicht hat, dich glücklich zu machen, ist der größte Fehler, den du im Leben und in Beziehungen machen kannst. Wenn ein Problem eine Klage ist, dann ist ein chronisches Problem ein Wutausbruch. Nun ist es an der Zeit, es loszulassen, deine Forderungen zu überwinden und zur Besinnung zu kommen.

3. Das Problem, das du mit deinem Partner hast, ist eine Masche. Es ist deine Nummer, dein Tanz, das negative Ding, das du drehst. Für alle anderen ist offensichtlich, dass du nur das tust, was du immer tust. Eine Masche greift dich in so hohem Maße an, dass du noch nicht einmal bemerkst, dass du mit deinem Verhalten und deinen Emotionen auch alle Menschen in deiner Umgebung angreifst. Du bist blind für dein eigenes Verhalten und sorgst damit dafür, dass alle Menschen in deiner Nähe wie auf rohen Eiern um dich herumschleichen. Eine Masche ist ein Wutausbruch, den du zu einer Kunst erhoben hast.

4. Das chronische Problem, das du mit deinem Partner hast, ist das Ergebnis deiner falschen Geisteshaltung, deiner Unnachgiebigkeit, deines Starrsinns, deiner Pervertiertheit, deiner passiven Aggression, deiner Widerborstigkeit, deiner Unerbittlichkeit, deiner Hartnäckigkeit, deiner Verstocktheit, deiner Unversöhnlichkeit, deiner Unzugänglichkeit und deiner Unverbesserlichkeit. Meist werden diese Dinge in hohem Maße durch nettes, gutes, wohltätiges, tugendhaftes und großzügiges Verhalten kompensiert. Die dunkle Negativität kann durch astrale Einflüsse weiter verstärkt werden. Dies ist die Wirkung des uralten Egos, das entstanden ist, als wir aus dem Zustand des Einsseins herausgefallen sind und uns immer weiter vom Licht, von der Liebe und vom Himmel entfernt haben.

5. Das chronische Problem zeugt von Angst vor Veränderung. Deine Angst vor Veränderung ist größer als dein Wunsch nach besseren Zeiten.

6. Das Problem zeugt von einem Teufelskreis aus Götzen, Schmerz, Groll und Selbstkonzepten. Dies ist unsere Anhaftung an die Welt. Wir wollen etwas außerhalb von uns, das wir zu einer Anhaftung gemacht haben. Dies kann nahezu alles sein: eine glückliche Familie, eine glückliche Elternbeziehung,

Sex, Geld, Verliebtheit, Macht, Kunst, Intelligenz, Essen, Drogen, Schönheit, Erfolg oder Reisen. Die Liste ließe sich beliebig fortsetzen. Unsere Anhaftung führt früher oder später immer zu Schmerz, der wiederum zu Groll und zu der Trennung führt, die die Selbstkonzepte des Egos hervorbringt. Wenn du ein Element dieses Teufelskreises in dir trägst, trägst du auch alle anderen Elemente in dir. Auf einer noch tieferen Ebene haben wir es mit dunklen Götzen wie Krankheit, Grausamkeit, Leiden, Hass, Schuld, Angst, Demütigung oder Kreuzigung zu tun. Auch diese Liste ließe sich beliebig verlängern. Kein Götze kann uns befreien oder glücklich machen, aber für die dunklen Götzen gilt dies in besonderem Maße.

7. Das chronische Problem, das wir mit unserem Partner haben, rührt vom Autoritätskonflikt her. Wir wollen Recht haben, koste es, was es wolle – und wenn es unser Leben ist. Wir wollen unbedingt unseren Willen durchsetzen. Der Preis dafür kümmert uns nicht. Der Wunsch, Recht zu haben, verbirgt auf dieser Ebene jedoch lediglich uralte Schuld.

8. Das chronische Problem mit unserem Partner rührt von der astralen Ebene her. Hier werden wir durch dunkle Götter, Teufel oder Dämonen beeinflusst, die sich in unserer Aura festgesetzt haben oder in uns eingedrungen sind. Sie können uns benutzen und greifen uns manchmal an, ohne dass es uns überhaupt bewusst ist. Schlimmstenfalls kann es sogar passieren, dass wir ohnmächtig werden und Zeit verlieren, wenn dieses dämonische Element von uns Besitz ergreift. Das kann auch passieren, wenn wir eine gespaltene Persönlichkeit haben. Ein zeitgemäßes Bild für diesen unbewussten Aspekt ist das uralte Ego, denn genau damit haben wir es zu tun. Es ist das Prinzip der Trennung, das vor dem Licht geflohen ist, noch bevor wir einen Körper angenommen haben, um die Trennung zu vertiefen. Wir können mit dieser Ebene des Egos genauso umgehen wie mit jeder anderen Ebene, indem wir uns der Gnade bedienen, die GOTTES LIEBE und Macht ist. GOTT wünscht sich, dass keine Illusion, das uralte Ego eingeschlossen, Macht über dich ausüben soll. Rufe die Engel und deine anderen FREUNDE AN HÖHERER STELLE herbei, um dich von diesem Einfluss zu befreien.

9. Das chronische Problem mit unserem Partner rührt von unserem Kampf mit GOTT her. Wir konkurrieren mit GOTT und mit allen anderen Menschen in unserer Umgebung, obwohl wir auch diese Tatsache oftmals verborgen und kompensiert haben. Wir geben GOTT die Schuld an dem, was wir tun. GOTT kann aber nichts von dem getan haben, was wir IHM vorwerfen, denn wenn es so wäre, dann würde der URGRUND DES SEINS einfach verschwinden, weil ER

widerGÖTTLICH gehandelt hätte. Da der URGRUND DES SEINS noch existiert, ist GOTT also immer noch GOTT. Es kann niemand außer uns gewesen sein, der getan hat, was wir GOTT zur Last gelegt haben. Trotzdem sind wir noch SEIN KIND und können alle diese Dinge loslassen. Wenn wir GOTT für das vergeben, was wir getan haben, können wir unzähligen Millionen helfen, wie es in *Ein Kurs in Wundern* heißt. (Ü-I.241.1:6-8)

10. Das chronische Problem mit unserem Partner rührt von unserem Fall aus dem Zustand des EINSSEINS her, der ersten Trennung, die wir uns eingebildet haben. Alle Probleme rühren ebenso wie unsere ständige Investition in die Trennung von dieser Schuld her. Dessen ungeachtet ist sie eine Illusion, weil das EINSSEIN nicht geteilt werden kann. GOTTES WILLE kann nicht durchkreuzt werden. Die Trennung kann nicht wirklich gemacht werden. Wir konnten lediglich träumen, dass so etwas geschehen ist. GOTT hat uns auch nicht in einem widerGÖTTLICHEN Akt aus dem Paradies hinausgeworfen. Wenn das Paradies der HIMMEL ist, können wir es nicht verlieren. GOTT hat uns nicht hinausgeworfen. Wir haben uns eingebildet, dass wir ihn verlassen haben, und projiziert, dass wir hinausgeworfen wurden. Wir haben den HIMMEL in Wirklichkeit ohnehin nicht verlassen. Wir träumen nur, dass wir es getan haben, weil wir weiterhin in den Traum der Trennung investieren. Heute können wir eine neue Entscheidung treffen und erkennen, dass wir immer noch so sind, wie GOTT uns geschaffen hat. Wir sind aufgefordert, uns der Tatsache bewusst zu werden, dass wir uns noch im Zustand des EINSSEINS befinden, aber von Trennung träumen.

Wir können alle diese Dinge heilen, indem wir die Gnade, die GOTTES LIEBE ist, einschalten und alles loslassen, was ihr im Weg steht. Lasse nicht nur Urteile und Groll los, sondern auch die Dynamik der Widerborstigkeit, die dich von anderen Menschen und vom Leben getrennt hat. Bitte dann die GÖTTLICHE LIEBE und die GÖTTLICHE PRÄSENZ darum, sich einzufinden und deinen Groll, deine Anhaftungen und alle anderen Formen falscher Geisteshaltung aufzuheben, damit du die Lektion lernen kannst, die zu lernen du aufgerufen bist.

Unterhalb dieser Ebene haben wir es mit einer noch stärker verleugneten und noch unzugänglicheren Ebene zu tun. Wir verbergen sie, weil wir gute, reizende, nette, spirituell gesinnte Menschen sind. Die Schicht, die unter unserer falschen Geisteshaltung verborgen liegt, ist die *Schadenfreude*. Dies ist die hämische Freude, die wir über das Unglück anderer Menschen empfinden. Wir freuen uns an ihrem Untergang. Wir feiern ein Freudenfest, wenn sie einen Verlust erleiden.

Erkennst du, warum du es vorziehst, diese Ebene zu verbergen und dir ihrer nicht bewusst zu sein? Auf diese Weise kannst du das Selbstbild aufrechterhalten, dass du ein guter und spirituell überlegener Mensch bist. Alles, was du einem anderen Menschen wünschst, wünschst du natürlich auch dir selbst. Unsere *Schadenfreude* ist so machtvoll, dass sie großes Unglück und chronische Probleme erzeugt, die auf uns zurückfallen.

Welchen Menschen wünschst du also vor allen anderen alles Pech der Welt? Ist es den Preis eines chronischen Problems wert? Um sowohl dieses Thema als auch die Schichten der Verleugnung zu heilen, die einen großen Teil deiner Energie verbrauchen, kannst du folgende Worte der Kraft aus *Ein Kurs in Wundern* sprechen: „Die Wahrheit wird alle Irrtümer in meinem Geist berichtigen." (Ü-I.107) Führe die Übung wie oben beschrieben mit dem festen Entschluss durch, Heilung zu erlangen und die Verleugnung, die *Schadenfreude* und das chronische Problem zu klären. Durchquere dabei den Raum immer wieder, bis du in Frieden bist.

Auf der nächsttieferen Bewusstseinsebene haben wir es mit der Überzeugung zu tun, dass wir GOTT sind und ER es nicht ist. Hier glauben und handeln wir so, als ob GOTT tot wäre, und haben uns selbst auf den Thron GOTTES gesetzt. Andere Menschen sollten sich gut überlegen, ob sie wirklich die Stirn besitzen, sich uns entgegenzustellen, oder die Unverschämtheit zu glauben, sie seien im Recht. Diese Ebene kann insbesondere religiöse oder spirituelle Menschen in einem chronischen Problem gefangen halten. Unser Widerstand zeigt, dass wir den HIMMEL nicht brauchen, und das führt dazu, dass wir versuchen, alles aus eigener Kraft zu tun. Chronische Probleme und ein hohes Maß an Aufopferung können die Folge sein.

Um alle diese Dinge loszulassen, brauchen wir nur die volle Verantwortung für das zu übernehmen, was als chronisches Problem geschieht, und es dann dem HIMMEL zu übergeben, damit er es für uns aufhebt und heilt. Wir sind aufgerufen, unsere falsche Geisteshaltung aufzugeben, uns dem Licht wieder zuzuwenden und unser Leben an GOTT hinzugeben. Wir sind aufgerufen, unser Ego mit seinem eigensinnigen Widerstand loszulassen, das wir insgeheim auf Kosten unserer Beziehungen und unseres Glücks unterstützen wollten. Werde wieder wie ein Kind in den Armen GOTTES und lade deinen Partner ein, sich dir als Kind anzuschließen, gehalten von GOTT, zutiefst und vollkommen geliebt.

78

Das Ego als Oberbefehlshaber

Wenn du Probleme in deiner Beziehung hast, hat dein Ego das Heft in der Hand. Es mag zwar den Anschein haben, als sei es ausschließlich ein Problem deines Partners, aber wenn du dein Unterbewusstsein und dein Unbewusstes einbeziehen würdest, dann wüsstest du, dass das nicht der Fall ist. Es gibt deinen wahren Willen, der dem WILLEN GOTTES entspricht, und es gibt den Willen deines Egos, der mutwillig, starrsinnig und in keiner Weise auf dich oder das, was du willst, bedacht ist. Das Ego will Erfolg, aber nur, um sich anderen Menschen gegenüber als Herr aufzuspielen und seine Überlegenheit zu beweisen. Es will andere Menschen beherrschen, ohne sich um deren Wünsche und Bedürfnisse zu kümmern. Es benutzt Schuld, um dich selbst und andere Menschen zu kontrollieren. Es benutzt Probleme und die Angst, die ihnen zugrunde liegt, um dich daran zu hindern, den nächsten Schritt zu gehen.

Es greift dich und andere Menschen an, und es ist dann am glücklichsten, wenn du dich oder andere Menschen kreuzigst. Es will dich tot sehen, und es ist die Quelle deiner Todesversuchung. Es will, dass du erstklassig bist, damit du deine Überlegenheit zeigen kannst, öffnet damit aber die Tür dafür, dass du dich unterlegen fühlst. Wenn du andere Menschen beherrschst, öffnest du die Tür dafür, beherrscht zu werden. Das Ego will gewinnen, ist aber ebenso glücklich, wenn du verlierst, weil es in beiden Fällen die Möglichkeit erhält, seine Macht zu vergrößern. Das Ego ist das Prinzip der Trennung und nur an seiner eigenen Macht und an seinem eigenen Schutz interessiert. Alle Trennung und alle Emotionen und Verhaltensweisen, die von Trennung herrühren, stärken das Ego: Konkurrenz, Besonderheit, Schuld, Angst, Scham, Angriff, Schwäche, Gefühle der Unzulänglichkeit, Selbstangriff, Bedürftigkeit, Verlust, Aufopferung, Unabhängigkeit, die Opferrolle, Herzensbruch. Die Liste ließe sich beliebig fortsetzen. Das Unterbewusstsein zeigt, dass unser Schmerz, unsere Traumen und unsere Probleme benutzt wurden, um

Trennung zu erzeugen oder aufrechtzuerhalten. Das höhere Bewusstsein, das mit GOTT verbunden ist, will Probleme, Schmerz und Trennung nutzen, um zu lernen und Heilung zu erlangen. Somit zeigt unser Schmerz, dass wir eine bestimmte Lektion nicht gelernt und eine bestimmte Prüfung nicht bestanden haben.

Das Muster der Trennung, das bei uns am Werk ist, lässt sich bis zu unserem Fall aus dem Zustand des EINSSEINS zurückverfolgen. Wir haben immer wieder in unser Ego investiert und uns vom Licht abgewandt. Wir sind immer tiefer aus unserer Ganzheit, unserer Macht, unserer Begabtheit und unserem Glück herausgefallen, sodass unser Geist, unser Herz, unsere Macht und unsere Begabtheit in immer geringerem Maße für uns verfügbar waren. Unsere falsche Geisteshaltung hat uns dazu gebracht, mutwillig negativ zu sein, und wir waren auch noch stolz darauf. Nun sind wir endlich auf dem Weg zurück zur LIEBE, und manchmal kommen diese uralten Schichten in uns hoch und zeigen unsere falsche Geisteshaltung, unsere Widerborstigkeit und unseren Starrsinn. Diese Dinge können sich in Form eines großen oder chronischen Problems oder sogar in Form einer schweren Erkrankung äußern.

Auf den tiefsten unbewussten Ebenen haben wir es mit Themen wie Negativität, Wutausbrüchen, Aufsässigkeit, Angst vor Veränderung, Anhaftungen, Götzen, die uns an die Erde als einzige Wirklichkeit binden, und dem Autoritätskonflikt zu tun, der uns dazu bringt, gegen jeden – auch GOTT – zu kämpfen, von dem wir glauben, dass er uns vorschreiben will, was wir zu tun oder zu glauben haben. Wir leiden, um zu beweisen, dass GOTT unfähig ist und dass wir seine Stelle einnehmen sollten. Wir erklären GOTT und den Menschen: „Ich bin GOTT, und du bist es nicht!" Wir sind der Oberbefehlshaber, und alle haben alles zu tun, was wir wollen, und zwar genau so, wie wir es wollen. Wir glauben in den seltensten Fällen, dass wir diese Einstellung in uns tragen oder dass wir diese Dinge wollen, weil wir diese Dynamik unter vielen Schichten der Verleugnung vergraben haben.

Wir reagieren mit Emotionen auf das, was nicht so läuft, wie wir es wollten, und wir beklagen uns darüber in Form von Schmerz und Problemen. Das Drehbuch, das tief in unserem Bewusstsein verborgen liegt, liefert jedoch den Beweis, dass wir es selbst so entschieden haben. Wenn wir glücklich wären, hätten wir das goldene Leben oder den HIMMEL auf Erden. Unsere Investition in das uralte Ego und seine negativsten Bereiche liegt tief im Bewusstsein vergraben. Wenn wir den Willen des Egos loslassen, werden wir nicht nur von Gnade erfüllt, sondern erkennen auch, dass unserer wahrer Wille und GOTTES WILLE ein und derselbe sind. Dies ist ein Ort, an dem wir in GOTT aufgenommen sind, und wir erkennen, dass der GEIST GOTTES und unser Herzgeist eins sind und dass es nur GOTT gibt.

Das Ego gerät als Oberbefehlshaber ständig in Streit mit den Oberbefehlshabern anderer Menschen und mit GOTT, obwohl GOTT niemals kämpft. Was wahr ist, bedarf keiner Verteidigung. GOTT will uns lieben und dafür sorgen, dass wir glücklich sind, aber wir kämpfen gegen IHN und damit gegen unser SELBST. Es ist an der Zeit, dass wir unseren Oberbefehlshaber degradieren und ihm den Rang zuweisen, der ihm gebührt, nämlich den eines einfachen Soldaten, oder ihn sogar völlig loslassen. Wenn wir das Stadium der radikalen Abhängigkeit erreichen und den WILLEN GOTTES entscheiden lassen, wird klar, dass SEIN WILLE auch unser wahrer Wille ist. GOTT ist sowohl allliebend als auch allbarmherzig. Wir wollen lieber das Kind in SEINEN ARMEN sein, statt uns aufzuspielen und selbst zu überhöhen. Je mehr wir unser Ego loslassen, umso mehr lässt auch unser Partner sein Ego los. Dies schafft eine gemeinsame Basis, ein höheres Maß an Ganzheit und unbeschwerter Gegenseitigkeit sowie ein höheres Maß an Liebe und Ebenbürtigkeit als Grundlage unseres Glücks.

Wenn wir uns unserem Partner hingeben

Wenn wir uns unserem Partner hingeben, dann geben wir uns nicht nur ihm hin, sondern auch uns selbst. Hingabe ist gefordert, weil es einen Unterschied, einen Konflikt oder sogar einen regelrechten Machtkampf gibt. Jeder von uns will dasselbe, nämlich seinen eigenen Weg durchsetzen, sodass wir einen höheren Weg einschlagen könnten, um diesen Kampf zu beenden. Unser Partner agiert einen Anteil von uns aus, den wir verurteilt, abgespalten, verdrängt und nach außen projiziert haben. Dies geschieht oft in der Kindheit. Damals haben wir geglaubt, mit der Eigenschaft, die unser Partner jetzt ausagiert, in unserer Familie nicht überleben zu können, sodass wir diesen Selbstanteil abgespalten und verdrängt haben. Das hinterlässt natürlich einen inneren Leerraum, der dazu führt, dass wir uns einsam fühlen. Wenn wir später unserem Partner begegnen, scheint er genau diese Lücke zu füllen, und die Einsamkeit verwandelt sich in Anziehung. Das ist wunderbar, solange wir uns im Stadium der Verliebtheit befinden, aber sobald wir vom Stadium der Flitterwochen zum Stadium des Machtkampfs gelangen, hört der Spaß auf und verwandelt sich in einen Konflikt.

Auf einer bestimmten Ebene unseres Bewusstseins erinnern wir uns daran, dass wir den Selbstanteil, den unser Partner verkörpert, verurteilt haben, und wir errichten Hindernisse aus Stacheldraht, Minenfeldern und tiefen Gruben, damit wir nicht zu ihm zurückkehren müssen. Unser Partner bittet um unsere Liebe, und wir hören: „Komm und stirb in meinen Armen." Wenn wir die Bewusstheit und den Mut aufbringen, uns ihm hinzugeben – weil nur unser Ego sich aus Angst dagegen wehrt –, dann verbinden wir uns nicht nur mit ihm, sondern auch mit dem kindlichen Selbst, das wir verurteilt und zurückgelassen haben. Wenn wir uns mit unserem Partner verbinden, dann bauen wir nicht nur eine Brücke zu ihm, sondern verbinden uns im gleichen Maße auch mit uns selbst und gewinnen diesen Anteil zurück, der uns ein höheres Maß an Ganzheit bringt. Außerdem gelangen wir mit unserem Partner auf eine neue Ebene der Verbundenheit, der Mühelosigkeit und der Nähe voran.

Bitte deine FREUNDE AN HÖHERER STELLE, dich zu begleiten, wenn du dich deinem Partner hingibst. Das macht es wesentlich einfacher.

Der Prozess besteht aus folgenden Schritten:

1. Rufe dir die Eigenschaft ins Gedächtnis, die dein Partner ausagiert und die du selbst nicht zu besitzen glaubtest. Dies kann sowohl ein Schattenaspekt sein, den du verurteilt hast, als auch eine Gabe, vor der du dich gefürchtet hast.
2. Frage dich, wie alt du warst, als du glaubtest, nicht überleben zu können, wenn du diese Eigenschaft oder diese Gabe besitzt.
3. Bitte einen deiner FREUNDE AN HÖHERER STELLE, dir zur Seite zu stehen.
4. Gehe zusammen mit ihm an den Ort, an dem sich dein Partner mit dieser Eigenschaft befindet.
5. Nimm wahr, dass du dich nicht nur mit deinem Partner verbindest, sondern auch mit dem Kind, das du warst, als du diesen Selbstanteil abgespalten und verdrängt hast. Wenn das Kind heranwächst und wieder mit dir verschmilzt, bringt es neue Ganzheit und neues Selbstvertrauen auch für dich. Mit dem Unterschied verschwindet auch die Angst, und das führt dazu, dass sich in der Beziehung zu deinem Partner neue Verbundenheit und Mühelosigkeit einstellen.

So verschieden und doch so ähnlich

Wir können sehr verschieden von unserem Partner sein. Diese Verschiedenheit hat uns ursprünglich zu ihm hingezogen. Sie war ein Spiegel dessen, was uns unserer Meinung nach gefehlt hat. Begonnen hat diese Verschiedenheit jedoch mit einem Urteil über die Eigenschaft, die unseren Partner von uns unterscheidet, und mit Urteilen über unsere Familie und uns selbst. Die betreffende Eigenschaft kann eine Gabe, aber auch eine vermeintlich negative Eigenschaft gewesen sein, die noch dunkler wurde, nachdem wir sie verurteilt hatten. Wir haben sie vergraben und dabei meist einen bestimmten Anteil von uns weggeworfen. Dann haben wir ein positives Verhalten an den Tag gelegt, um jeden Beweis für die Negativität zu verbergen. Das positive Verhalten ist eine Rolle. Es ist eine Kompensation, die wir benutzen, um uns und andere davon zu überzeugen, dass wir die negative Eigenschaft nicht in uns tragen. Bei einer Gabe ist es nicht anders. Wir wollen sie verbergen, weil wir glauben, dass sie in unserer Ursprungsfamilie nicht akzeptiert worden wäre, dass sie uns in Schwierigkeiten gebracht hätte, dass wir unser Licht zu sehr hätten leuchten lassen oder dass wir gegenüber unserer leidenden Familie nicht loyal genug gewesen wären.

Wenn wir verstehen, was geschehen ist, können wir die Unterschiede zwischen uns und unserem Partner oder anderen Menschen nutzen, um Heilung zu erlangen und unseren Partner ebenso wie unsere Beziehung voranzubringen. Außerdem trägt es zu unserer emotionalen Reife bei und beseitigt verborgene Hindernisse, die dem Erfolg, den wir uns zum Ziel gesetzt haben, im Weg stehen.

Notiere drei große Gaben, die du an deinem Partner bewunderst.

1. _____

2. _____

3. _____

Notiere dann sieben große Fehler, Probleme oder negative Eigenschaften, unter denen du leidest, weil dein Partner sie hat.

1. _____
2. _____
3. _____
4. _____
5. _____
6. _____
7. _____

Führe anschließend die folgende einfache Übung der Heilung durch, beginnend mit den Gaben. Frage dich intuitiv, wann du die betreffende Eigenschaft verurteilt oder entschieden hast, damit in deiner Familie nicht bestehen zu können. Auch wenn du sie verurteilt, verdrängt, abgespalten und projiziert hast, hast du dennoch einen Anteil deiner selbst weggeworfen. Frage dich, wie viel Prozent deiner selbst du weggeworfen hast. Heiße diesen Prozentsatz dann wieder in dir willkommen. Jeder Akt der Integration trägt zu deiner Ganzheit und zu deiner Heilung bei. Was positiv ist, wird positiver, und was negativ ist, verliert seine Negativität, während du seine Energie jedoch in Form von Selbstvertrauen zurückgewinnst. Das macht dich gegen künftige Negativität dieser Art immun und verleiht dir ein gewisses Geschick, mit ihr umzugehen, wenn sie sich zeigt. Wenn du die Übung mit den Gaben deines Partners abgeschlossen hast, kannst du sie auch mit den anderen Eigenschaften durchführen. Wie alt warst du? Was ist passiert, und wer war daran beteiligt? Welchen Prozentsatz deiner selbst hast du weggeworfen? Heiße diesen Anteil deiner selbst nun wieder willkommen. Im Laufe der Übung stellt sich meist ein Gefühl des Friedens und der Zuversicht ein. Integration heilt das Urteil, und mit dem Urteil wird auch das Leiden geheilt.

81

Urteil und Co-Abhängigkeit

Wenn wir urteilen, trennen wir uns und nehmen eine überlegene Position ein. Im Grunde sagen wir damit: „So bin ich nicht. Das würde ich niemals tun. Ich bin besser." Das führt dazu, dass wir in Konkurrenz treten, die der Fluch jeder Beziehung ist, weil sie Auseinandersetzungen und Leblosigkeit erzeugt. Es führt aber auch dazu, dass wir uns in der Situation aufopfern, die wir verurteilt haben. Wenn wir urteilen, kommen Fluss und Entfaltung zum Stillstand, und wir müssen uns mit dem abfinden, was wir verurteilt und wie wir es verurteilt haben. Das Ego bekommt damit Recht, was seinen Stolz und seine Arroganz vergrößert.

Ein Urteil ist eine Kompensation. Es ist eine Abwehrstrategie, die unsere Schuld verbergen soll. Es ist ein Trick des Egos, der die Trennung und den ungeheilten Zustand aufrechterhalten soll, statt den Entwicklungsprozess zu erlauben, der vom Zustand der Einheit und von der Tatsache herrührt, dass du keinen Unterschied zwischen anderen Menschen und dir selbst siehst. Diese Einheit bringt Heilung und ein höheres Maß an Ganzheit.

Ein Urteil ist ein Angriff, der den von unserer Schuld herrührenden Selbstangriff abmildern soll, während er in Wahrheit einen Teufelskreis aus Angriff und Selbstangriff in Gang setzt. Angriff und Selbstangriff sind das Fundament des Egos, und das Ego ist das Prinzip der Trennung. Die von unserem Urteil herrührende Aufopferung sorgt dafür, dass wir mit unserem Partner verschmelzen. Verschmelzung ist eine Form von falscher Verbundenheit. Sie verwischt Grenzen, sodass jede Individuation verloren geht. Damit ist auch jede Möglichkeit zur Verbundenheit verloren. Verschmelzung bedeutet, dass du in den Emotionen deines Partners und in deinem eigenen Urteil gefangen bist, was zur Folge hat, dass du erfolglos versuchst, deinem Partner zu helfen oder Veränderung zu bewirken.

Willst du dein Ego, oder willst du mit deinem Partner glücklich sein? Du kannst nicht beides haben. Dein Ego ist die Identität der Trennung, die du geschaffen hast, um dich selbst zu definieren. Du hast die Tatsache zugedeckt, dass du von GOTT nach seinem Bild und Gleichnis als LIEBE und reiner Geist geschaffen wurdest. Wir gleichen Eisbergen im OZEAN DER LIEBE. Willst du deine Beziehung zu einem Kampf der Eisberge machen, bei dem große Eisbrocken von deinem Eisberg und vom Eisberg deines Partners losbrechen, wenn ihr miteinander kollidiert, oder willst du lieber ein wenig mehr schmelzen, damit deine Identität in den Hintergrund tritt und mehr Liebe zwischen dir und deinem Partner möglich ist? Unsere Identität ist aus Trennung und damit aus Schmerz, Schuld, Angst, Gefühlen der Unzulänglichkeit, Verlust und einem Gefühl der Ungerechtigkeit heraus entstanden. Wir wertschätzen alles, was wir selbst geschaffen haben, und dazu gehört vor allem unsere Identität. Vielleicht wertschätzen wir sie sogar noch mehr, weil es uns so viel gekostet hat, sie zusammenzusetzen.

Das Ego ist auf Glaubenssätzen aufgebaut, die Selbstkonzepte sind. Sie gleichen Ziegelsteinen in den Mauern deines Gefängnisses, das dich von anderen Menschen und vor allem von deinem Partner trennt. Willst du die Liebe, oder willst du dieses illusionäre Selbst? Deine Glaubenssätze legen deine Wahrnehmung und deine Erfahrung fest. Dein illusionäres Selbst ist der Urheber der Filme, die du für dein Leben hältst. Das Ego will Besonderheit, Aufmerksamkeit, seinen Willen durchsetzen, Mitleid und Beherrschung. Wenn Beherrschung nicht möglich ist, will es Unterwerfung. Es will überlegen sein. Es will der Sieger sein. Es sonnt sich in seinem Erfolg und schmollt, wenn es keinen Erfolg hat. Es verrät dir nicht, dass das Verlangen nach Überlegenheit einen Teufelskreis aus Überlegenheit und Unterlegenheit in Gang setzt. Wenn du unbedingt gewinnen willst, setzt du einen Teufelskreis aus Gewinner und Verlierer in Gang. Wenn du dich hämisch am Unglück eines anderen Menschen weidest, setzt du einen Teufelskreis aus Häme und Schmollen in Gang.

Das Ego will vor allem unabhängig sein und die Kontrolle haben. Unabhängigkeit ist ein dissoziierter Zustand, dem es an echter Verbindung mit anderen Menschen fehlt. Kontrolle fördert Rollen und gewährleistet, dass sie intakt bleiben. Sie soll dich an die Rollen des Opfers und der Aufopferung binden. Eine Rolle bringt dich dazu, aus einem Programm heraus zu handeln, das verhindert, dass du empfängst oder einfühlsam bist. Deine Rollen sorgen dafür, dass du viel zu tun hast und geschäftig bist, ohne dir jedoch den Fluss oder die Freude zu bringen, die daher rühren, dass du gibst und empfängst. Geben und Empfangen sind Formen der Liebe.

Ein Grund dafür, dass deine Bedürfnisse nicht erfüllt werden, liegt darin, dass dein Bewusstsein gespalten ist. Diese Spaltung ist entstanden, als du dich getrennt hast. Der Akt der Trennung hat nicht nur Bedürfnisse und Einsamkeit hervorgebracht, sondern auch die Unabhängigkeit, die das Ego der Erfüllung deiner Bedürfnisse vorzieht. Deshalb ist es so schwierig für dich, das zu bekommen, was du willst. Du hast ein gespaltenes Bewusstsein, und der verborgene, unabhängige Teil will die Trennung aufrechterhalten. Um deine Bedürfnisse wirklich erfüllt zu bekommen, müsstest du dich verbinden und damit die verborgene Unabhängigkeit und Konkurrenz auflösen. Als Folge davon würde sich auch ein Teil des Egos und der Identität auflösen, die du für dich selbst geschaffen hast. Das hätte wiederum zur Folge, dass ein größerer Anteil von dir offen für Liebe und Erfolg ist.

Aufopferung beruht auf einem Urteil und manchmal sogar auf Groll. Sie erlaubt weder Verbundenheit noch Erfolg, die erst möglich werden, wenn das Urteil zugunsten eines besseren Weges losgelassen wird. Aufopferung heißt, dass wir in Verschmelzung und Co-Abhängigkeit gefangen sind. Das beraubt uns der Fähigkeit, eine Veränderung zu bewirken. Verschmelzung macht uns ineffektiv. Co-Abhängigkeit verbirgt die Angst, dass unsere eigenen Schwächen offen zutage treten werden, wenn es unserem Partner wieder besser geht. Zumindest jetzt – im ungeheilten Zustand – sieht es so aus, als sei unser Partner derjenige, der das Problem hat.

Co-Abhängigkeit braucht immer einen Sündenbock. Das gibt uns die Möglichkeit, in unserem Versteck zu bleiben und uns unserer Angst vor dem nächsten Schritt nicht stellen zu müssen. Wir können uns hinter dem Problem unseres Partners verstecken, sollten aber wissen, dass dies eine Belohnung ist, die uns das Problem unseres Partners einbringt. Ungeachtet dessen, wie sehr wir uns über unseren Partner beklagen, nutzen wir sein Problem in irgendeiner Form zu unserem eigenen Vorteil. Wofür benutzt du die Probleme deines Partners? Dein Urteil und deine Selbstgerechtigkeit stehen der Gnade und den Wundern des HIMMELS im Weg. Deine Aufopferung, die mit deinem Urteil beginnt, macht dich unfähig, deinem Partner zu helfen. Das entspricht natürlich nicht dem, was wir bewusst wollen, zeigt aber, warum wir ein Unterbewusstsein haben, nämlich, um diese Dinge vor uns selbst zu verbergen. Aufopferung erzeugt Leblosigkeit, und Leblosigkeit verbirgt Angst vor Erfolg, Nähe, unserer Lebensaufgabe und unserer Bestimmung.

Statt über unseren Partner zu urteilen, können wir einen Schritt zurücktreten und beobachten, was geschieht. Wenn wir urteilen, übernehmen wir eine Aufgabe, die uns nicht zusteht. Das macht uns ineffektiv. Dein Partner ist nicht deine

Aufgabe, sondern dein Partner. Zu wie viel Prozent trägst du deinen Partner und deine Beziehung auf den Schultern? Zu wie viel Prozent trägst du deine Mutter, deinen Vater, deine Geschwister, frühere Partner, deine Ursprungsfamilie, deine jetzige Familie, deine Firma oder deine Arbeitskollegen auf den Schultern? Du hast GOTT um SEINE Aufgabe gebracht und IHN in die Warteschlange an der Ausgabe der Suppenküche gestellt. Du kannst IHM seine Aufgabe zurückgeben und deine Sorgenfreiheit zurückgewinnen. Wenn du deine Kinder auf den Schultern trägst, rührt dies von einem Urteil und von mangelndem Vertrauen in sie her. Es macht euch beide co-abhängig und hält euch beide zurück. Es ist wichtig, dir bewusst zu machen, wo du Menschen auf diese Weise benutzt, und sie in die Obhut des HIMMELS zurückzugeben. Deine Aufopferung ist eine Anhaftung, und jede Anhaftung birgt die Gefahr in sich, dass du die Menschen oder Dinge verlierst, denen du verhaftet bist.

Es ist an der Zeit, die Sorglosigkeit der Unabhängigkeit und die Besorgtheit der Aufopferung gegen die Sorgenfreiheit der Verbundenheit einzutauschen, die unserem ursprünglichen Zustand als reiner Geist nahekommt. Wenn wir zurücktreten und einfach beobachten, was mit unserem Partner geschieht, können wir dem HIMMEL erlauben, Gnade und Wunder einzubringen, um unsere Beziehung zu verbessern. Frage dich, wie viele Schritte du dich durch dein Urteil von deinem Partner entfernt hast. Wenn du das größte Urteil, das du über deinen Partner gefällt hast, loslassen kannst, kannst du einen Schritt auf ihn zugehen. Denke daran, dass, wenn du an deinem Urteil festhältst, du dich damit abfinden musst, dass dein Partner so bleibt, wie du ihn verurteilt hast. Wenn du deine Urteile loslässt, kann der HIMMEL beginnen, das Problem aufzuheben. Lasse jedes Urteil los, das in dir hochkommt, während du Schritt für Schritt gehst, bis du deinen Partner umarmen kannst. Dies ist eine Form der Vergebung, die deine Verbundenheit wiederherstellt und dich über die Rollen der aufopferungsvollen Verschmelzung, des bedürftigen Opfers und der dissoziierten Unabhängigkeit hinausbringt. Sie kann dein Leben und deine Beziehung mit Glück, Segen und neuem Fluss erfüllen. Die Schritte sind einfach:

1. Beobachte das, was geschieht, so gut es dir möglich ist, statt darüber zu urteilen.
2. Lasse deine Urteile los, wenn du nicht Recht haben und dich deshalb mit ihnen abfinden müssen willst.
3. Nimm bei jedem Schritt wahr, welche Wirkung es auf dich, deinen Partner und deine Beziehung hat.

4. Gehe immer weiter auf deinen Partner zu, bis du dich schließlich mit ihm verbinden kannst. Das befreit dich von deinen Rollen und der mit ihnen verbundenen Leblosigkeit und Konkurrenz. Es führt dich über die Angst vor deiner Lebensaufgabe und deiner Bestimmung hinaus und heißt Gnade und Wunder wieder in deiner Beziehung willkommen.

Eine dramatische Form der Heilung

Es gibt eine Möglichkeit, auf neue Ebenen des Verstehens, der Harmonie und der Verbindung mit deinem Partner zu gelangen. Stelle dir einfach vor, dass du dein Partner bist, und fange an, ihn auszuagieren. Ziehe dich in einen ruhigen Raum zurück, in dem du ungestört er sein kannst. Denke daran, dass alle Menschen in deiner Umgebung das sind, was du über dich selbst glaubst. Manchmal kannst du eine einfache Metapher dafür benutzen, indem du einen anderen Menschen fragst: „Wie viele Leben lang warst du so wie mein Partner?" Dies spiegelt die grundlegenden Glaubenssysteme unseres Egos wider, die wir verurteilt und als außerhalb von uns wahrgenommen haben, weil wir sie vor uns selbst verborgen haben.

Stelle dir nun vor, dass du dein Partner bist. Es kann sein, dass du dich anfangs befangen oder sogar lächerlich fühlst. Setze die Übung trotzdem fort, denn der Lohn ist groß. Wenn du deinen Partner ausagierst, spürst du möglicherweise Widerstand. Fühle ihn, setze die Übung aber trotzdem fort. Irgendwann kommst du an den Punkt, an dem du zu deinem Partner wirst. Wenn du es geschafft hast, übertreibe es, er zu sein. Trage dick auf. Irgendwann brichst du durch. Je mehr du dich in ihn hineinversetzen kannst, umso schneller geht es. Wenn du den Durchbruch schaffst, fühlst du dich befreit und im Fluss. Du fühlst dich frei und bist auf eine ganz neue Ebene des Verstehens und der Harmonie mit deinem Partner gelangt.

Diese Übung klärt ein weiteres Hindernis, weil sie eine weitere Schicht der Distanz zwischen dir und deinem Partner beseitigt. Wenn du dich mit dieser Übung anfreundest, kannst du sie zu einem Teil deines Werkzeugkoffers der Heilung machen. Du kannst sie auch mit anderen wichtigen Beziehungen durchführen, bei denen du das Gefühl hast, dass sie die Nähe zu deinem Partner verletzen. Das kann eine Übertragung von deinen Eltern, seinen Eltern, einem deiner früheren Partner oder sogar einem seiner früheren Partner sein, weil es noch unverarbeitete Themen in Form von Anhaftung, Schuld oder Groll gibt.

Die Zurschaustellung der Elefantenkinder

Dieses Kapitel kann deine Beziehung und dein Leben entscheidend verändern. Es ist speziell für Frauen gedacht, soll aber auch Männer ansprechen. Die Zurschaustellung der Elefantenkinder steht für die Anzahl der Männer, die du als Frau vollständig besiegt und entmannt hast. Viele reizende Frauen, denen ich diese Frage gestellt habe, gaben zur Antwort: „Dutzende!" Bei keiner waren es weniger als zehn. Die Zurschaustellung der Elefantenkinder steht für den Penis, der von seinem Besitzer abgeschnitten ist. Sie zeugt von unserer Konkurrenz, was der Grund dafür ist, dass dieses Kapitel sich sowohl an Frauen als auch an Männer richtet. Außerdem ist sie das Spiegelbild eines totalen Krieges, in dem keine Gefangenen gemacht werden.

Wie viele Elefantenkinder stellst du zur Schau? Als Mann entmannst du dich aus psychologischer Sicht jedes Mal selbst, wenn du einen anderen Mann durch Konkurrenz entmannst. Das gilt für deinen Vater ebenso wie für andere Männer, mit denen du um bestimmte Belohnungen konkurrierst. Alles, was du einem anderen Menschen antust oder wünschst, tust du jedoch auch dir selbst an und wünschst du dir selbst. Was du tust, um deine Überlegenheit zu beweisen, ist eine Kompensation, an die du noch dazu nie voll und ganz glaubst. Als Frau hast du dich umso stärker an deine männliche Seite gebunden, je mehr Elefantenkinder du zur Schau stellst. Wenn du gegen das Männliche kämpfst, kämpfst du jedoch nur gegen dich selbst. Es stößt deine Liebenswürdigkeit fort und verhindert, dass du empfangen kannst. Es macht dich unfähig, dich partnerschaftlich zu verbinden, und hält dich in Anstrengungen und Schwierigkeiten gefangen. Genau das passiert, wenn wir uns an unsere männliche Seite gebunden und aus unserem Herzen ausgeschlossen haben.

Die Sammlung an Elefantenkindern, die wir zur Schau stellen, zeugt davon, dass wir unser Herz verloren haben. Sie verstärkt den Teufelskreis der drei abstumpfenden Rollen des Opfers, der Aufopferung und der Unabhängigkeit, die das Ego erzeugt hat, um uns von Partnerschaft, Nähe und Erfolg fernzuhalten. Die Elefantenkinder, die du zur Schau stellst, zeugen von deinem eigenen Versagen, weil es auf einer Seelenebene deine Aufgabe war, den betreffenden Menschen zu helfen. Sie zeugen von deiner Häme, deiner Überlegenheit, deiner Selbstüberhöhung und deinem Wunsch, in Beziehungen zu gewinnen. Sie schreiben Unterlegenheit, Selbstentwertung, Niederlagen und Verlust in Beziehungen fest. Die Zurschaustellung deiner Elefantenkinder ist ein Denkmal, das du dem Ego und nicht der partnerschaftlichen Verbindung gesetzt hast. Dein Handeln in der Vergangenheit setzt in deiner jetzigen Partnerschaft selbstsabotierende Muster in Form von Angst oder Schuld in Gang.

Deine Sammlung an Elefantenkindern zeigt auch, welchem Karma du dich stellen musst, bevor du ins Gleichgewicht gelangst. Karma kann jedoch mühelos ausgeglichen werden, wenn du bereit dazu bist. Frage dich bei jedem Elefantenkind, wem es gehört. Du wirst feststellen, dass zu einer Person manchmal mehrere Elefantenkinder gehören. Finde intuitiv heraus, wie du dem betreffenden Menschen helfen solltest, statt ihn zu besiegen und zu entmannen. Welche Seelengaben, die du mit ihm teilen solltest, hast du zurückgewiesen, um dich verstecken und gegen ihn kämpfen zu können? Du kannst die Tür in deinem Herzen öffnen, die zu diesen Gaben führt, und sie nun mit ihm teilen. Stelle dir bei jeder Gabe die Wirkung vor, die dies auf sein Leben und auf seine Seele hat. Stelle dir anschließend vor, welche Wirkung es auf dich und auf deine Beziehung hat.

Als Mann hast du dich manchmal aus Gefühlen der Angst oder der Schuld heraus selbst entmannt. Das ist natürlich ein Fehler, der durch deinen Wunsch nach Wahrheit und danach, deine Macht zurückzuerlangen, jedoch mühelos berichtigt werden kann. Wahre Macht beherrscht nicht, sondern ermächtigt andere Menschen durch Teilhabe, Frieden und Zuversicht. Das trägt entscheidend dazu bei, dass sich deine übersteigerte männliche Seite wieder auf das wahre Männliche besinnen kann, das das Weibliche ehrt und beschützt und keine Angst vor der Nähe hat, die von Ebenbürtigkeit herrührt. Das Weibliche nährt wiederum das Männliche und gibt ihm Kraft. Deine Partnerschaft mit Männern ist deine Partnerschaft mit deiner eigenen männlichen Seite. Sie ist ein unverzichtbares Element für deinen Erfolg, deine Beziehung und die Erfüllung deiner Lebensaufgabe. Das verborgene Element der Konkurrenz und der Entmannung zerstört deine Fähigkeit, dich partnerschaftlich zu verbinden und eine erfolgreiche Beziehung zu führen. Das Maß, in dem du es als Frau in dir trägst, entspricht dem Maß, in dem du das Weibliche geringschätzt und angreifst. Wenn du es als Mann in dir trägst, legst du in deinen Partnerschaften ein zerstörerisches Verhalten an den Tag, weil du vermutlich kompensierst und deshalb verstärkt aggressiv bist. Das lässt weder die Selbstliebe noch den Trost und die Erneuerung zu, die das Weibliche dir in seiner partnerschaftlichen Verbindung und Freigiebigkeit schenken kann.

84

Die Macht der Partnerschaft

Das Maß, in dem du dich in deiner Beziehung partnerschaftlich verbinden kannst, entspricht dem Maß, in dem du alle Dinge heilen kannst. Es ist das Maß, in dem du alles erreichen kannst, was Wahrheit in sich birgt. Sowohl in der Bibel als auch in *Ein Kurs in Wundern* heißt es, dass alles, worauf zwei Menschen sich verständigen können, eine ausgemachte Sache ist. Manchmal bitte ich in einem Workshop zwei Teilnehmer darum, sich zusammenzutun, und gebe dann jedem eine Minute, dem jeweils anderen so klar und prägnant wie möglich zu sagen, was er will. Dann spiele ich ein Lied für den ersten Teilnehmer, und beide richten ihren Geist darauf aus, dass genau das eintritt, was der erste Teilnehmer will. Anschließend spiele ich ein Lied für den zweiten Teilnehmer, und beide richten ihren Geist darauf aus, dass genau das eintritt, was der zweite Teilnehmer will. Zum Schluss erinnere ich sie daran, dass sie alles, was sie ihrem Partner geben, sich selbst geben.

Du kannst diese oder eine ähnliche Übung mit deinem Partner durchführen, um Probleme in der Beziehung zu überwinden. Sie ist auch hilfreich, wenn es darum geht, das zu kreieren, was du beispielsweise im Hinblick auf Fülle, Glück, Gesundheit, deinen Beruf oder andere Lebensbereiche verwirklichen willst, die dir wichtig sind. Du kannst auch um die Hilfe des Himmels bitten, denn der Himmel will dein Glück. Diese Form der Verbindung stärkt die Verbundenheit, die deine Beziehung mit einem höheren Maß an Mühelosigkeit und Fluss erfüllt und dein Selbstvertrauen wachsen lässt. Wenn du deine Geisteskraft mit der deines Partners vereinst, könnt ihr euch gemeinsam den Problemen stellen, die aus den tiefen Ebenen des Bewusstseins zur Oberfläche steigen, um geheilt zu werden. Diese tiefen Risse können auch die beste Beziehung zerstören, wenn wir uns ihrer nicht bewusst sind. Die oben beschriebene einfache Beziehungsübung kann dich jedoch an das erinnern, was wichtig ist, und dir mit der

Hilfe des HIMMELS die Macht geben, jedes Thema zu überschreiten. Mit jedem Erfolg, den du erzielst, gelangst du zu einer neuen Ebene des Glücks und der Macht voran.

85

Die Unterschiede zwischen euch

Die Unterschiede zwischen dir und deinem Partner erzeugen die Trennung, die zwischen euch besteht. Sie ist die Wurzel deiner Probleme. Das Ego will dir weismachen, dass deine Beziehung ohne Unterschiede zwischen euch fade und langweilig wäre. Es gäbe weder Spannung noch Anziehung. Das Ego ist jedoch das Prinzip der Trennung. Wie sehr, glaubst du, will es, dass du dich mit der Liebe verbindest? Die Verbindung mit einem anderen Menschen bedeutet, Frieden und Freude zu erfahren. Die Liebe ist der Nervenkitzel des Glücks und die Ekstase der Vereinigung. Das Ego achtet immer nur auf sich selbst. Es will sich selbst und die Identität stärken, die es für gut befindet, und hält sich von allem fern, was es auflösen würde. Es hat sich durch Trennung erschaffen, und das war äußerst schmerzhaft. Es hat Verlust und Einsamkeit geschaffen. Es ist auf der Vorstellung aufgebaut, dass jemand anderer uns ungerecht behandelt hat, während wir es in Wirklichkeit abgelehnt haben, dem betreffenden Menschen in seiner Notlage zu helfen. Wir haben das Ereignis, an dem er beteiligt war, als Ausrede benutzt, um uns zu trennen.

Jeder Akt der Trennung erzeugt Rollen der Unabhängigkeit und Dissoziation, der Aufopferung, der Verschmelzung und des Opfers mit seinem Herzensbruch und seiner Rache. Alle diese Dinge werden zusammen mit der Verantwortung für das Ereignis unter Verleugnung vergraben. Diese Muster beeinflussen uns und unser Leben, weil sie ein gespaltenes Bewusstsein erzeugen und Probleme hervorrufen. Wir wollen unsere Ziele erreichen, die in Liebe, Erfolg, Glück, Fülle und Gesundheit bestehen. Dazu müssten wir jedoch eine Schicht unseres Egos und der mit ihm verbundenen Trennung aufgeben. Wir würden uns damit auch von Schmerz und von ungerechten, selbstsabotierenden Mustern befreien. Wir würden einen Teil unseres Widerstandes und unseres Selbstbildes verlieren und stattdessen ein wenig vom Licht des reinen Geistes zurückgewinnen, der unsere wahre, unbegrenzte Wesensnatur ist. Die Identität und die Selbstkonzepte, die unser Ego geschaffen hat, sind jedoch die Dinge, denen wir am stärksten verhaftet sind. Sie sind der Ort, von dem unsere Selbstgerechtigkeit herrührt. Sie sind der Ort, von dem Konkurrenz, Leblosigkeit und Kämpfe herrühren.

Unser Partner zeigt uns unsere verborgenen Selbstkonzepte. Wir identifizieren uns weniger stark mit ihnen als mit den Selbstkonzepten, die wir für gut befunden haben, aber die vermeintlichen Unterschiede rühren lediglich von unserer Wahrnehmung her. Schließlich schauen wir, wenn wir durch die Augen unseres Egos schauen, stets „durch einen Spiegel in einem dunklen Bild." (Lutherbibel 1. Kor 13,12) Der Balken in unserem eigenen Auge verhindert, dass wir den Splitter aus dem Auge unseres Bruders entfernen können. Unsere Konflikte mit anderen Menschen sind ein Spiegel der Konflikte unseres eigenen Bewusstseins, unserer eigenen widerstreitenden Glaubenssätze. Deshalb ist es entscheidend wichtig, dass wir nicht aufhören zu vergeben, zu integrieren und uns zu verbinden. Was getrennt war, wird dadurch wieder ganz. Dann ist unsere Partnerschaft von Liebreiz und Schönheit erfüllt. Wenn wir in unserer persönlichen Entwicklung und in unseren Beziehungen voranschreiten, kommen immer mehr Brüche zutage, die tief in unserem Bewusstsein vergraben waren. Sie zeigen sich in Form von Problemen in unserem Umfeld, Problemen zwischen uns und unserem Partner und Problemen in uns selbst.

Da wir naturgemäß das Beste von uns glauben wollen, neigen wir dazu, unseren Selbsthass und unseren Selbstangriff auf das, was uns an uns selbst nicht gefällt, nach außen auf unseren Partner zu projizieren. Wenn wir nicht verstehen, was in unserem Bewusstsein und in unseren Beziehungen vor sich geht, dann führt das nicht nur dazu, dass wir leiden, sondern auch dazu, dass wir die Schuld daran unserem Partner und „unüberbrückbaren Differenzen" zuweisen, die in Wirklichkeit ein Spiegelbild unseres eigenen Bewusstseins sind.

Wir können uns einmal am Tag von Licht zu Licht mit unserem Partner verbinden. Wenn wir ihm jeden Tag mindestens einmal vergeben, sind wir weniger zurückgezogen und können ihm großzügiger geben. Diese Großzügigkeit gehört zu den Geheimnissen einer glücklichen Beziehung und eines glücklichen Lebens. Sie bringt uns dazu, unseren Rückzug aufzugeben, sodass unser Leben glücklicher und erfolgreicher wird. Wir können das Ho'oponopono[1] praktizieren, das Dr. Hew Len gelehrt hat: „Es tut mir leid. Bitte vergib mir. Ich danke dir. Ich liebe dich." „Es tut mir leid" steht dafür, dass wir alles, was wir getan haben, auf unterbewussten und unbewussten Ebenen auf die Menschen in unserer Umgebung projiziert haben. „Bitte vergib mir" gesteht unseren Fehler ein und bittet um Vergebung. „Ich danke dir" dafür, dass du mich liebst, ein Teil meines Lebens und meiner Welt bist und die Wucht meines Selbstangriffs trägst. „Ich liebe dich" birgt sowohl die Liebe zu unserem Partner als auch die Liebe zu uns selbst in sich. Diese Liebe teilt den Wunsch nach noch größerer Nähe.

Die oben beschriebenen Übungen sind Instrumente der Heilung, die uns helfen können, uns in unserer Beziehung in Einheit und Liebe zu verbinden. Dies kann uns zur Vereinigung und zum EINSSEIN bringen, und wenn es uns mit einem Menschen gelingt, kann es uns mit allen Menschen gelingen. Wir wollen uns nun wieder neu in den Dienst unseres Partners und unserer Beziehung stellen.

---

1 Anm. d. Übersetzerin: Ho'oponopono ist ein traditionelles hawaiianisches Verfahren zur Aussöhnung und Vergebung. Es wird im Hawaiian Dictionary als geistige Reinigung definiert, als Familienkonferenz, in der zwischenmenschliche Beziehungen durch Gebet, Aussprache, Schuldbekenntnis, Reue und gegenseitige Vergebung wiederhergestellt werden. (Quelle: Wikipedia)

86

Was du weggeworfen hast

In jeder traumatischen Situation, die wir erlebt haben, haben wir Anteile von uns selbst weggeworfen. Das ist zum Teil auf den Schock des Ereignisses zurückzuführen, denn wir haben ein gewisses Maß an unschuldiger Naivität verloren. Den weit größeren Anteil haben wir jedoch aus Rache und aus Protest weggeworfen. Wir haben uns selbst, das Leben, Beziehungen, Männer und damit unsere männliche Seite, Frauen und damit unsere weibliche Seite verloren gegeben. Wir haben Gaben und andere Eigenschaften weggeworfen, die unser Leben leichter gemacht hätten. Wir haben Anteile aufgegeben, die für die Erfüllung unserer Lebensaufgabe und unserer Bestimmung von wesentlicher Bedeutung waren. Wir haben unsere Fähigkeit, zu fühlen und zu genießen, teilweise weggeworfen, weil wir uns vor dem Schmerz dieser Ereignisse schützen wollten. Wir haben zu einem gewissen Grad sogar unsere Verbindung mit dem HIMMEL weggeworfen. Wir haben Verbindungen zwischen dem HIMMEL und unserem Kopf, unserem Kopf und unserem Herzen und unserem Herzen und unserem Geschlecht durchtrennt. Wir haben Aspekte unserer kognitiven Intelligenz ebenso wie unserer emotionalen und spirituellen Intelligenz abgeschnitten. Wir haben Verbundenheit und Kontakt abgeschnitten und so das Maß beschnitten, in dem wir geben oder empfangen können. Unser Denken wurde geschäftiger.

Bei jedem Anteil, den wir weggeworfen haben, wird das, was verloren gegangen ist, von Schmerz überlagert. Das Ego benutzt den Schmerz, um zu verhindern, dass wir das, was wir verloren haben, zurückgewinnen, denn unser Verlust ist sein Gewinn. Es gedeiht in den Rissen der Trennung in unserem Bewusstsein, die unsere Trennung von anderen Menschen in der Außenwelt widerspiegelt.

Es ist nicht der WILLE des HIMMELS, dass wir etwas verlieren. Dennoch sind wir dort verhaftet, wo wir etwas verloren haben oder fürchten, dass wir etwas verlieren könnten. Unsere Anhaftungen sind das Bedürfnis, von anderen Menschen oder äußeren Dingen vervollständigt zu werden. Sie rühren von unserer Trennung und unserem gespaltenen Bewusstsein her. Wenn wir unsere Anhaftungen loslassen, können wir empfangen, und unsere Beziehungen sind von einem höheren Maß an Liebe und Verbundenheit erfüllt. Das Ego will Anhaftung. Anhaftung ist Schmerz, den wir für eine künftige Nutzung in unserem Bewusstsein gespeichert haben, um unsere Niedergeschlagenheit und damit die Macht zu vergrößern, die unser Ego über uns hat. Unsere Verbundenheit ist unser Glück, aber das Ego will Liebe in keiner Form, weil es dann nicht gebraucht wird. Es löst sich auf in der Gegenwart der Liebe und im Geben und Empfangen, das ein Ausdruck von Liebe ist.

Die folgende Übung spiegelt deine Verpflichtung zu dir selbst, zum Leben und zu den Menschen wider, die du liebst. Sie spiegelt deine Verpflichtung zu deinem höheren Bewusstsein, zum HIMMEL und zu einem besseren Leben wider. Sei fest entschlossen, erfolgreich zu sein. Bitte um die Hilfe des HIMMELS. Bitte um ein Wunder. Die Erkenntnis, dass du reiner Geist bist, ist gleichbedeutend mit der Verwirklichung aller Gaben, die GOTT dir bei deiner Schöpfung gegeben hat. Jede Gabe, die du öffnest oder empfängst, macht nicht nur dein Leben leichter, sondern auch das Leben der Menschen in deiner Umgebung. Sie stärkt die Einheit deines Geistes ebenso wie die Einheit deines Lebens mit anderen Menschen und mit der Welt.

Erstelle eine Liste aller Herzensbrüche und Traumen, die du im Leben erlitten hast. Schaue jeden Herzensbruch und jedes Trauma so genau an, wie es dir möglich ist, und vergleiche, wie du vor und nach dem schmerzhaften Ereignis warst. Inwiefern hast du dich durch das betreffende Ereignis verändert? Heiße den Prozentsatz deiner selbst wieder willkommen, den du weggeworfen hast. Heiße die Gaben wieder willkommen, die du verloren zu haben scheinst. Jedes Ereignis hatte Verleugnung, Dissoziation und Gedächtnisverlust in Bezug darauf zur Folge, wie du selbst vor dem Ereignis warst und wie dein Leben vor dem Ereignis verlaufen ist. Wenn du anfängst, an deiner Heilung zu arbeiten, gräbst du jedoch immer mehr Anteile deines Bewusstseins und immer mehr von dem aus, was du verloren hattest. Das bringt dich über deine Wutausbrüche und über die Machtkämpfe hinweg, die du seit diesen Ereignissen mit dir selbst, mit dem Leben, mit dem HIMMEL und mit Menschen führst, die in deinem Leben eine wichtige Rolle spielen.

Alle diese Dinge kannst du nun zurückgewinnen und nutzen, um dein Leben und deine Beziehung voranzubringen. Bei jedem traumatischen Ereignis hast du Vertrauen verloren und dein Bewusstsein gespalten, weil du einerseits zwar deine Ziele erreichen, andererseits aber auch kontrollieren und unabhängig bleiben wolltest. Der Verlust von Vertrauen bedeutet den Verlust deines Selbstvertrauens und der Kraft deines Geistes mit seiner Fähigkeit, mühelos das zu erreichen, was du willst. Nun ist es an der Zeit, in jeder traumatischen Situation so viel Vertrauen zurückzugewinnen, wie du kannst, weil Vertrauen eine Brücke zu deinem Partner baut und außerdem keine dunklen Absichten im Unterbewusstsein verbirgt, die zu Ergebnissen führen, die du in Wirklichkeit gar nicht willst.

Denke über jedes Ereignis nach. Heiße einen möglichst großen Prozentsatz deines Vertrauens wieder willkommen, weil es ohne Vertrauen keine Liebe gibt. Bitte die Engel um Hilfe, während du jede Gabe ausgräbst und wieder in Besitz nimmst, damit du dein Licht in höherem Maße leuchten lassen kannst. Teile jede Gabe, die du zurückgewinnst, energetisch mit deinem Partner, damit auch er sie empfangen kann. Das beschleunigt deine Erneuerung, sodass du die Gabe rasch wieder in vollem Umfang zur Verfügung hast. Deine Gaben verstärken deine Liebenswürdigkeit und deine Strahlkraft auf ganz natürliche Weise. Sie bringen dir ein höheres Maß an Erfolg in deiner Beziehung, und wenn du sie teilst, dann weißt du, dass du sie besitzt und mit anderen Menschen teilen kannst. Teile sie nach deinem Partner auch mit anderen Menschen, von denen du den Eindruck hast, dass sie diese Gaben brauchen. Je intensiver du die Übung durchführst, umso mehr Schichten können zutage gefördert und wieder neu wertgeschätzt werden. Das mehrt deinen eigenen Selbstwert, und wenn du ihn mit deinem Partner teilst, wird auch sein Selbstwert gemehrt.

Nimm dir für diese Übung ausreichend Zeit. Wenn du sie jeden Tag weiterführst, wirst du mehr und mehr Dinge zutage fördern und zurückgewinnen, um sie erneut in Besitz zu nehmen. Wenn du sie teilst, mehrst du sie für dich selbst, für deinen Partner und für die Welt.

87

Anhaftungen loslassen

Aller Schmerz in unserer Beziehung rührt von Anhaftungen her. Anhaftungen sind Bedürfnisse, die in der Vergangenheit aus dem Schmerz der Trennung entstanden sind. Anhaftungen und Bedürfnisse sollen den alten Schmerz verbergen, damit wir frei sein und empfangen können. Deshalb müssen wir, um allen Schmerz in unserer Beziehung loslassen zu können, den Schmerz aus der Vergangenheit loslassen, der unseren jetzigen Schmerz vorprogrammiert. Der HIMMEL will nicht, dass wir leiden, und gewährt uns die Hilfe, die wir brauchen, um unseren Schmerz loslassen zu können. Wenn aller Schmerz von Anhaftung herrührt, bringt Loslassen die Befreiung, die einen neuen und besseren Weg möglich macht.

Das Prinzip des Loslassens besagt, dass immer dann, wenn wir etwas loslassen, etwas Besseres kommt, um seinen Platz einzunehmen. Wir können nicht voraussagen, was es sein wird, da auch dies eine Anhaftung wäre, die den Entwicklungsprozess hin zu einem besseren Weg zum Stillstand bringen würde. Anhaftungen steigen ebenso wie Trauer in Schichten zur Oberfläche, um erfahren und befreit zu werden. Wenn wir eine Schicht losgelassen haben, kann es durchaus passieren, dass Tage, Wochen oder – bei einem sehr großen Verlust – sogar erst Jahre später die nächste Schicht zutage tritt, um befreit zu werden. Wenn Schmerz, Verlust oder Traurigkeit in dir hochkommen, lasse sie los. Wenn Enttäuschung, Frustration oder Desillusionierung in dir hochkommen, lasse sie los.

Frage dich, an welchen alten Herzensbrüchen, Verlusten oder Enttäuschungen du festhältst, und lasse sie los, weil sie schon jetzt zukünftige Verluste und Niederlagen vorprogrammieren. Depression oder Niedergeschlagenheit sind Zeichen dafür, dass du noch immer an alten Verlusten festhältst. Zerschlagene Träume aus Vergangenheit und Gegenwart sind ein Hinweis darauf, dass grundlegende

Muster des Herzensbruchs, der Rache, der Schuld, des Hasses und Selbsthasses sowie der Selbstsabotage am Werk sind, die dein Gefühl mangelnden Selbstwertes noch vertiefen. Bitte den HIMMEL um Hilfe und lege diese Emotionen zurück in die Hände deiner FREUNDE AN HÖHERER STELLE, die dir stets hilfreich zur Seite stehen, damit du deinen Weg zum Glück findest.

Ein Kampf in deiner Beziehung steht für eine Anhaftung. Deine Anhaftung und dein Kampf setzen genau die Dinge aufs Spiel, um die du kämpfst. Du kämpfst um dein Ego und deine Bedürfnisse, weil du Recht bekommen oder etwas beweisen willst. Du kämpfst, weil du Angst davor hast, den nächsten Schritt zu gehen, und deinem Partner ergeht es ebenso. Du glaubst, dass du mit dem nächsten Schritt nicht umgehen kannst oder dass du etwas verlieren könntest. Das erzeugt Angst, die von deiner Anhaftung herrührt. Wenn du loslässt, kommt der nächste Schritt jedoch zu dir und zeigt dir einen besseren Weg. Das Selbstvertrauen für den nächsten Schritt kommt mit dem nächsten Schritt.

Eine andere Möglichkeit besteht darin, alle Emotionen zu fühlen, bis die Negativität sich in Frieden und positive Gefühle verwandelt hat. Wenn du auf eine Fontäne aus Emotionen triffst, die dich zu überwältigen oder zu lähmen drohen, bitte deine FREUNDE AN HÖHERER STELLE oder eine Engelschar darum, dich zu halten und zu trösten, während du den nächsten Schritt gehst. Sei unbesorgt, wenn du von deinen Emotionen überrollt wirst oder die Kontrolle verlierst. Überlasse die Kontrolle deinen FREUNDEN AN HÖHERER STELLE. Wenn du das Gefühl hast, überrollt zu werden, wird dein Bewusstsein wie ein Computer auf einer höheren Ebene neu gestartet. Wenn du glaubst, an der Grenze der Belastbarkeit angekommen zu sein, übergib die Kontrolle dem HIMMEL. Wenn du deine Zukunft in die HÄNDE GOTTES legst, bist du in guten Händen.

Eine weitere Form des Loslassens ist Vergebung. Sie verbindet dich wieder mit deinem Partner und den Menschen, die an der Situation beteiligt waren, und erlaubt dir, sie in einem besseren Licht zu sehen. Deine an das Urteil geknüpfte Anhaftung sorgt dafür, dass die Situation schmerzerfüllt und dunkel bleibt, während Loslassen dich zu einem besseren Weg voranführt. Vergebung gibt dir die Möglichkeit, deine Projektionen zurückzuziehen und alle an der Situation beteiligten Menschen in einem besseren Licht zu sehen, dich selbst eingeschlossen. Auf diese Weise löst du die verborgene Schuld auf, die überhaupt erst zu der Negativität geführt hat, die auf einer bestimmten Ebene eine Form von Selbstangriff war. Ein Urteil verstärkt die Abwehrmechanismen, die du wegen deiner Schuld errichtet hast, während Vergebung zuerst den Abwehrmechanismus und dann die Schuld heilt. Vergebung führt zur Wahrheit, und die Wahrheit ist der

Ort, an dem Mühelosigkeit und Freiheit dich erwarten. Sie ist der Ort, an dem es einen besseren Weg gibt.

Loslassen macht dich frei, aber nicht dissoziiert. Anhaftung verursacht Schmerz, der zu weiterem Schmerz oder Dissoziation und einem gespaltenen Bewusstsein führt, das dich von Liebe, Glück und Erfolg fernhält.

Wenn du den Prozess des Loslassens um Vertrauen bereicherst, wird er doppelt effektiv und führt dich umso schneller auf einen neuen und besseren Weg voran, der von einem höheren Maß an Selbstvertrauen und Erfolg geprägt ist. Denke daran, dass die Kraft deines Geistes in eine bestimmte Richtung gelenkt werden muss. Sie kann auf die Angst oder auf das Vertrauen gerichtet werden. Die Entscheidung liegt bei dir. Angst und andere Emotionen weisen meist auf falsche Entscheidungen in der Vergangenheit hin. Du kannst dich noch einmal neu dafür entscheiden, die Kraft deines Geistes auf das Vertrauen zu lenken, weil es kein Problem gibt, das Vertrauen nicht heilen kann. Loslassen bedeutet immer, dass du etwas loslässt, das dich nicht tragen kann. Wenn du nicht loslässt, bleibst du entweder in einer Opferhaltung gefangen, die dir noch mehr Schmerz einbringt, oder du dissoziierst und wirst noch unabhängiger. Beide Wege sind nicht erfolgreich, sorgen aber dafür, dass du dich aufopferst. Loslassen befreit dich und bringt dich voran. Es schafft eine Öffnung für das, was der HIMMEL dir geben will. Einige der besten Dinge der Welt entstehen daraus, dass wir loslassen. Wenn du die Kontrolle nicht aufgibst, um einen neuen Schritt auf dem Weg zu mehr Selbstvertrauen gehen zu können, wird das Leben manchmal unbarmherzig und nimmt sie dir fort. Deine Seele hat diese Lektion für dich vorgesehen, und es kümmert sie nicht wirklich, ob du einen schönen Tag hast. Sie will, dass du authentisch und offen für Partnerschaft bist. Eine Wiedergeburt erwartet dich, wenn du deine zerschlagenen Träume loslässt. Wenn du deine zahllosen kleinen Themen loslässt, werden Vergnügen und Fluss in deinem Leben wiederhergestellt.

88

Woran du festhältst

Jeder Konflikt zeigt, dass du an etwas festhältst. Jeder Unterschied zwischen dir und deinem Partner zeigt, dass du an etwas festhältst. Konflikte und Unterschiede sind eine Form von Anhaftung, die dafür sorgt, dass du nicht von der Stelle kommst. Du bist jedoch nicht wirklich hier, denn wenn du jetzt hier wärest, statt in der Vergangenheit zu verharren und an etwas festzuhalten, gäbe es Frieden, der auf die Menschen in deiner Umgebung ausstrahlen würde. Wenn du wirklich, wirklich hier wärest, würdest du die Unermesslichkeit der Ewigkeit spüren, die dich mit der LIEBE lockt. Stattdessen erlebst du eine Vergangenheit, die sich als Gegenwart maskiert, weil du an der Vergangenheit festhältst. Du kannst jedoch ins Hier und Jetzt zurückgelangen oder ihm zumindest ein wenig näher kommen und damit ein höheres Maß an Ganzheit erlangen. Ganzheit und Frieden laden das ein, was ganz und gar freudvoll ist.

Wenn du nicht glücklich bist, hast du es mit einer Anhaftung zu tun, die wichtiger für dich ist als dein Partner. Du hast es mit einem Selbstkonzept zu tun, mit dem du mehr verheiratet bist als mit deinem Partner. Du hast es mit einem Verlust oder einem dunklen Ereignis aus der Vergangenheit oder mit einer Eigenschaft oder einer schönen Erfahrung zu tun, die du nicht losgelassen hast. Du bist dir vermutlich des Ereignisses bewusst, nicht aber der Sehnsucht oder des Schmerzes, die von ihm herrühren. Diese Dinge hast du dissoziiert oder sogar verleugnet. Deine Anhaftung steht als Falle zwischen dir und deinem Partner. Wenn der Schmerz oder die Sehnsucht aus der Vergangenheit zwischen euch hochkommt, gibst du deinem Partner die Schuld daran oder willst ihn dazu bringen, das Bedürfnis zu erfüllen, das von deiner Sehnsucht herrührt. Obwohl du selbst diesen Schmerz in dir trägst, hast du „stichhaltige Beweise" dafür, dass es dein Partner sein muss, der die negativen Gefühle in dir hervorruft, dir etwas antut, dich zum Opfer macht, dich traurig macht oder dich dazu bringt, dich mit etwas zu befassen, womit du dich lieber nicht befassen möchtest.

Es gibt jedoch noch eine andere Art, den Schmerz zu betrachten, den dir dein Partner zu bringen scheint. Wenn du erkennen würdest, dass du den Schmerz, den dein Partner dir scheinbar zugefügt hat, bereits in dir getragen hast und dass er an deinem Frieden, deiner Gesundheit, deinem Selbstvertrauen, deinem Glück und deinem Erfolg genagt hat, wärest du deinem Partner dann nicht dankbar dafür, dass er dir zeigt, was dich langsam – oder womöglich auch rasch – umbringt? Was in dir noch der Heilung bedarf?

Kannst du dir vorstellen, dass du deine Schuld auf deinen Partner projiziert und ihn zu einem Racheengel für deine wahrgenommenen Misserfolge gemacht hast? Dein Partner zeigt dir die Schlange im Gras, die kurz davor ist, dich anzugreifen. Du kannst sie jetzt heilen. Die Vergangenheit ist vorbei. Das jetzige Ereignis ist eingetreten, um dich später vor noch größeren Problemen zu bewahren.

Wenn du es also wüsstest, worin besteht dann das schmerzhafte Ereignis, unter dem du immer noch leidest? Wenn du es wüsstest, worin besteht das Versagen, für das du dich selbst bestrafst?

Welche Aspekte des damaligen Ereignisses gleichen dem, was jetzt zwischen dir und deinem Partner geschieht?

Inwiefern gleicht das gegenwärtige Verhalten deines Partners dem Verhalten eines anderen Menschen in der Vergangenheit?

Nun ist es an der Zeit, eine Schicht der Vergangenheit loszulassen. Du hältst am Schmerz und an der Schuld aus dem früheren Ereignis fest, weil sie dir in irgendeiner Form dienen. Welchen Zweck erfüllt es für dich, an diesem Selbstangriff oder diesem Leiden festzuhalten?

Wofür benutzt du diese Dinge?

Was erlauben sie dir zu tun?

Was brauchst du ihretwegen nicht zu tun?

Was beweist du damit über dich selbst?

Diese Dinge weisen dir ein positives Selbstkonzept zu, während sie das negative Selbstkonzept dem betreffenden Menschen aus der Vergangenheit und deinem Partner überstülpen, oder sie weisen dem betreffenden Menschen aus der Vergangenheit das positive Selbstkonzept oder die positive Eigenschaft zu, sodass sie für dich jetzt nicht verfügbar ist, weil du daran festhältst.

Welche Ausrede liefert dir das, woran du aus der Vergangenheit festhältst?

Welche Ausrede liefert dir das jetzige Verhalten deines Partners?

Es gibt einen besseren Weg, der dir größeres Glück und größeren Erfolg bringt.

Du hast dieses Buch entdeckt, und es war deine Absicht, einen besseren Weg zu finden. Damit du ihn finden kannst, bist du aufgefordert, dich zu ändern. Veränderung muss nicht unbedingt schwer sein. Sie hilft dir, eine bessere Einstellung zu dir selbst zu gewinnen und erfolgreicher zu sein.

Veränderung bedeutet Loslassen. Sie bedeutet, dass du das vergangene Ereignis loslassen musst, weil es immer noch an dir nagt und dafür sorgt, dass Niederlagen in deinem Leben vorprogrammiert sind. Wenn du eine Eigenschaft loslässt, die dir fehlt, kann sie wieder neu in dein Leben treten. Du kannst sie nicht empfangen, solange du an ihr festhältst.

Verpflichte dich jetzt der Heilung dieses Themas.

Verpflichte dich deiner Selbstbefreiung.

Verpflichte dich, deinen Partner von der Rolle zu befreien, die du ihn für dich hast spielen lassen.

Welche Angst hast du geschützt, indem du das negative Ereignis in deinem Leben zugelassen hast? Welche Angst bringt dich jetzt dazu, an dieser positiven Eigenschaft festzuhalten? Verpflichte dich, die Vergangenheit zu heilen. Verpflichte dich, alle Dinge zu heilen, die du das Leben oder andere Menschen für dich hast ausagieren lassen, um eine Ausrede zu haben.

Du hast das Ereignis benutzt, weil du Angst hattest, dass etwas noch Schlimmeres passieren würde. Welche noch schlimmere Sache wäre deiner Meinung nach passiert? Dein Festhalten an positiven Dingen zeigt, dass du fürchtest, deine Unabhängigkeit zu verlieren. Lasse alle diese Dinge los.

Vor welcher Angst schützt dich die Tatsache, dass das Ereignis deiner Beziehung jetzt im Weg steht?

Welche schlimmere Sache, glaubst du, könnte passieren? Womit glaubst du nicht umgehen zu können, wenn eine positive Veränderung eintritt?

Lasse alle diese Dinge jetzt los!

Angst ist eine Phantasievorstellung darüber, dass ein noch schlimmeres Ereignis eintreten könnte. Du glaubst, du würdest etwas verlieren, das für dich lebenswichtig ist. Was glaubtest du damals zu verlieren? Was glaubst du jetzt zu verlieren? Lasse diese Ängste los.

Wenn du die volle Verantwortung übernimmst, bist du frei. Wenn du die volle Verantwortung für das damalige Ereignis übernimmt, kannst du den HIMMEL bitten, es für dich aufzuheben. Wenn du die volle Verantwortung für das damalige Ereignis, für dein Festhalten daran und für die mit ihm verbundenen Ängste übernimmst, kannst du den HEILIGEN GEIST bitten, es für dich aufzuheben.

Du entdeckst möglicherweise eine tiefer verborgene Angst vor Unzulänglich-

269

keit, die dir das Gefühl vermittelt, mit dem nächsten Schritt nicht umgehen zu können. Das rührt für gewöhnlich daher, dass du glaubst, mit anderen Menschen oder Situationen nicht umgehen zu können, wenn sie sich in eine negative oder eine besonders positive Richtung verändern. Wo hat es dir im Umgang mit der Vergangenheit an Selbstvertrauen gemangelt?

Jedes Problem soll den nächsten Schritt hinauszögern, weil du fürchtest, nicht mit ihm umgehen zu können.

Welches Selbstvertrauen fehlt dir, um den nächsten Schritt mit deinem Partner zu bewältigen?

Du glaubst vielleicht, dass du ihn nicht bewältigen kannst, aber der HIMMEL kann es ganz sicher.

Das erlaubt dir, deine Lebensaufgabe anzunehmen, dich zu deiner Bestimmung zu bekennen, deine Gaben zu teilen und dein Licht leuchten zu lassen.

Die letzte und endgültige Angst haben wir davor, dass unser Leben zu gut oder zu erfolgreich verlaufen könnte. Wir fürchten, dass wir in diesem Fall die Kontrolle oder das verlieren könnten, was wir jetzt haben. Bei näherer Betrachtung sind dies jedoch wahnsinnige Ängste, weil das, was wir haben könnten, immer besser ist als das, was wir haben.

Wir haben Angst, dass wir verlieren könnten, wenn es uns besser geht.

Nein. Wir würden nur das Verlieren und den Schmerz verlieren. Wir haben Angst, dass wir gegen GOTT verlieren könnten. Dies ist unser heimlicher Konkurrenzkampf mit GOTT. Wir haben Angst, den Rebellen zu verlieren, den wir so mühsam aufgebaut haben. Willst du den Rebellen? Er ist eine Schattenfigur, die Selbsthass in sich trägt, was dazu führt, dass nicht nur du, sondern auch die Menschen in deiner Umgebung einen hohen Preis des Leidens bezahlen. Ist es das, was du willst? Ist es das, was du wirklich willst? Willst du weiter gegen GOTT und die LIEBE und den HIMMEL kämpfen?

Welchen Preis müssen die Menschen in deiner Umgebung dafür zahlen?

Nur wer wahnsinnig ist, will Schmerz erleiden. Ist nicht Freude das, was du wirklich willst?

Übernimm Verantwortung für die Vergangenheit und die Gegenwart und erlaube dem HIMMEL, die Vergangenheit für dich aufzuheben. Erlaube ihm, auch die Gegenwart für dich aufzuheben, während du darauf achtest, alles loszulassen, wovor du Angst hast – sowohl die negativen als auch die positiven Dinge. Davor fürchtet das Ego sich wirklich, weil es bis zu einem gewissen Grad seinen Tod bedeutet. Dann trittst du selbst, wie du dich bisher kanntest, stärker zurück, und die Freude ist in höherem Maße präsent. Ein gutes Geschäft!

89

Klagen heilen

Die Heilung von Klagen zählt zu den besten Dingen, die einer Beziehung passieren können, weil sich dadurch viele Themen verändern. Jedes Problem, vor dem ein Paar steht, und jedes Problem, das einer der Partner hat, ist eine Klage. Alle Klagen in einer Beziehung zu heilen, scheint fast einem Wunder gleichzukommen. Obwohl es natürlich immer gut ist, um ein Wunder zu bitten, das du als das geliebte Kind GOTTES verdienst, liegt es auch immer in deiner eigenen Macht, die Klagen in deiner Beziehung und damit die Beziehung selbst zu transformieren.

Erstelle eine Liste deiner Klagen und deiner Probleme / Klagen:

Klagen   **Probleme / Klagen**

Welche Klage verbirgt sich in dem Problem?

1. _____   1. _____
2. _____   2. _____
3. _____   3. _____
4. _____   4. _____
5. _____   5. _____

Erstelle nun eine Liste der Klagen, die dein Partner über dich hat:

Klagen   **Probleme / Klagen**

1. _____   1. _____
2. _____   2. _____
3. _____   3. _____
4. _____   4. _____
5. _____   5. _____

Jede Klage verbirgt ein Bedürfnis, und für die Erfüllung deiner Bedürfnisse bist du selbst verantwortlich. Es gibt auch eine Möglichkeit, die Bedürfnisse und Klagen deines Partners zu transformieren, so unmöglich dies auch erscheinen mag. Deine Bedürfnisse und Klagen bedeuten, dass du von einem anderen Menschen erwartest, dich glücklich zu machen. Dieser Irrglaube ist die Ursache aller Kämpfe und Auseinandersetzungen in deiner Beziehung. Hier liegt der Schlüssel zur Lösung: Deine Klagen zeigen, wo du nicht gibst. Wenn du ehrlich bist, zeigt deine Erwartung dir den Ort, an dem du das, was du erwartest, selbst nicht gibst, und zwar weder dir noch deinem Partner. Tätest du es, wäre dein Bedürfnis nämlich erfüllt, und deine Beziehung würde zum nächsten Schritt vorangehen, der dir Erfolg und Erfüllung brächte. Vermutlich hast du deine Klage, dein Bedürfnis, deine Forderung und deine Erwartung bereits an einen Menschen in deiner Vergangenheit gerichtet, ehe du deinem Partner begegnet bist. Du kannst diese Dinge jetzt heilen. Auch deine Probleme verbergen deine Klagen und Bedürfnisse. Du warst geizig gegenüber dir selbst und deinem Partner. Das kannst du nun ändern und einen glücklichen Ort in deiner Beziehung daraus machen.

Nun wollen wir die Klagen und Probleme / Klagen deines Partners anschauen. Dein Partner zeigt dir deine Selbstanteile, die du im Unterbewusstsein und im Unbewussten verborgen hast. Es mag unmöglich scheinen, seine Bedürfnisse zu erfüllen, ohne dich aufzuopfern, aber das ist es nicht. Für jedes Problem und jedes Bedürfnis, das er hat, hast du eine Seelengabe mitgebracht, die ihn heilen kann. Du kannst auch den HIMMEL darum bitten, deine Gabe mit SEINER Gnade und SEINEN Wundern zu überhöhen. Stelle dir vor, dass du eine Kammer in deinem Geist öffnest, die diese Gabe birgt. Bitte dann den HIMMEL darum, sie mit SEINER Gnade und SEINEN Wundern zu überhöhen, und lasse sie in deinen Partner einströmen. Du kannst dich auch fragen, wie alt dein Partner war, als dieses Bedürfnis in ihm entstanden ist. Stelle dir dann vor, dass du deine Gabe und die Gabe des HIMMELS in diesem Alter in ihn einströmen lässt. Der einzige Preis, den du zahlen musst, damit du die Gnade und die Wunder des HIMMELS für deinen Partner empfangen kannst, besteht darin, sie zuerst für dich selbst zu empfangen. Der HIMMEL arbeitet stets wirtschaftlich und gibt zwei zum Preis von einem. Wenn du diese Übung zehn Tage lang täglich durchführst, kannst du gemeinsam mit dem HIMMEL ein Wunder für deinen Partner und damit auch für dich selbst und deine Beziehung bewirken. Deine Großzügigkeit hat die Macht, die Hindernisse in deiner Beziehung zu beseitigen, und der HIMMEL ist immer ganz und gar großzügig.

Wie uns die Probleme
unseres Partners dienen

Es gibt einen Aspekt in den Problemen und im Verhalten unseres Partners, der uns dient. Das Unterbewusstsein zeigt, dass alles, was uns jemals wiederfahren ist, jedes Problem, vor dem wir jemals gestanden haben, jeder Rückschlag und jedes Trauma uns in irgendeiner Form gedient hat. Wir benutzen die Probleme unseres Partners und sein Verhalten, um etwas tun zu können, das wir tun wollen. Vielleicht geben sie uns auch die Möglichkeit, etwas nicht zu tun, das wir nicht tun wollen. Das Problem mit unserem Partner führt dazu, dass wir uns einer bestimmten Angst nicht zu stellen brauchen, die uns gefangen hält. Welche Ausrede liefert es dir? Das Problem ist auch als eine Form von Selbstangriff und Selbstbestrafung gedacht. Das Verhalten unseres Partners soll uns eine Ausrede liefern, die wir zu brauchen glauben. Außerdem ist es ein Angriff auf einen wichtigen Menschen in unserem Leben, eine Form von Rache an einer dritten Person. Unser Partner liefert den Beweis für etwas, das unser Ego beweisen will, selbst aber nicht voll und ganz glaubt, weil anderenfalls keine Notwendigkeit bestünde, es zu beweisen. Wir benutzen das Problem unseres Partners, weil wir in einer bestimmten Sache unbedingt Recht bekommen wollen.

Alle oben beschriebenen Aspekte sind Entscheidungen und Dynamiken, die dir in irgendeiner Form dienen. Nachdem du dir ihrer nun bewusst geworden bist, kannst du dir die Frage stellen, ob es das ist, was du wirklich willst. Was willst du? Vielleicht kannst du das, was du willst, auch haben, ohne dass dein Partner die Rolle spielen muss, die du ihm zugedacht hast. Vielleicht kannst du erkennen, dass du das, was ist, nicht willst, und die Bereitschaft aufbringen, deine nur unzureichend verborgenen Motive zugunsten der Wahrheit und eines besseren Weges aufzugeben. Schmiede einen besseren Plan als dein Ego. Warum bittest du nicht von ganzem Herzen darum?!

Womit gehst du eine Partnerschaft ein?

Wenn es zwischen dir und deinem Partner eine emotionale Distanz gibt, hast du die Mittel, diese Trennung zu beenden. Vergebung und Vertrauen sind immer hilfreich, wenn es darum geht, die Trennung zu beenden, die allen Problemen zugrunde liegt. Sie sorgen dafür, dass sich die Situation in eine positive Richtung verändert. Sie lassen dich deinen Partner in einem besseren Licht sehen und geben dir mehr Selbstvertrauen im Umgang mit der Situation.

Eine andere Möglichkeit, deinem Partner näher zu kommen, besteht darin, dass du dir anschaust, was dir wichtiger ist als dein Partner. Ist es deine Arbeit? Deine Arbeit mag wichtig sein oder nicht, aber wenn sie zu Lasten deiner Partnerschaft geht, zahlst du einen hohen Preis und begrenzt deinen eigenen Erfolg. Auch wenn es vielleicht nicht so scheinen mag, gibt es einen Weg, beide Dinge in gleichem Maße zu haben. Er liegt im Gleichgewicht zwischen deiner männlichen und deiner weiblichen Seite begründet und bedeutet, dass du sowohl gibst als auch empfängst. Wenn deine Arbeit den größten Raum einnimmt, verkümmert deine weibliche Seite und du kannst nicht empfangen. Das bewirkt, dass du in Aufopferung, Verschmelzung und dissoziierter Unabhängigkeit gefangen bist.

Alle diese Dinge sollen das innere Opfer kompensieren, das früher oder später in Erscheinung treten wird, wenn du dich und dein Leben nicht ins Gleichgewicht bringst. Fehlendes Gleichgewicht führt dazu, dass dein Leben von einem immer höheren Maß an Leblosigkeit geprägt ist. Zuerst arbeitest du immer härter, weil du so gut darin bist und weil es dir ein gutes Gefühl und ein gewisses Erfolgserlebnis vermittelt. Ohne deine weibliche Seite kannst du jedoch nicht empfangen und dich nicht erfrischen, was dazu führt, dass du dich lediglich verbrauchst. Du verbrauchst deine Jugend und deine Energie für ein gutes Gefühl, das ein Abwehrmechanismus gegen die schlechten Gefühle ist, mit denen du dich nicht auseinandersetzen willst. Das führt dazu, dass du immer mehr arbeitest und immer beschäftigter bist. Wenn du immer weiter in eine Richtung gehst, die dich immer stärker aus dem Gleichgewicht bringt, wird dies irgendwann jedoch ein böses Erwachen zur Folge haben. Du kannst die Leblosigkeit transformieren, wenn du bereit bist, dich mit den Emotionen und Themen zu befassen, die in dir hochkommen, um dir zu signalisieren, was jetzt der Heilung bedarf. Du kannst die Engel bitten, dich in deinem Heilungsprozess zu unterstützen, denn sie können entscheidend dazu beitragen. Wenn du an deinem Arbeitsverhalten, das eine Kompensation ist, nichts änderst, bleibst du in einer Komfortzone der Leblosigkeit stecken, in der du Angst vor Erfolg, Angst vor Nähe und Angst vor Veränderung hast.

Du brauchst Nähe, um auf höhere Ebenen des Erfolges im Leben zu gelangen. Das heißt, dass du mit deinem Partner, dir selbst und dem HIMMEL eine partnerschaftliche Verbindung eingehen musst. Diese Partnerschaft bringt immer mehr Mühelosigkeit und Fluss in dein Leben hinein, und sie gibt dir das Gefühl, dich von deiner besten Seite zu zeigen. Sie ist ein Ort der Begabtheit und der Inspiration.

Wenn du dich mit deinem Partner in der toten Zone befindest, musst du, damit du Erfolg haben kannst, einige Dinge loslassen, die dir oder der Beziehung nicht dienen. Was ist dir näher als dein Partner? Ist es eine Sucht? Ist es deine Arbeit? Ist es ein Sport oder eine Freizeitbeschäftigung? Ist es ein Hobby, das dir deiner Meinung nach mehr Spaß bringt als dein Partner? Bist du einer Sache in höherem Maße partnerschaftlich verbunden als deinem Partner? Du kannst alle diese Dinge haben und deinem Partner trotzdem nahe sein. Es ist nicht nur eins oder das andere möglich. Deine Partnerschaft befähigt dich, in höherem Maße zu genießen und gleichzeitig effizienter zu sein, sodass du alles in deinem Tag unterbringen kannst. Du kannst dieses Ziel auch erreichen, indem du dich selbst einbeziehst. Selbsteinbeziehung heißt, dass du eine partnerschaftliche Verbindung zu dir selbst eingehst, und sie ist entscheidend wichtig dafür, dich mühelos aus der Leblosigkeit zu befreien, die dein Leben prägt.

Partnerschaft ist eine Frage der Prioritäten. Kommen deine Kinder vor deinem Partner? Das ist ein Fehler, denn die Liebe zu und Verbundenheit mit deinem Partner ist das Fundament, das es deinen Kindern ermöglicht, sie selbst zu sein, eine glückliche Beziehung zu führen, ihre Gaben zu entdecken und ihr Leben zu leben. Es gibt ihnen ein Beispiel dafür, wie ein Leben und eine Beziehung aussehen, die im Gleichgewicht sind. Anderenfalls fühlen sich deine Kinder unterbewusst nicht nur schuldig dafür, dass sie dich deinem Partner gestohlen haben, sondern auch dafür, dass ihnen Aufmerksamkeit zuteilwird. Das stärkt ihr Ego, indem es sie besonders macht, und geschieht, wenn du versuchst, eine besondere Beziehung zu deinen Kindern aufzubauen, die auf Kosten deines Partners und deiner Partnerschaft geht. Es ruft deine und ihre ödipale Schuld wach, die ihnen, deinem Partner und dir selbst Erfolg, Nähe, Sex und eine glückliche Beziehung und Familie versagt. Deine Kinder können die Liebe ihrer Eltern – deine Liebe und die Liebe deines Partners – in gleichem Maße haben. Alles andere ist Konkurrenz, Leblosigkeit und ein Mangel an Erfolg. Gleichgewicht und Partnerschaft versetzen der ödipalen Verschwörung den Todesstoß. Dein Leben gewinnt an Leichtigkeit, Unschuld und Glück.

Hältst du an deinem Vater oder an deiner Mutter fest? Zu wie viel Prozent? Hältst du in Form von Groll, Schuld, Sehnsucht oder Hass an früheren Beziehungen fest? Das erhält nicht nur deine Unabhängigkeit in Bezug auf deinen Partner aufrecht, sondern auch deine Bedürftigkeit in Bezug auf die Vergangenheit, die zur Folge hat, dass du jetzt weder Erwiderung noch Erfüllung finden kannst. Alles, was du anderen Menschen zur Last legst, legst du auch deinem Partner zur Last. Lasse diese Anhaftungen los, damit du gemeinsam mit deinem Partner in der Gegenwart leben kannst. Nur hier kannst du Unschuld, Glück und Erfüllung finden.

Empfindest du Hass gegenüber einem anderen Menschen? Das bedeutet, dass du ein gleich hohes Maß an Selbsthass in dir trägst, der deinem Herzen näher ist als dein Partner. Trägst du alten Schmerz in dir, der aus der Vergangenheit rührt? Dies ist eine Fehlwahrnehmung, die geheilt werden kann. Es bedeutet, dass du dazu neigst, Dinge in der Gegenwart falsch wahrzunehmen, und reaktiv bist, statt einfühlsam zu sein. Damit wirst du zu einem Teil des Problems, statt ein Teil der Lösung zu sein. Übernimm die Verantwortung dafür, dich um deiner Beziehung willen zu ändern. Lasse deinen alten Schmerz los, weil du ihn anderenfalls deinem Partner in dem Maße zur Last legst, in dem du daran festhältst. Das ist unvermeidlich. Du kannst es solange nicht verhindern, bis du die falsche Wahrnehmung loslässt, die überall dort am Werk ist, wo du Schmerz empfindest.

Wenn du dich an eine schmerzhafte Zeit noch erinnern, den Schmerz aber nicht mehr fühlen kannst, hast du noch nicht alle Schichten des Ereignisses verarbeitet. Du trägst noch Schmerz, Schuldzuweisungen und Fehlwahrnehmungen in dir, die früher oder später in dir hochkommen werden. Verpflichte dich, diese Dinge zu heilen. Dann kannst du dein Licht in höherem Maße leuchten lassen und ein höheres Maß an Liebe von deinem Partner empfangen, denn der ungeheilte Schmerz nimmt den Raum ein, der Liebe und Erfolg vorbehalten war. Das größte Geschenk, das du deinem Partner machen kannst, besteht darin, deinen

Schmerz und deine Vergangenheit loszulassen, damit sie dir nicht wichtiger sind als dein Partner.

Misst du deinem Ego und deiner Besonderheit größere Bedeutung zu als deinem Partner? Das tun wir alle, aber in dem Maße, in dem wir es tun, machen wir unseren Partner zur Geisel unserer Bedürfnisse, Forderungen und Erwartungen, und selbst wenn er alles tut, was wir wollen, ist es nie genug. Er kann uns nie zufriedenstellen. Es wird erst dann genug sein, wenn wir es heilen. Unser Ego ist eine Mauer aus selbstgerechten, widerständigen Glaubenssätzen, die ein Abwehrmechanismus sind. Jeder Ziegelstein in der Mauer unserer Ego-Körper-Identität ist auf Angst, Schuld, Ungerechtigkeit und altem Schmerz aufgebaut.

Alle diese Dinge sind unwahr! Der Ego-Körper soll Liebe, Gnade und Führung von uns fernhalten. Recht zu haben ist ihm wichtiger als die Wahrheit. Er verzerrt unsere Wahrnehmung, bis sie seinen Wünschen und seinen Bedürfnissen entspricht. Willst du glücklich sein, oder willst du Recht haben? Wenn du deine Glaubenssätze zugunsten der Wahrheit aufgibst, ist dir selbst und allen anderen Menschen geholfen. Es macht dich beweglicher und einfühlsamer, und es befähigt dich, in höherem Maße zu empfangen. Das Ego ist das Gegenteil deiner Unschuld und Liebenswürdigkeit. Es ist das Gegenteil deiner Selbstliebe und deiner Fähigkeit, dich partnerschaftlich zu verbinden. Das Ego ist gleichbedeutend mit deinen Regeln und dem Maß, in dem du ungerecht gewesen bist und andere Menschen beschuldigt hast, dir das anzutun, was du dir in Wahrheit selbst angetan hast. Das kannst du nun ändern. Verpflichte dich der Wahrheit. Verpflichte dich deinem höheren Bewusstsein. Verpflichte dich der Heilung, die glückliche Veränderung bringt. Bitte dein höheres Bewusstsein darum, dir die Orte zu zeigen, an denen du im Irrtum bist, und übergib sie dann in seine Obhut, damit es sie heilen und transformieren kann, denn das ist seine Aufgabe. Vertraue einfach deinem höheren Bewusstsein und dem Prozess.

Überlege nun, ob es noch unverarbeitete Themen in Zusammenhang mit deinen Eltern gibt, und worin sie bestehen. Alle Emotionen, allen Groll und alle Probleme, die sie betreffen, überträgst du auf deinen Partner und deine Kinder. Verpflichte dich, jedes Thema zu heilen, das mit deinen Eltern zu tun hat, weil es an deine Lebensaufgabe, deine Bestimmung, deine Partnerschaft und dein Glück geknüpft ist. Wenn du deinem Partner die oberste Priorität einräumst, fügt sich alles andere zusammen. Wenn du deinem Partner die oberste Priorität einräumst, bringt die Verpflichtung, die du damit zu deinem Partner und zu deiner Beziehung eingehst, Authentizität, Macht und Freiheit in dein Leben und in deine Beziehung hinein. Wenn du deinem Partner alles gibst, wirst du nicht nur von ihm, sondern auch vom Leben alles empfangen. Wenn du gibst, um zu nehmen, ist ein Herzensbruch allerdings vorprogrammiert. Belüge dich nicht, denn du kannst nur dann erfolgreich sein, wenn das, was du tust, wahr ist. Alles andere ist naive Selbsttäuschung, mit der du ein schlechtes Ende nimmst.

Alles, was du einem anderen Menschen gibst, gibst du dir selbst. Dein Partner ist der Weg zum HIMMEL auf Erden und schließlich zum HIMMEL selbst. Was kann wichtiger sein? Die Verpflichtung zu deinem Partner macht dich liebevoller, liebenswerter und kreativer. Wenn du dich deinem Partner verpflichtest, verpflichtest du dich gleichzeitig dir selbst, deinen Kindern und dem HIMMEL.

92

Dich mit dem Negativen
verbinden

Wenn wir unseren Partner kennenlernen, ist unsere Beziehung von gegenseitiger Anziehung, Romantik und wunderbarem Sex erfüllt. Nachdem wir zum nächsten Kapitel der Beziehung – dem Stadium des Machtkampfs – gelangt sind, lernen wir allmählich jedoch ganz andere Seiten unseres Partners kennen. Es sind die vielen Orte, an denen wir anders sind als er. Wir wollen, dass alles so läuft, wie wir es uns vorgestellt haben, und er will, dass alles so läuft, wie er es sich vorgestellt hat. Wir sind im Recht, und er ist im Unrecht, auch wenn er das selbstverständlich völlig anders sieht. Wir kämpfen um die Erfüllung unserer Bedürfnisse, vor allem aber deshalb, weil es neues Territorium zu erobern gibt. Alles wäre anders, wenn wir uns mit unserem Partner verbinden würden. Wir müssten beide unsere Kontrolle aufgeben, um an den Ort zu gelangen, an dem wir unsere Differenzen überbrücken könnten.

Wenn wir diesen Lern- und Heilungsprozess erfolgreich bestanden haben, steigen wir zur toten Zone auf, einer gigantischen Komfortzone, die von Rückzug und Rollen geprägt ist. Hier verbinden wir uns nur dem Anschein nach, ziehen uns in Wirklichkeit aber zurück, um nicht zu verlieren. Dieses Stadium ist in hohem Maße von Aufopferung, Rollen, Verschmelzung und Erschöpfung geprägt. Wenn wir diese Abwehrmechanismen überwinden, gelangen wir endlich zur Mühelosigkeit und Wahrheit der Partnerschaft voran. Hier bringen wir unser Leben ins Gleichgewicht, indem wir unsere männliche und unsere weibliche Seite ins Gleichgewicht bringen, lernen Gegenseitigkeit, geben sowohl unsere Geschäftigkeit als auch unsere Faulheit auf und lernen, uns unserem Partner, unserer Arbeit, unseren Kindern und anderen Menschen uneingeschränkt hinzugeben. Doch selbst wenn wir zu den höheren Stadien der wechselseitigen Abhängigkeit und der radikalen Abhängigkeit gelangen, zeigt unser Partner immer noch Verhaltensweisen, die scheinbar in genauem Gegensatz zu unserem eigenen Verhalten stehen. Wir sehen es als verfehlt, falsch, naiv und töricht an, wenn er Dinge tut, die wir uns nie erlauben würden.

Der Gegensatz, den unser Partner ausagiert, steht für einen Anteil unseres eigenen Bewusstseins, den wir brauchen, um uns weiterentwickeln zu können. Jede Negativität in diesem Bereich steht für das Erscheinungsbild und das Übermaß, das von Trennung herrührt. Wenn Verbindung geschieht und wir diesem Selbstanteil vergeben, den wir in hohem Maße kompensiert und verteidigt haben, kann neue und wunderbare Ganzheit entstehen. Wenn wir diesen alten oder sogar uralten Selbstanteil integrieren, den wir abgespalten und nach außen projiziert haben, gelangt unser Selbstvertrauen in einem großen Sprung voran. Wir erreichen gemeinsam mit unserem Partner eine neue Ebene der Liebe, und es entsteht neue Ganzheit, die uns effektiv macht und auf der wir unser Glück aufbauen können.

Die Negativität, die wir in unserem Partner wahrnehmen, und die Fehler, die er macht und die uns nie in den Sinn kommen würden, sind grundlegende Anteile, die wir durch unsere Selbsturteile aus unserer Psyche herausgeschnitten haben. Unser Partner agiert nur unsere tiefen und unbewussten Anteile aus. Eine Eigenschaft, die wir an uns selbst nicht zurückweisen würden, würden wir auch an ihm nicht zurückweisen. Unser Partner gibt uns die Gelegenheit, in seiner Person uns selbst zu vergeben. Verbindung, Integration und ein geringeres Maß an Trennung sind die Folge. Unser Partner agiert vermutlich ein Verhalten aus, von dem wir uns schon in unserer Kindheit zum Opfer gemacht fühlten. Weil wir dem Menschen, den wir dafür verantwortlich machen, nicht vergeben haben, wurde diese Negativität zu einem Muster. Täusche dich jedoch nicht. Wenn wir diesen Aspekt nicht in uns tragen würden, könnten wir ihn in unserer Welt überhaupt nicht wahrnehmen. Unser Partner zeigt uns diese grundlegenden Anteile unserer selbst, die wir zurückgewinnen müssen. Wenn wir es nicht tun, bringen diese Eigenschaften uns immer wieder in Konflikte, die uns selbst, unseren Partner und unsere Beziehung daran hindern, den nächsten Schritt zu gehen.

Eine Form der Vergebung und der Verbindung, die ich persönlich sehr mag und die dich wieder mit deinem Partner zusammenbringt, stammt aus *Ein Kurs in Wundern*: „Ich will mich nicht dafür verurteilen." (Ü-I.134.15:3) Sprich diese Worte in der wahren Absicht, dich und deinen Partner zu befreien. Das löst das Urteil und die Schuld auf, die dich in diesem Konflikt gefangen gehalten haben.

Dein Partner agiert grundlegende Anteile deines eigenen Bewusstseins aus, die du verteufelt hast. Was du bei dir selbst verteufelst, kann dich, deinen Partner und deine Beziehung in die Hölle bringen. Vergebung kann sowohl dich als auch deinen Partner aus der Hölle befreien.

Der Anteil, dem du vergibst, wird zum fehlenden Stück im Puzzle deines eigenen Bewusstseins. Er kehrt zu dir zurück, um zu vervollständigen, was als Gabe in deinem Geist für dich verfügbar ist. Dein Partner zeigt dir, was du brauchst, und durch Vergebung und Integration kannst du ein erheblich höheres Maß an Macht und Selbstvertrauen erlangen. Das hat zur Folge, dass dein Partner wesentlich offener und liebevoller wird, weil du aufhörst, über ihn zu urteilen. Das lässt wiederum ein hohes Maß an Angriff in deiner Beziehung los, und du schreitest auf eine ganz natürliche Weise zu einer neuen Ebene in deiner persönlichen Entwicklung und in der Verbundenheit mit deinem Partner voran.

93

Der negative und der positive Partner

Dies ist eine äußerst wichtige und fortlaufende Lektion, die wir auf jeder Ebene unserer Beziehungen lernen müssen. Der positive Partner sieht meist das große Bild. Er ist derjenige in der Beziehung, der die Vision hat. Das Ego ist jedoch an diese Vision gebunden. Zu den Charakterzügen des positiven Partners gehören Idealismus, Energie und Begeisterung. Er kann naiv und in Verleugnung gefangen sein. Der positive Partner hat die Fähigkeit, negative Dinge zu transformieren. Der negative Partner ist dagegen realistisch. Er hat wenig Energie und weiß, wie viel Zeit, Geld und Mühe es kostet, ein Projekt zu vollenden. Er ist ehrlich, wenn es um seine Gefühle geht, und spricht meist ganz freimütig über seine Erfahrung. Der positive Partner besitzt ein höheres Maß an Diplomatie.

Der negative Partner hat ein Frühwarnsystem für Probleme, und weil er glaubt, nicht die Energie oder die Unbekümmertheit für große und wichtige Projekte zu haben, sieht er den einzigen Beitrag, den er leisten kann, darin, den positiven Partner auf seine blinden Flecken hinzuweisen. Das kann den positiven Partner ärgern. Er fühlt sich durch die „Negativität" seines Partners angegriffen, missverstanden und nicht wertgeschätzt. Der positive Partner will sich für seine großen Anstrengungen stets geliebt, unterstützt und wertgeschätzt wissen. Wenn der positive Partner gegenüber dem negativen Partner negativ reagiert, weil er dessen Beitrag nicht versteht, fühlt der negative Partner sich verletzt und hat das Gefühl, nicht geliebt zu werden.

Wenn der Beitrag des negativen Partners, Probleme aufzudecken, missverstanden wird, gibt er langsam die Hoffnung auf, dass es überhaupt jemanden gibt, der ihn liebt und versteht. Der positive und der negative Partner können rasch fehlwahrnehmen und sich in Kämpfe verwickeln, aber der positive Partner kann das, was der negative Partner ihm mitteilt, durch Verständnis und Wertschätzung transformieren, sodass er sich nicht davon angegriffen fühlt. Manchmal hat der negative Partner das Gefühl, der einzige Erwachsene in der Beziehung zu sein. Manchmal hat der positive Partner die Welt vor außerirdischen Eindringlingen gerettet, wird aber gescholten, wenn er mit schmutzigen Schuhen über den Teppich läuft.

Der positive Partner glaubt, dass der negative Partner pessimistisch ist, während der negative Partner glaubt, lediglich realistisch zu sein. Beide können ein gutes Team bilden, wenn sie den Beitrag des jeweils anderen und die Tatsache wertschätzen, dass sie einander ausgleichen. Du bist zwar in allgemeiner Hinsicht entweder der negative oder der positive Partner, kannst aber beispielsweise in Bezug auf Geld, Investitionen, Kindererziehung, Freunde, Essen, Sex oder berufliche Dinge auch wechselnde Positionen einnehmen.

Du kannst auch auf jeder Ebene – Abhängigkeit, Unabhängigkeit, wechselseitige Abhängigkeit und radikale Abhängigkeit – zwischen der positiven und der negativen Position hin- und herwechseln. Du bist in einer Beziehung der positive Partner, während du in einer anderen Beziehung der negative Partner bist. Es ist wichtig zu wissen, dass beide Seiten notwendig sind, damit eine Beziehung erfolgreich sein kann. Je mehr wir unseren Partner verstehen, eine Brücke zu ihm bauen und seinen Beitrag zu schätzen wissen, umso mehr Mühelosigkeit und Erfolg stellen sich ein. Wenn eine der beiden Seiten selbstgerecht wird, kann aus dem, was geschieht, leicht ein Angriff werden. Der positive und der negative Partner sind notwendig, damit Entwicklung stattfinden kann. Je mehr wir den Prozess des positiven und des negativen Partners integrieren können, umso größer ist der Erfolg.

Der positive Partner hat gute Ideen und verfügt über Inspiration und Vision. Die Aufgabe des negativen Partners ist es, den Unterschied zwischen diesen drei Dingen zu erklären, denn gute Ideen können sehr rasch zur Aufopferung führen, weil sie vom Ego herrühren und uns aufhalten und von unserem wichtigsten Ziel ablenken sollen. Der positive Partner möchte in großen Sprüngen vorangelangen. Der negative Partner will sich mit allen Details befassen, um ein gutes Fundament zu haben. Er tauscht so lange Informationen aus, bis er sicher sein kann, dass sich um alles gekümmert wird, was er vorgebracht hat. Er will nicht zurückgelassen werden.

Der positive Partner nimmt manchmal alles persönlich, was der negative Partner sagt, was zur Folge hat, dass er sich angegriffen, verletzt und ins Unrecht gesetzt fühlt. Wenn beide Partner ihre Besonderheit und ihr Urteil aufgeben, können sie hervorragend zusammenarbeiten. Wenn der positive Partner dem negativen Partner erklärt, wie er denkt und warum er glaubt, dass sein Standpunkt zum Erfolg führen wird, kann er den negativen Partner dafür gewinnen, sich mit ihm zu verbinden. Dann ist ihnen der Erfolg gleichsam sicher. Wenn der positive Partner losstürmt, ohne zu berücksichtigen, was der negative Partner sagt, lautet der Lieblingsspruch des negativen Partners: „Ich habe es dir ja gleich gesagt."

Wenn wir keinen Partner haben, sind wir zwar für gewöhnlich ausgeglichener, was unsere positive und unsere negative Seite angeht, neigen aber meist trotzdem stärker zu einer Position hin. Je weiter unsere persönliche Entwicklung voranschreitet, umso mehr sind wir aufgerufen, uns mit unserem Partner zu verbinden und unsere jeweiligen Positionen zu integrieren, damit wir vorankommen und uns die Vorteile beider Seiten zunutze machen können. Der positive und der negative Partner gleichen den beiden Polen einer Batterie. Beide Pole sind notwendig, damit die Batterie funktionieren kann. Wenn wir die Position unseres Partners vollkommen integrieren könnten, würden wir auf Ebenen der Erleuchtung und der Verwirklichung gelangen. Wenn wir unser Urteil darüber, ob unser Partner positiv oder negativ ist, und auch alle unsere alten Urteile über ihn aufgeben, ist großer Erfolg möglich.

Auf einer tiefen unbewussten Ebene gehören die großen Kriege zwischen Positiv und Negativ zu den Themen, denen wir uns im Stadium der Vision stellen müssen und die uns in diesem Stadium zurückhalten. Frage dich, mit wie vielen dieser großen Kriege du es zu tun hast, und bitte eine Engelschar darum, dich über sie hinwegzuheben. Das Ego verfolgt mit den großen Kriegen einzig und allein den Zweck, dich von der Stille und vom Frieden des Meisterschaftsbewusstseins fernzuhalten. Die Heilung der Dichotomien der großen Kriege kann dazu beitragen, ein hohes Maß an Polarisierung und Dualität zu transformieren. Je weniger Dichotomien es gibt, umso größer sind Frieden, Glück und Fülle in der Welt.

Verbinde dich mit deinem Partner. Gewinne diesen Anteil deines Bewusstseins – positiv oder negativ – zurück, damit neue Ganzheit entstehen kann. Gehe mit deinem Partner gemeinsam als Team voran.

94

Verschmelzung heilen

Überall dort, wo wir urteilen, erzeugt unser Urteil ein Maß an Verschmelzung, das jedoch unter der Trennung verborgen liegt, die von unserem Urteil herrührt. Wenn wir uns trennen, lässt die Distanz, die unsere Trennung verursacht, Einsamkeit, Verlust und Selbstmitleid entstehen. Der Vorschlag unseres Egos zur Lösung des Problems ist Verschmelzung, die eine vorgetäuschte Form von Verbundenheit ist. Verschmelzung verwischt jedoch lediglich die Grenzen zwischen uns und einem anderen Menschen, sorgt dafür, dass wir uns aufopfern, und macht es unmöglich für uns, dem betreffenden Menschen effektiv zu helfen. Außerdem blockiert sie unsere Fähigkeit, frei und ohne Zwang zu lieben.

Verbundenheit ist aus Fäden der Verbindung und der Kommunikation gewoben. Verschmelzung macht Kommunikation verworren und kaschiert die Tatsache, dass es keine wirkliche Verbindung gibt. Verschmelzung ist eine Falle, die uns glauben machen will, dass es keinen Ausweg gibt und dass wir für immer in ihrer Leblosigkeit gefangen sind. Verschmelzung erschöpft uns und macht uns mutlos. Verschmelzung kann rasch zu einem Burnout führen. Sie sorgt dafür, dass wir in aufopferungsvoller Knechtschaft gefangen bleiben oder versuchen, dem betreffenden Menschen zu entkommen, weil wir die Schwere der Beziehung und das Gefühl der Hoffnungslosigkeit in Bezug auf die Situation nicht länger ertragen. Wir geben auf, ohne darüber nachzudenken, dass sich vielleicht etwas zum Besseren verändern könnte.

Die folgende Übung kann dir helfen, über die Verschmelzung mit einem anderen Menschen hinauszugelangen. Sie ist besonders kraftvoll, weil deine Verschmelzung mit einem anderen Menschen deine Verschmelzung mit allen Menschen verstärkt. Frage dich zunächst, welche Auswirkungen die Verschmelzung mit deinem Partner auf deine Beziehung hat, und achte darauf, welche Antwort dir dazu in den Sinn kommt. Frage dich dann, wofür du die Verschmelzung mit deinem Partner benutzt. Frage dich als nächstes, welche Auswirkungen die Verschmelzung mit deinen Eltern auf die Beziehung zu deinem Partner hat. Welchem Zweck dient die Verschmelzung mit deinen Eltern in deiner jetzigen Beziehung? Welche Auswirkungen hat die Verschmelzung mit deinen Geschwistern auf deine jetzige Beziehung? Wofür benutzt du die Verschmelzung mit deinen Geschwistern jetzt? Frage dich mit Blick auf deine früheren Beziehungen, nach wem du Sehnsucht hast, gegen wen du einen Groll hegst oder über wen du geurteilt hast. Alle diese Dinge verbergen Verschmelzung. Welche Auswirkungen haben sie auf deine jetzige Beziehung? Wofür benutzt du die Verschmelzung mit deinen früheren Partnern in deiner jetzigen Beziehung?

Frage dich, mit welchem deiner früheren oder jetzigen Freunde du verschmolzen bist. Welche Auswirkungen hat es auf deine jetzige Beziehung? Wofür benutzt du die Verschmelzung mit deinen Freunden in deiner jetzigen Beziehung? Die Verschmelzung mit anderen Menschen und mit deinem Partner versperrt dir gewöhnlich den Zugang zu Orten, die vom Geben und Empfangen der Verbundenheit erfüllt sein sollten. Sie dient dir als Komfortzone. Obwohl sie Gefühle der Leblosigkeit erzeugt, benutzen wir sie, um unsere Angst vor Nähe und Erfolg zu verbergen. Wir benutzen sie, um unsere Lebensaufgabe und unsere Bestimmung zu verbergen und um eine unbarmherzige Falle zu erzeugen, die uns daran hindert, uns weiterzuentwickeln, das zu tun, wozu wir hier sind, und der zu sein, der wir sein wollten.

Fasse für die nächste Übung den festen Entschluss, Heilung zu erlangen, und bitte um die Hilfe des HIMMELS. Bitte eine Engelschar darum, dich in dem nun kommenden Transformationsprozess zu unterstützen. Stelle dir dann vor, dass du die Verschmelzung zwischen dir und deinem Partner wie einen Sumpf vor dir sehen kannst, in dem ihr beide feststeckt. Wie weit seid ihr voneinander entfernt? Wie tief seid ihr eingesunken? Stelle dir nun vor, dass eine Engelschar in den Sumpf herabschwebt, um euch aus dem Morast herauszuziehen. Sie fliegen euch in ein Land, das jenseits aller Verschmelzung liegt. Wie fühlt es sich an, und wie sieht es aus?

Ergründe in den nächsten Wochen den neuen Zustand deiner Beziehung jenseits der Verschmelzung, die das Ego benutzt hat, um Verbundenheit zu verhindern – mit dir selbst, mit deinem Partner und mit dem HIMMEL.

95

Mache dich bereit für eine Veränderung

Ein Thema, das dafür sorgt, dass deine Beziehung nicht von der Stelle kommt, ist die Angst vor Veränderung, die ihr beide in euch tragt. Veränderung meint hier eine positive Vorwärtsbewegung, nicht Zusammenbruch und Zerfall. Zusammenbruch und Zerfall sind die Folge deiner Angst vor Veränderung. Wenn eine Beziehung zu lange auf der Stelle tritt, beginnt sie auseinanderzubrechen. Wenn deine Beziehung sich nicht hin zu mehr Liebe und Leben entwickelt, steuert sie in eine entgegengesetzte, zerstörerische Richtung. Im Grunde fürchtest du, etwas zu verlieren, wenn du den nächsten Schritt gehst. Das will uns zumindest das Ego weismachen, aber wir verlieren nicht dadurch, dass wir uns weiterentwickeln. Ein weiterer entscheidender Grund dafür, dass Menschen sich davor fürchten, den nächsten Schritt zu gehen, ist ihr Gefühl der Unzulänglichkeit. Sie fühlen sich unzulänglich, wenn es darum geht, mit der Veränderung umzugehen. Da du im jetzigen Stadium schon kaum in der Lage bist, mit deinem Partner umzugehen, glaubst du möglicherweise, dass es noch schlimmer kommen könnte. Das ist es, was Angst ausmacht. Deshalb versuchst du, in deiner gegenwärtigen Position zu verharren, auch wenn sie nicht erfolgreich ist. Schlimmer kommt es jedoch nur, wenn du unbedingt dafür sorgen willst, dass alles so bleibt, wie es ist.

Wenn du erfolgreich sein willst, habe den Mut, den Ort loszulassen, an dem du jetzt bist, denn ungeachtet dessen, wie schlimm er sein mag, ist er dennoch nur eine Komfortzone, in der du dich versteckst. Um das zu bekommen, was du wirklich willst, musst du deine Komfortzone definitiv verlassen, denn das, was du willst, wirst du dort nicht finden. Lasse also den Ort los, an dem du jetzt bist, und setze die gesamte Kraft deines Geistes dafür ein, dir selbst, GOTT, deinem Partner, dem nächsten Schritt und deinem Erfolg zu vertrauen. Es gibt in Wirklichkeit nur zwei Richtungen, in die du die Kraft deines Geistes lenken kannst, nämlich in Richtung Vertrauen oder in Richtung Angst. Für welche Richtung entscheidest du dich?

Verpflichte dich zuletzt dem nächsten Schritt. Verpflichte dich dir selbst, deinem Partner und deiner Beziehung. Verpflichte dich dem Erfolg und einer neuen Ebene der Partnerschaft mit ihrer Mühelosigkeit und ihrem Geben und Empfangen. Verpflichtung heilt alte Konflikte, die dich und deine Beziehung niederdrücken. Verpflichtung bringt Authentizität und Wahrheit. Verpflichtung bejaht den nächsten Schritt, und der nächste Schritt ist wahrhaftig besser. Habe also den Mut, deine Kontrolle loszulassen, für die dein Problem dir den Beweis liefert, und bitte den nächsten Schritt, zu dir zu kommen. Vertraue ihm, deinem Partner, dir selbst und dem HIMMEL. Verpflichte dich dir selbst, deinem Partner, dem HIMMEL und dem nächsten Schritt.

96

Über den Körper
hinausschauen

Der Körper beherbergt unser Ego. Hier zentrieren wir auch unsere Schuld, unseren Groll und unsere Angst. Wir verankern unsere Emotionen im Körper, auch wenn sie ursprünglich von den Konflikten in unserem Geist herrühren. Das schreibt fest, was das Ego uns glauben machen will: dass wir ein Körper sind, statt einen Körper zu haben, der ein Werkzeug für unser persönliches Wachstum ist.

Die folgende Übung der Vergebung geht über die Wahrnehmung unseres Körpers hinaus. Stelle dir vor, dass dein Partner vor dir steht. Stelle dir anschließend vor, dass der Mensch, den du am meisten liebst, neben deinem Partner steht. Schaue über den Körper, die Persönlichkeit und die Fehler des betreffenden Menschen hinaus auf sein inneres Licht. Stelle dir vor, dass du dein inneres Licht und sein inneres Licht zu einem einzigen Licht verbindest. Spüre es. Schaue nun deinen Partner an. Schaue über seinen Körper, seine Persönlichkeit und seine Fehler hinaus. Nimm sein inneres Licht wahr. Lasse dann dein inneres Licht, das du bereits mit dem Licht des Menschen verbunden hast, den du am meisten liebst, mit dem inneren Licht deines Partners eins werden. Genieße die Vereinigung und den Frieden, bis es an der Zeit für dich ist, in den Alltag zurückzukehren. Wie stellt sich dein Partner nun für dich dar?

97

Respekt

Respekt ist in einer Beziehung entscheidend wichtig, denn er ist ein Eckpfeiler der Verbundenheit und der Ebenbürtigkeit, die wiederum entscheidend wichtig sind, um zur Partnerschaft zu gelangen. Frage dich, wie viel Respekt dein Partner dir entgegenbringt. Wenn du daran etwas ändern und verbessern möchtest, sollte dir bewusst sein, dass Respekt gleichbedeutend damit ist, wie du über deinen Partner und dich selbst denkst und wie du dich ihm und dir selbst gegenüber verhältst. Daraus ergibt sich, wie groß der Respekt ist, den dein Partner dir entgegenbringt. Du glaubst vielleicht, dass es keine Auswirkung hat, wenn du auf deinen Partner herabsiehst, aber Kommunikation findet immer auch auf einer nonverbalen Ebene statt. Du zeigst ihm deine Geringschätzung durch deine Energie und deine Körpersprache, die eine viel größere Wirkung als verbale Kommunikation haben. Wie viel Respekt bringst du deinem Partner entgegen? Wie viel Respekt bringst du dir selbst entgegen? Diese Frage ist von zentraler Bedeutung. Wenn du dir und deinem Partner nur wenig Respekt entgegenbringst, ist es unwahrscheinlich, dass dein Partner dir Respekt entgegenbringt.

Menschen klagen häufig darüber, dass ihr Partner sie nicht respektiert, bringen sich oder ihrem Partner aber selbst nur wenig Respekt entgegen. Das ist ein klassisches Rezept zum Unglücklichsein. Wenn du dir selbst und deinem Partner keinen Respekt entgegenbringst, besteht nur wenig Hoffnung, dass dir Respekt entgegengebracht wird. Verpflichte dich also deinem Selbstrespekt. Stelle dir vor, dass du eine Tür in deinem Geist öffnest, hinter der die Gabe des Respekts auf dich wartet. Erfülle dich mit dieser Gabe. Teile sie mit deinem Partner. Wiederhole den Prozess jedes Mal, wenn du daran denkst. Dann bist du schon sehr bald auf dem besten Weg, Respekt in deine Beziehung hineinzubringen.

Wenn dein Partner dir auf der körperlichen Ebene keinen Respekt entgegenbringt, ist es wichtig, dich von ihm nicht schikanieren oder überfahren zu lassen.

Wisse, wo du die Grenze ziehen musst, und erkläre deinem Partner, dass es genug ist. Du kannst den HIMMEL um Hilfe und Führung bitten, wenn es darum geht, Respekt in deine Beziehung hineinzubringen und deinen Partner etwas über diesen grundlegenden Eckpfeiler einer erfolgreichen Beziehung zu lehren. Wenn du dir Respekt zum Ziel setzt, kommt es dir selbst, deinem Partner, deiner Beziehung und auch deinen Kindern zugute. Lasse nicht zu, dass du körperlich, sexuell, emotional oder mental missbraucht wirst. Bei solchen Ereignissen findet immer eine geheime Absprache statt, und wir benutzen das negative Verhalten unseres Partners entweder als Teil unserer eigenen Selbstdestruktivität oder um unabhängiger zu werden, indem wir das, was geschieht, hinnehmen, uns insgeheim aber zurückziehen. Dennoch ist es wichtig, dass du deinen gesunden Menschenverstand einsetzt und dich von deinem Partner nicht überrollen lässt, während du an deiner Heilung arbeitest. Respekt zu lernen kann eine Seelenlektion oder eine Übertragung aus frühen Kindheitsbeziehungen sein.

Fordere den Respekt ein, den du verdienst. Setze dir Grenzen. Anderenfalls bleibst du in Aufopferung oder Märtyrertum gefangen. Glaube niemals, dass du es verdienst, schlecht behandelt zu werden, denn das ist lediglich ein Plan des Egos, der dazu dient, andere Menschen zu beherrschen, damit du von ihnen beherrscht werden kannst. Das Ego will dich entweder groß oder klein machen. Ein Partner wird überhöht, während der andere Partner herabgesetzt wird. Beide Partner können missbräuchlich handeln. Der überhöhte Partner beschuldigt und missbraucht den herabgesetzten Partner emotional um einer Lage willen, in die er sich selbst gebracht hat.

Letztlich bringt niemand außer dir selbst dich dazu, dich aufzuopfern. Aufopferung ist ein Schachzug, mit dem wir jetzt verlieren, um später zu gewinnen. Aufopferung ist der Kern jedes Problems. Sie ist mit den Rollen der Unabhängigkeit und des Opfers verbündet, um dir die Partnerschaft zu verwehren, die du dir allem Anschein nach am sehnlichsten wünschst. Du kannst dich fragen, wofür du deine Aufopferung benutzt. Wenn dir die verborgenen Antworten auf diese Frage offenbart werden, kannst du eine neue Entscheidung treffen.

In alten Filmen fordern Verbrecher- oder Mafiabosse stets Respekt ein und achten akribisch auf jede noch so geringfügige Kränkung, die ihnen zugefügt wird. Genauso verhält sich auch unser Ego. Es zählt immer mit, wenn es um seine Besonderheit geht. Respekt braucht Gleichgewicht, um wahr zu sein. Ohne das Gleichgewicht, das Respekt hervorbringt, besteht wenig Hoffnung für eine lebensfähige Beziehung. Das Ergebnis liegt jedoch in unserer Hand. Du hast die Macht, dich selbst und damit alles in deiner Umgebung zu ändern, nicht, indem du davonläufst, sondern indem du vortrittst, um den Respekt anzunehmen, den du verdienst. Wenn du den Respekt annimmst, den du verdienst, bringst du deinem Partner und deiner Beziehung ganz von selbst ebenfalls Respekt entgegen.

Eine Prise Humor ist in einer solchen Situation ebenfalls hilfreich, um die Dinge im Gleichgewicht zu halten. Dazu ist allerdings ein gewisses Maß an Selbstvertrauen erforderlich. Darüber hinaus ist es wichtig, den Menschen zu vergeben, die dir keinen Respekt erwiesen haben. Wenn du es nicht tust, manövrierst du dich entweder immer wieder in eine Opferposition hinein oder bringst anderen Menschen keinen Respekt entgegen, weil du deine Vergangenheit nicht geheilt hast. Dein Groll verbirgt Schuld, und sowohl Groll als auch Schuld halten an der Vergangenheit fest und verhindern damit, dass du in der Gegenwart erfolgreich bist. Frage dich, zu welchem Zweck du an der Vergangenheit festhältst. Die Vergangenheit ist vorbei. Frage dich, wofür du den Mangel an Respekt in deiner Beziehung jetzt benutzt. Was willst du? Triff eine neue Entscheidung.

98

Lasse den HIMMEL
alle schweren Lasten stemmen

Wenn du dich partnerschaftlich mit deinem Partner verbindest, dann verbindest du dich in gleichem Maße auch partnerschaftlich mit der Gnade. Der HIMMEL versucht stets, sich partnerschaftlich mit uns zu verbinden, und gewährt uns deshalb unablässig seine Gnade. Bist du bereit, sie zu empfangen? Bist du dir ihrer bewusst? Ist sie das, was du willst? Gibt es, wenn dir zusätzliche Hilfe zuteilwürde, einen Grund, sie nicht anzunehmen? Wenn du die Gnade und die Wunder des HIMMELS empfängst, kannst du alles erreichen, vor allen Dingen gemeinsam mit deinem Partner. Das Maß, in dem du dich partnerschaftlich mit deinem Partner verbindest, entspricht dem Maß, in dem du eine Partnerschaft mit dem HIMMEL eingehst.

Du kannst jeden Tag um Gaben für deinen Partner bitten. Gehe in die Stille und lasse die jeweilige Gabe für deinen Partner auf einer Gaben- oder Wunderebene in dich einströmen. Spüre sie. Fühle sie. Lasse dich von ihr erfüllen. Teile sie dann mit deinem Partner. Verbinde sie mit deiner Liebe. Öffne sie auch in dir selbst auf der Ebene, bis zu der du sie entwickelt hast, und teile sie mit deinem Partner. Manchmal trägst du diese Gabe auch in Form eines Potenzials in dir, und du bist aufgefordert, die Tür in deinem Geist zu öffnen, die es dir erlaubt, dich mit dieser Gabe zu erfüllen und sie dann mit deinem Partner zu teilen.

Es ist wichtig zu erkennen, dass dein Partner nicht deine Aufgabe ist. Wenn du ihn zu deiner Aufgabe machst, wird er zu einer Rolle anstelle einer Verantwortung, der die Fähigkeit zur Einfühlsamkeit innewohnt. Dein Partner gehört normalerweise zu den Menschen, die dir am nächsten stehen. Er übernimmt eine wichtige Rolle in deinem Heilungsprozess, wenn du in seinem Heilungsprozess eine wichtige Rolle übernimmst. Die Liebe zwischen euch soll dich bewegen, die

Mauern deines Egos herunterzulassen und ihn willkommen zu heißen. Sie soll eine Seelengabe in dir hervorbringen, die du mitgebracht hast, um sein Leben zu erleichtern. Wenn du deinem Partner hilfst, wird er wichtiger für dich als deine Selbstsucht oder deine Besonderheit. Damit rettest du ihn und dich selbst. Der HIMMEL hilft dir, deinem Partner zu helfen. Wenn die Liebe zu ihm dir wichtiger ist als der Wunsch, Recht zu haben und zu gewinnen, hilft der HIMMEL dir, deine Mauern zugunsten deines Partners und der Wahrheit einzureißen. Die Schritte, die du auf deinen Partner zugehst, sind Schritte, die du auf den HIMMEL zugehst. Die GÖTTLICHE LIEBE hilft dir, indem sie in der Beziehung zu deinem Partner alle schweren Lasten für dich stemmt. Sie vollbringt, was vollbracht werden muss, durch GÖTTLICHE LIEBE und Gnade. Und wenn du einmal strauchelst auf deinem Weg hin zur Liebe und zu der Einheit, die sie mit sich bringt, dann denke daran, die GÖTTLICHE PRÄSENZ um Hilfe zu bitten. Wenn Christus, der HEILIGE GEIST, Buddha oder Kuan Yin gegenwärtig sind, kann alles leicht sein, denn sie wollen, dass deine Beziehung erfolgreich ist. Sie wollen, dass du alle diese Gaben für dich selbst und für deinen Partner empfängst, denn wenn du erhoben wirst, bist du eine Inspiration für alle anderen Menschen, weil du ihnen zeigst, was möglich ist.

Wenn du dich aufgrund der Situation, in der du dich mit deinem Partner befindest, aufopferst, bist du unfähig, ihm zu helfen. Du hast deinen Partner, GOTT und dich selbst verurteilt. Vergib GOTT, deinem Partner und dir selbst. Übernimm die Verantwortung für die Situation und übergib sie dem HEILIGEN GEIST mit der Bitte, sie aufzuheben und ein Wunder zu wirken. Wiederhole die Übung immer dann, wenn du sie brauchst oder wenn dein Partner sie braucht.

99

Deine Klagen über GOTT

Du glaubst vielleicht, dass du keine Klagen gegen GOTT vorzubringen hast, aber deine Klagen hindern IHN daran, sich aktiv in dein Leben einzubringen. ER hat dich nach SEINEM Bild geschaffen, und das ist mehr als eine einfache Metapher. Es ist die Tatsache, von der wir uns alle abgewandt haben. Wir sind SEINE fehlgeleiteten Kinder. Unser von Schmerz und Unglück erfülltes Leben soll die Anklage sein, die wir gegen IHN erheben. Die Unglücksfälle unseres Lebens sollen verkünden: „Schau nur, was DU mir angetan hast! Du bist ein schlechter GOTT. Ich sollte an DEINER Stelle GOTT sein." Das ist das Wesen unseres ultimativen Autoritätskonflikts. Wir haben das Drehbuch unseres Seelenweges und unseres jetzigen Lebens selbst verfasst und dann Probleme, dir wir hatten, benutzt, um IHM die Schuld daran zu geben. Wenn du noch tiefer in dein Bewusstsein und den dort verborgenen Groll vordringen könntest, würdest du sogar sehen, dass jeder Groll, den du gegen einen anderen Menschen hegst, auch gegen GOTT gerichtet ist. Es kann nicht sein, dass GOTT diese Dinge getan hat oder dich vernachlässigt hat, denn ER hätte damit SEINER EIGENEN NATUR zuwiderhandeln müssen. Wenn ER es getan hätte, wäre der URGRUND DES SEINS fort, und auch wir wären verschwunden und hätten niemals existiert. Da wir jedoch noch immer hier sind, kann GOTT also die Dinge, derer wir IHN beschuldigt haben, nicht getan haben. Somit können nur wir selbst diese Dinge getan oder GOTT vernachlässigt haben.

Es liegt im Wesen der Projektion, dass alles, was unserem Urteil zufolge jemand anderer getan oder nicht getan hat, in Wirklichkeit wir selbst getan oder nicht getan haben. Es braucht großen Mut und große Ehrlichkeit, uns diese Tatsache einzugestehen, aber es ist das Tor zur Freiheit. Erstelle eine Liste aller Menschen, die in deinem Leben eine wichtige Rolle spielen, und notiere jeden größeren Groll, den du gegen sie hegst. Dein Groll richtet sich sogar gegen die Menschen, die du am meisten liebst. Wenn du ihm einmal wirklich auf den Grund gingest, würdest du sehen, dass du selbst das getan hast, wofür du ihnen grollst. Trotz aller Abwehrstrategien, die diese Tatsache verbergen sollen, würdest du feststellen, dass du diesen Groll auch gegen GOTT hegst. Bei näherer Betrachtung würdest du zudem bemerken, dass GOTT diese Dinge nicht getan haben kann, weil es, wie es in *Ein Kurs in Wundern* heißt, in SEINER NATUR liegt, allen alles zu geben.

Deine Klagen gegen GOTT versperren dir den Zugang zur Gnade und sorgen dafür, dass du Opfer bleibst, ein Leben der Aufopferung lebst und das Gefühl hast, getrennt bleiben und alles aus eigener Kraft tun zu müssen. Dies ist weder GOTTES WILLE für dich noch dein eigener wahrer Wille, der in Wirklichkeit nur Liebe geben und empfangen will.

Fertige also die oben genannte Liste mit allen wichtigen Menschen in deinem Leben an, aus Vergangenheit und Gegenwart, die für deine Klagen gegen GOTT stehen. Schaue dir an, was du getan oder nicht getan hast, um zu beweisen, dass ER unwürdig ist, GOTT zu sein, und nimm es zurück. Dies sind die Orte, an denen du geizig warst. Du kannst dich jetzt dafür entscheiden, diese Gaben sowohl GOTT als auch den Menschen zu geben, die du beschuldigt hast. ER wird sie dir vervielfacht für dich selbst und deine Brüder zurückgeben. Du kannst GOTT für das vergeben, was du getan oder unterlassen hast. In *Ein Kurs in Wundern* heißt es, dass wir, wenn wir GOTT vergeben, unzähligen Millionen helfen können. (Ü-I.241.1:6-8) Wenn du GOTT vergibst, gewinnst du nicht nur dein Leben, sondern Stück für Stück auch deine GÖTTLICHKEIT zurück.

100

Die Extrameile

Manchmal serviert das Leben dir Zitronen. Dabei spielt es keine Rolle, ob sie dir oder deinem Partner serviert werden, denn letztlich läuft es darauf hinaus, dass dir und deiner Beziehung eine zusätzliche Last aufgebürdet wird. Wenn du sie nicht als Ausrede benutzt, um unabhängig zu werden, dienen diese Lektionen dir als Seelenlektionen und werden fast immer zu einem chronischen Problem. Diese chronischen Probleme können dir jede Energie rauben und dir das Gefühl geben, am Ende deiner Kräfte angekommen zu sein. Um eine Seelenlektion zu lernen, bist du dazu aufgerufen, eine dunkle Lektion loszulassen, die du gelernt hast. Dazu bittest du am besten die Liebe, die GÖTTLICHE LIEBE und die GÖTTLICHE PRÄSENZ, sich an deiner Seite einzufinden. Mit ihrer Hilfe kannst du die dunkle Lektion erkennen und sie loslassen, wenn du siehst, welche Auswirkungen sie auf dein Leben hat. Wenn du sie loslässt, teile deine Liebe, die GÖTTLICHE LIEBE und die GÖTTLICHE PRÄSENZ, die du herbeigerufen hast, mit deinem Partner. Es ist hilfreich, diesen Prozess jeden Tag zu wiederholen.

Als meine Frau sehr schwer erkrankte, habe ich fünf Monate damit verbracht, zu beten und mir selbst, ihr und der Krankheit zu vergeben. Ich habe viele Techniken der Heilung bei mir selbst angewandt, um ihr zu helfen. Erst danach konnte ein Arzt nach der erneuten Durchführung aller Tests die Diagnose stellen, dass sie seit fünfunddreißig Jahren an Borreliose litt, und eine Therapie vorschlagen. Sie brachte ihr Erleichterung, und nach einigen Monaten fand sie sich auf einer neuen Ebene wieder. Nach weiteren neun Monaten erlebte sie einen erneuten Durchbruch, nachdem ich ihr alles gegeben hatte, was in meiner Macht stand, und gleichzeitig den HIMMEL um ein Wunder gebeten hatte. Wieder fanden wir genau die Person, die sie für ihre Heilung brauchte, und es geht ihr mittlerweile jeden Tag besser.

Alle chronischen Themen, die uns selbst oder unseren Partner betreffen, fordern uns auf, die Extrameile zu gehen. Aufopferung funktioniert hier nicht, sondern zieht dich und deinen Partner lediglich herunter. Wenn du gibst, empfängst du dagegen auch und erzielst langsame, aber stetige Fortschritte. Du kannst auch jeden Tag um Gnade und Wunder bitten. Du kannst sie für deinen Partner empfangen, wenn du bereit bist, sie zuerst für dich selbst zu empfangen. Entscheide dich jeden Tag dafür, deinem Partner eine neue Gabe zu geben. Du wirst nie mit einer Situation konfrontiert, in der du nicht über die Gaben verfügst, die du brauchst, um sie zu überschreiten und in eine positive Richtung zu verändern. Wenn dein Partner leidet, bist du aufgefordert, die Gaben des HIMMELS auch für ihn zu empfangen.

Heiße die GÖTTLICHE LIEBE und die GÖTTLICHE PRÄSENZ für ihn willkommen. Wende dich ihm von ganzem Herzen zu. Verpflichte dich ihm, deiner Beziehung, seiner Heilung und seiner Gesundheit, eurer Liebe, eurem Sexleben und seinem Erfolg. Gib dich ihm immer dann, wenn du an ihn denkst, ohne Einschränkung hin. Rufe ihn häufiger an, als du es normalerweise tätest. Schreibe ihm häufig oder melde dich per Skype bei ihm, wenn du unterwegs bist. Sei glücklich für ihn. Selbst wenn du um deinetwillen nicht glücklich sein kannst, sei glücklich um seinetwillen. Stelle dir vor, dass du deinen Partner im Arm hältst, während du einschläfst, und dass du selbst von GOTT, Buddha, Jesus, Maria oder Kuan Yin gehalten wirst, die durch dich hindurch die heilende Energie in deinen Partner einströmen lassen, die er braucht.

Bitte darum, zu neuen und anderen Mitteln und Wegen inspiriert zu werden, um deinem Partner zu helfen. Wiederhole den Prozess jeden Tag. Lasse die Führung, die in dich einströmt, auch deinen Partner erfüllen. Wenn es eine große Herausforderung ist, hast du sie für dich selbst geplant, noch ehe du in dieses Leben hineingeboren wurdest. In diesem Fall bist nicht nur du, sondern ist vermutlich auch dein Partner aufgefordert, eine wichtige Seelenlektion zu lernen.

Dein Partner bringt deine unbewussten Glaubenssätze und Selbstkonzepte zum Ausdruck. Du hast es mit deinen eigenen vergrabenen Glaubenssätzen zu tun, die du auf deinen Partner projizierst. Bitte darum, dass dir die vergrabenen Glaubenssätze gezeigt werden, die zu dieser Situation geführt haben. Manifestiere für deinen Partner, indem du siehst, fühlst, spürst und hörst, wie jeder euch beide dazu beglückwünscht, dass ihr dieses Thema transformiert habt. Erkenne, dass jedes – und vor allem jedes große – Problem eine Angst vor dem nächsten Schritt oder sogar vor dem nächsten Stadium im Leben verkörpert. Verpflichte dich immer wieder dem nächsten Schritt für euch beide. Ein großes Problem verkörpert auch eine Angst davor, die eigenen Gaben, die eigene Lebensaufgabe und die eigene Bestimmung in höherem Maße anzunehmen. Das gilt für dich ebenso wie für deinen Partner. Wenn du dich der erfolgreichen Erfüllung seiner Lebensaufgabe und seiner Bestimmung verpflichtest, trägt dies auch zur erfolgreichen Erfüllung deiner Lebensaufgabe und deiner Bestimmung bei.

Stelle dir vor, dass das Problem zwischen euch steht und dass ihr immer wieder darüber und über alle möglichen anderen Dinge redet, die damit zu tun haben. Stelle dir dann vor, dass das Problem zwischen euch steht und dass du dich mit deinem Partner verbindest, indem du mit dem rechten Auge in sein rechtes Auge oder mit dem linken Auge in sein linkes Auge schaust. Stelle dir vor, dass du, ohne zu sprechen, mit deinem Partner eins wirst und dass sich das Problem, das zwischen euch steht, dabei auflöst. Wenn du willst, kannst du dabei leise, langsame Musik hören, die du besonders gerne magst. Setze den Prozess fort, bis die Emotion, die unter dem Problem verborgen lag, hochkommt, sodass du sie wegbrennen kannst, bis sie sich aufgelöst hat. Keine Emotion kann einem so hohen Maß an Verbindung standhalten. Bitte den HIMMEL darum, dich in diesem Prozess zu unterstützen. Spüre die Freude, die jenseits des Problems liegt. Du kannst diese Übung der Verbindung jeden Tag wiederholen. Ein höheres Maß an Nähe entsteht, während du emotional und energetisch durch jedes Problem hindurchgehst, das du mit deinem Partner hast.

Nachwort

Beziehungen sind das Herzstück des Lebens. Alles hat in ihnen seinen Ursprung. Sie sind die Pforte zum HIMMEL. In *Ein Kurs in Wundern* heißt es: „In die Friedensarche treten immer zwei zusammen ein." (T-20.IV.6:5) Beziehungen können jedoch auch ein rutschiger Abhang sein, der direkt in die Hölle führt. Das kann leicht passieren, wenn wir die entscheidenden Lektionen nicht lernen, die eine Beziehung glücklich machen. Fehler, die wir in einer Beziehung machen, können zu zerschlagenen Träumen und einem gebrochenen Herzen führen. Jede Form von Schmerz in einer Beziehung bedeutet, dass wir derjenige sind, der einen Fehler macht.

Wir müssen lernen, dass ein Herzensbruch ein Kampf ist, bei dem es darum geht, unsere Bedürfnisse erfüllt zu bekommen, die Kontrolle zu erlangen und unseren Willen durchzusetzen, etwas zu beweisen, Recht zu haben, zu beweisen, dass wir der „gute" Mensch sind, und eine Ausrede zu haben. Wir benutzen ihn, um unserer Lebensaufgabe aus dem Weg zu gehen. Wir benutzen ihn als Ausrede, weil wir befürchten, mit dem nächsten Schritt nicht umgehen zu können. Wir benutzen ihn, um unabhängig zu sein oder eine Schuld zu tilgen. Alle diese und andere Dinge spielen bei einem Herzensbruch eine Rolle. Wir wollen jemand anderem die Schuld an dem geben, was uns widerfahren ist, statt selbst die Verantwortung zu übernehmen und die damit verbundene Lektion zu lernen, die den Schmerz auflösen und uns unsere Macht und unser Selbstvertrauen zurückbringen würde. Dabei ist ein Herzensbruch nur ein Bereich von vielen äußerst wichtigen Themen, an denen wir arbeiten müssen, um zu lernen, uns zu entwickeln und Heilung zu erlangen. Wenn wir es nicht tun, tragen wir den Schmerz und den Ballast aus der Vergangenheit in unsere jetzige Beziehung hinein, und das ist alles andere als ein Vergnügen.

Damit wir eine erfolgreiche Beziehung führen können, sind wir aufgerufen, unsere Selbstkonzepte aufzugeben, die wir durch Schmerz und Trennung, Angst und Schuld, Konkurrenz, Groll, Widerstand, Gefühle der Unzulänglichkeit sowie unser gespaltenes Bewusstsein aufgebaut haben. Wir wollen unsere Bedürfnisse erfüllt haben und unsere Ziele erreichen. Wir wollen aber auch genau das Gegenteil. Wir wollen unabhängig sein und unseren eigenen Weg gehen.

Wir geben sowohl unseren Eltern als auch den daran beteiligten Menschen die Schuld an den Herzensbrüchen, die wir als erwachsene Menschen erleiden. Wir geben uns selbst die Schuld, und wir beschuldigen GOTT. Dabei hat in Wirklichkeit die Rache, die wir an unserem Partner, unseren Eltern und GOTT üben, zu unseren Herzensbrüchen geführt.

Es gibt viele Dinge, die wir über Emotionen, Beziehungen und Sex lernen müssen. Sie sind entscheidend wichtig für unser Glück, aber wir glauben, bereits alles über diese Dinge zu wissen. Das macht es schwer für uns, das zu lernen, was wir lernen müssen. Beziehungen sind Lektionen, die wir alle lernen müssen. Unser Partner ist die Lektion eines ganzen Lebens, wenn es uns gelingen soll, eine glückliche Beziehung mit ihm zu führen. Wir wollen diese Lektionen bereitwillig und freudig lernen. Wir haben es im Laufe unserer Entwicklung mit immer neuen Lektionen zu tun, bis wir schließlich zum EINSSEIN gelangen. Was in unserer Beziehung nicht funktioniert, soll uns dazu bewegen, eine bestimmte Lektion zu lernen, eine innere Gabe zu öffnen, die genau das ist, was unser Partner und die Situation brauchen, und um die Hilfe des HIMMELS zu bitten. Der HIMMEL unterstützt uns stets darin, die Lektionen der Liebe und des Erfolges zu lernen. Jedes Thema in unserer Beziehung ruft uns dazu auf, die Rollen der Aufopferung, des Opfers und der Unabhängigkeit aufzugeben und stattdessen authentisch und großzügig zu sein. Nur so können wir empfangen und glücklich sein. Es ist sehr einfach, unseren Partner oder unsere Beziehung, Sex oder Verliebtheit in einen Götzen zu verwandeln, bei dem Desillusionierung und Verzweiflung vorprogrammiert sind. Es ist sehr einfach, verhaftet statt verbunden zu sein. Es ist sehr einfach, zu nehmen, statt zu geben und zu empfangen.

Wenn wir unsere Emotionen richtig nutzen, weisen sie uns immer auf Orte hin, an denen wir einen Fehler machen, der berichtigt werden kann. Das führt dazu, dass unsere Beziehung von einem höheren Maß an Erfolg und Nähe erfüllt ist. Wenn wir uns nicht unserer Heilung verpflichten, sobald Probleme entstehen oder ein Fehler gemacht wird, kommt unsere Beziehung nur mühsam voran. Beziehungen sollen uns lehren, wie wir unsere Gedanken und Wünsche mit unserem Partner in Einklang bringen können, damit wir Frieden finden und die Liebe und Freude erfahren können, die möglich sind. Wenn unsere Ziele und Wünsche sich von den Zielen und Wünschen unseres Partners unterscheiden, machen wir aus unserem Partner sowohl ein Gefängnis als auch einen Gegner. Wenn wir im Gegensatz dazu aber jede Lektion lernen und uns nach unserem

Partner ausrichten, fallen die Mauern unseres Egos und wir finden die Liebe wieder, der größerer Reiz, aber auch größere Süße innewohnt. Sie ist müheloser, tiefer und höher zugleich.

Beziehungen sind ein Weg des Aufstiegs, der uns zu Liebe, Integrität, Ganzheit, Freude und schließlich Heiligkeit hinführt, nachdem wir ein ausreichend hohes Maß an Ganzheit erlangt haben.

All unser Schmerz ist an Besonderheit und das Verlangen nach Aufmerksamkeit geknüpft. Wir sind aufgefordert, uns selbst zu überwinden, damit wir unseren Partner, unsere Beziehung und das Leben genießen können.

Danksagungen

Ich möchte meinem Team danken, dessen Unterstützung die Entstehung dieses Buches zu einer leichten Geburt anstelle von harter Arbeit gemacht hat.

Cilla, unserer Büromanagerin, und Pua, die dafür sorgt, dass im Haus alles reibungslos läuft.

Sie kümmern sich um die vielen Details, die mich zeitlich überfordern würden, und haben mir damit die Möglichkeit gegeben, dieses Buch zu schreiben.

Sunny, die meine Schreibarbeiten erledigt, und Dr. Mark Wadleigh, meinem Lektor. Sie haben diesem Buch eine Struktur und ein System gegeben und sind ein unverzichtbarer Bestandteil des Teams, das seine Entstehung ermöglicht hat.

Meiner geliebten Frau Lency, mit der ich gemeinsam so viele grundlegende Beziehungs- und Liebeslektionen gelernt habe.

Meinen Kinder Chris und J'aime, die mich mit ihrer Liebe und ihrer Herzensgüte inspirieren. Ich bin euch zu tiefstem Dank verpflichtet.

Und nicht zuletzt gilt meine „wundervolle" Dankbarkeit wieder einmal *Ein Kurs in Wundern*, der mich so viel Weisheit gelehrt hat und immer noch lehrt.

Chuck Spezzano
Shenzhen, China

Weitere Titel aus dem Verlag Via Nova:

50 Wege, loszulassen und glücklich zu sein
Chuck Spezzano

Taschenbuch, 224 Seiten, ISBN 978-3-86616-432-1

10. Auflage

„Loslassen" ist das große Zauberwort einer ganzen Generation spirituell Suchender. Doch wie gelingt es, Belastendes, Bedrückendes und Unbewusstes letztgültig und vollkommen loszulassen? In diesem Buch hat der bekannte Weisheitslehrer Chuck Spezzano sich mit großer Intensität genau diesem Thema gewidmet und 50 universelle Prinzipien zusammengefasst, die er auf seinem eigenen Pfad entdeckt und in seiner langjährigen praktischen Beratungsarbeit weltweit erfolgreich eingesetzt hat. Es ist die Quintessenz eines außergewöhnlichen spirituellen Weges, der zum Ziel führte: inspirierende Kontemplationen mit konkreten Fragestellungen, Anregungen und Übungen, mit denen das „Loslassen" keine Idee mehr bleibt, sondern zu einem ganz konkreten, bewussten und realen Akt der Transformation werden kann.

Prinzipien des Seins für ein erfolgreiches Leben
Auf allen Ebenen Fülle erfahren
Chuck Spezzano

Hardcover, 240 Seiten, ISBN 978-3-86616-423-9

Das Geschenk des Lebens in seiner ganzen Fülle, Magie und Schönheit zu erleben, Glück, Gesundheit und Erfolg zu erfahren, ist das göttliche Geburtsrecht eines jeden Menschen, so der international bekannte Weisheitslehrer Chuck Spezzano. Dieses Buch könnte für Sie der Schlüssel dorthin sein. 40 Jahre Erfahrung des spirituellen Lehrens, Forschens und Arbeitens sind die Grundlage für die hier herausgearbeiteten Prinzipien der Wahrheit. Sie bieten kostbare Anregungen, Inspirationen, Reflektionen und vor allem ganz und gar praktische Übungen und Lektionen an, um den Weg ins goldene Zentrum eines erfüllten Seins zu finden. Erfahren Sie das Wunder des inneren Wandels auf dem Weg zu Erfolg und vollkommener Erfüllung.

Woran hängt dein Herz?
Prüfe alles und entscheide dich für das Gute
Chuck Spezzano

80 farbige Karten mit Begleitbuch, Illustrationen von Petra Kühne
Begleitbuch Paperback, 256 Seiten, ISBN 978-3-86616-391-1

Was genau braucht es, damit du auf dein Herz hörst und ihm folgst? Uneingeschränkt und bedingungslos. Welche Hindernisse, welche Fallen, welche Irrtümer und Illusionen (Götzen) sind es, die dich noch immer zurückhalten auf dem Weg in die Freiheit und Liebe? Mit diesem neuen Kartenset des weltbekannten spirituellen Lehrers Chuck Spezzano hast du ein wirkungsvolles Werkzeug, um alldem auf den Grund zu gehen. Anhand des aus der Mode gekommenen Begriffes „Götze" durchleuchtet Spezzano all unsere Illusionen, an die wir uns aus Angst oder Unwissenheit, bewusst oder unbewusst noch immer klammern. Wenn du bereit für das Licht der Wahrheit bist und fest entschlossen, Deine Schattenanteile anzuschauen, dann könnte dieses Kartenset genau „dein Ding" sein!